외우지 않고 통으로 이해하는

통아메리카사

외우지 않고 통으로 이해하는

통아메리카사

김상훈 지음

다산
초당

마야Maya, 잉카Inca, 아스테카Azteca…. 중남부 아메리카의 찬란한 3대 고대 문명의 역사를 제외하면 우리에게 알려진 아메리카 대륙의 역사는 불과 몇백 년 전에 시작합니다. 아메리카 대륙의 국가들은 18세기 말부터 19세기 초반에 영국, 에스파냐, 포르투갈 등으로부터 독립했습니다. 지금이 21세기 초반이니 아메리카의 독립 후 역사는 고작 200~300년밖에 되지 않습니다.

신생 대륙인 아메리카의 역사를 우리가 공부해야 하는 첫 번째 이유는, 무엇보다 그 대륙 안에 미국이라는 나라가 있기 때문입니다. 좋든 싫든 미국은 현재 세계에서 유일한 초강대국이고 세계의 역사를 주도하고 있는 나라입니다. 세계시민으로서 미국과 같은 강대국의 역사를 이해하는 것은 매우 중요합니다.

두 번째로, 아메리카의 역사는 민주주의의 탄생과 발전, 흥망이 어우러져 있기 때문입니다. 북아메리카 미국의 역사는 민주주의가 탄생하고 발전하는 과정을 보여주는 반면, 중남부 아메리카 국가들의 역사는 민주주의가 몰락하고 퇴보하는 과정을 보여줍니다. 그리고 그 역사는 지금도 진행 중입니다. 그들이 살아왔던 이야기를 읽다 보면 오늘날 우리가 가야 할 방향이 어디인지 보일 수도 있습니다.

어떤 학자들이 역사에 대한 미국인의 심리를 영화 〈스타워즈〉 시리즈에 빗대 설명합니다. 〈스타워즈〉 시리즈는 조지 루커스 감독이 1977년 〈스타워즈 에피소드 4-새로운 희망〉을 제작하면서 시작됐습니다. 우주 전쟁과 영웅의 활약상을 담은 이 영화는 곧바로 흥행에 성공했습니다. 미국인들은 2005년까지 총 6편으로 완성된 〈스타워즈〉 시리즈에 열광했습니다. 〈스타워즈〉 시리즈 이야기가 왜 나오느냐고요? 영화 〈스타워즈〉가 흥행한 배경에 미국인의 역사 열등감이 작용했다는 분석이 있답니다. 물론 이것은 일부 학자들의 주장입니다. 하지만 미국을 이해하는 데 도움이 될 듯하기에 그들의 주장을 그대로 옮겨보겠습니다.

"〈스타워즈〉 시리즈에는 왕정, 공화정, 파시즘, 민주주의 등 모든 형태의 정치 역사가 등장한다. 우주를 배경으로 했지만 이야기 구조는 실제 역사에서 고스란히 따온 것이다. 그러나 왕정처럼 고대 로마에서나 존재하는 역사가 미국에는 없다. 부족한 역사를 채우기 위해 미국인들은 새로운 역사를 창조하는 방법을 택했다. 〈스타워즈〉 시리즈는 그 창조물이다."

아메리카, 특히 미국의 역사를 살피는 이유가 여기에 있습니다. 미국은 미지의 대륙 아메리카를 향해 무모할 정도로 도전한 모험가들과 그 후손들이 만든 나라입니다. 그들은 개척 정신으로 무장했고, 그래도 부족한 것은 창의성으로 채웠습니다. 오늘날 미국이 초강대국으로 자리매김할 수 있었던 원동력이 이 개척 정신과 창의성이 아닌가 싶습니다. 그들의 역사를 읽으며 우리 자신을 돌아볼 수 있는 계기가 됐으면 합니다.

　그러나 미국의 역사만이 아메리카의 역사는 아닙니다. 중남부 아메리카의 고대 문명이 있었기에 오늘날의 아메리카가 있는 것입니다. 현재는 비록 혼돈 속에 놓여 있지만 언제 세계의 중심으로 부상할지 모르는 나라들이 중남부 아메리카에 많습니다. 대표적인 나라가 브라질이지요. 세계에 영원한 약자는 없습니다. 이것이 미래의 강자가 될 수도 있는 그 나라들의 역사를 알아둬야 하는 이유이며, 미국과 함께 아메리카 역사를 통으로 이해해야 하는 이유이기도 합니다.

김 상 훈

CONTENTS

1장
신세계에 꽃핀 찬란한 고대 문명
2만 5000년 전~1500년경

4장
20세기의 아메리카, 진통을 겪다

1900년경~1950년경

5장
대륙에서 퍼지는 제국주의와 혁명의 이중주
1950년경~현재

아메리카 대륙, 미국과 34개 나라들

'아메리카' 하면 가장 먼저 떠오르는 이미지가 뭐니? 아무래도 미국이
란 나라겠지? 사실 틀린 건 아니야. 미국의 정식 명칭은 아메리카합중
국America合衆國이야. 아메리카 전체를 합친 나라란 뜻이지. 이 때문에 아메리카는 곧
미국이라고 여기는 사람들이 많아. 그러나 엄밀한 의미에서 아메리카는 지리적으
로 북아메리카, 중앙아메리카, 남아메리카를 합한 거대한 대륙을 가리키는 말이
야. 이 대륙에는 미국을 포함해 모두 35개의 국가가 있단다.

아메리카 대륙의 전체 면적은 4,221만 제곱킬로미터야. 남한과 북한을 합친 한
반도 면적이 22만 제곱킬로미터야. 아메리카 대륙은 우리 한반도의 무려 20배나
되는 크기지. 아메리카 대륙의 면적이 지구 육지 면적의 28퍼센트를 차지한다니,
실로 큰 대륙임에는 틀림없어. 그러나 인구밀도는 아주 낮단다. 1제곱킬로미터의
면적에 사는 인구가 20여 명이야. 우리나라는 같은 크기에 450여 명이 살고 있어.

오늘날의 아메리카 오늘날 아메리카에는 35개의 나라가 존재하고 있다. 18세기 후반 미국이 영국으로부터 독립했으며, 19세기 전반에 34개 나라들이 유럽 열강으로부터 독립했다.

우리나라가 콩나물시루를 연상케 한다면 아메리카는 넓은 쟁반을 연상케 하지.

아메리카의 역사 이야기를 시작하기 전에, 먼저 아메리카의 뿌리를 살펴보도록 하자. 뿌리만 확실히 알아도 아메리카 역사는 어느 정도 이해할 수 있거든.

첫 번째 뿌리는 유럽이야. 대항해 시대에 유럽의 많은 모험가들이 대서양을 건너 아메리카 대륙에 이르렀어. 그들은 유럽의 문화와 정신을 아메리카 대륙에 퍼뜨렸지. 중앙아메리카와 남아메리카에는 에스파냐와 포르투갈, 북아메리카에는 영국과 프랑스의 문화가 옮겨졌어.

두 번째 뿌리는 정복과 폭력이야. 결코 평화롭게 만들어진 역사가 아니란 뜻이야. 원래 유럽인 모험가들의 최종 목적지는 아시아였어. 아시아에서 후추 같은 향신료를 싸게 사서 유럽에 비싸게 팔려는 생각이었지. 그러나 그들이 당도한 곳은 아시아가 아니라 아메리카였지. 당연히 향신료는 없었어. 대신 대량의 금은이 묻혀 있는 황금의 제국이 어딘가에 있다는 소문이 떠돌았어. 모험가들은 정복자로 돌변했어. 아메리카의 고대 문명을 파괴했고, 원주민을 학살했어.

세 번째 뿌리는 노예와 플랜테이션이야. 중남부 아메리카의 정복자들은 담배와 사탕수수를 재배하기 위해, 북아메리카의 이주민들은 담배와 면화를 재배하기 위해 대농장을 운영했어. 넓은 들판에서는 아프리카에서 끌려온 흑인 노예들이 하루 종일 일했지. 플랜테이션은 요즘 거의 사라졌지만 미국 남부와 남아메리카에는 아직도 남아 있단다.

네 번째 뿌리는 이민이야. 유럽뿐만 아니라 전 세계의 많은 사람들이 아메리카 대륙으로 이주했어. 영국의 청교도淸敎徒들을 시작으로, 유럽의 민중과 자유주의자들이 북아메리카로 건너왔어. 일자리를 찾아온 아시아인도 많았지. 중앙아메리카와 남아메리카의 국가들도 이민자를 적극 받아들였어. 그 결과 오늘날 아메리카 대륙은 인종의 용광로라 불릴 정도로 다양한 인종과 민족이 뒤섞이게 됐단다. 아메리카 원주민, 유럽계 백인, 아프리카계 흑인, 아시아계 황인 등의 피가 섞이면서 많은 혼혈 인종이 탄생한 거야.

하나의 뿌리에서 서로 다른 문화와 역사로

북아메리카, 중앙아메리카, 남아메리카는 같은 뿌리를 가지고 있지만 역사는 서로 다른 방향으로 진행이 됐어. 이 책을 읽다 보면 왜 그런지 곧 알게 될 거야. 살짝 귀띔을 주자면, 어떤 나라가 어느 지역에 정착했느냐가 역사의 방향을 결정지었다는 것만 알아둬.

우리는 일반적으로 북아메리카, 중앙아메리카, 남아메리카로 구분하지? 그러나 항상 이 구분법을 쓰는 것은 아니야. 이 구분법은 지리적인 특성에 따른 거란다. 우선 아메리카의 경계 구분법부터 살펴볼까?

북아메리카는 미국과 캐나다를 포함하고 있지. 북아메리카와 중앙아메리카의

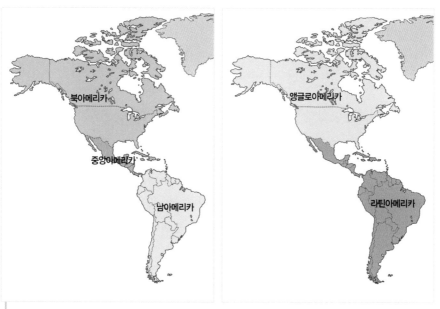

아메리카의 경계 구분 아메리카 대륙의 지역 구분은 지리적 위치와 문화적 특성에 따라 지도의 경계가 달라진다.

경계선은 오늘날 멕시코 남부 지방의 테우안테펙 지협이란다. 어? 멕시코 북부는 북아메리카에 해당하느냐고? 맞아. 멕시코의 북부는 지리적으로 북아메리카에 포함돼 있어. 중앙아메리카는 테우안테펙 지협과 파나마 지협 사이에 있는 좁은 지역을 가리킨단다. 멕시코 남부를 제외한 과테말라, 온두라스, 엘살바도르, 니카라과, 코스타리카, 파나마, 벨리즈 등 7개국이 여기에 해당되지. 물론 주변에 있는 섬들도 모두 중앙아메리카에 포함돼. 남아메리카는 파나마 지협 남쪽의 모든 나라들을 가리키는 말이야.

학자에 따라 북아메리카와 중앙아메리카를 합쳐 북아메리카로 부르기도 해. 이 대목을 멕시코는 좋아하지 않을 거야. 이제부터 책을 읽으면 알게 되겠지만 미국의 텍사스와 캘리포니아는 원래 멕시코의 영토였어. 미국이 빼앗은 거지. 이 지역들을 북아메리카에 포함시키려니 자연스럽게 멕시코 북부 지역이 북아메리카에 포함돼버린 거야.

멕시코는 북부 지역이 북아메리카에 포함되지만, 북아메리카 국가로 불리지 않아. 오히려 중남부 아메리카 국가로 분류되지. 이상하지 않니? 지리적으로는 분명히 북아메리카에 포함돼 있는데 중남부 아메리카 국가로 분류되는 게 말이야. 멕시코가 미국보다는 중남부 아메리카의 국가들과 더 가까운 역사와 문화를 갖고 있기 때문이란다.

일반적으로 미국과 캐나다가 있는 북아메리카를 앵글로아메리카라고 불러. 이 두 나라는 모두 영어를 공용어로 쓰고, 게르만족의 일파인 앵글로색슨족이 건너와서 그들의 문화를 전파했기 때문이야.

반면 중앙아메리카와 남아메리카는 일반적으로 라틴아메리카라고 합쳐 지칭하는 경우가 많아. 에스파냐와 포르투갈 출신의 라틴족이 식민지를 건설했고, 그들로부터 오랜 기간 동안 식민통치를 받았기 때문이야. 멕시코는 에스파냐의 식민지였어. 당연히 라틴 문화가 강하겠지? 이 때문에 멕시코는 지리적으로는 북아메리카에 포함돼 있으면서도 문화적으로는 라틴아메리카 국가로 분류되지.

북아메리카에 이주해온 영국인들은 신교프로테스탄트를 믿었어. 반면 중남부 아메리카에 온 에스파냐와 포르투갈 사람들은 구교가톨릭를 믿었지. 이 때문에 오늘날까지도 북아메리카에는 신교도가 많고, 중남부 아메리카에는 구교도가 많단다. 북아메리카에 있는 나라들은 영국의 전통을 따랐고, 중남부 아메리카에 있는 나라들은 에스파냐와 포르투갈의 전통을 따랐지. 이런 경향은 아메리카의 나라들이 독립한 후에도 그대로 이어졌단다.

앵글로아메리카와 라틴아메리카라는 분류는 언어, 종교 등 문화를 기준으로 나눈 셈이야. 때문에 아메리카를 앵글로-라틴으로 분류해 지도를 그리면 약간 복잡하지. 이를테면 카리브 해에 있는 미국, 영국, 프랑스, 네덜란드의 식민지는 라틴아메리카에 포함되지 않아. 또 프랑스어를 주로 쓰는 캐나다의 퀘벡 지역도 엄밀하게 보면 앵글로아메리카로 볼 수 없어.

이제 서론은 그만할게. 여기서는 아메리카를 통으로 살펴볼 거야. 그러나 모든 나라의 역사를 단순하게 나열하지는 않을 거야. 시대별로 가장 중요한 국가를 중심으로 이야기할 거야. 예를 들어 아메리카 대륙의 초기 역사는 주로 중남부 아메리카의 이야기가 많아. 하지만 근대와 현대로 올수록 중남부 아메리카의 이야기는 줄어들고 미국의 이야기가 대부분을 차지할 거야. 왜 그런지는 눈치 챘겠지? 미국이 근현대 세계의 중심이 됐잖아?

자, 이제 본격적으로 아메리카 역사 여행을 떠나볼까?

1

신세계에 꽃핀
찬란한 고대 문명

2만 5000년 전 ~ 1500년경

아메리카는 다른 대륙보다 문명이 늦게 태동했어. 아프리카에서 탄생한 인류가 아시아를 거쳐 아메리카 대륙으로 오는 데까지 시간이 걸렸기 때문이지. 아메리카는 현생 인류호모사피엔스사피엔스가 가장 마지막에 도착한 대륙이었어. 인류는 2만 5000년 전쯤에 아메리카로 건너왔어. 아메리카 대륙에는 매머드와 공룡을 비롯한 수많은 거대 포유동물들이 살고 있었지. 서늘하고 습한 초지였던 아메리카는 거대 포유동물이 번식하기에 좋은 자연 환경이었거든. 수렵 생활을 했던 인류는 사냥감을 찾아 새로운 땅이었던 아메리카에 온 거야. 그래, 이들이 아메리카라는 신세계 대륙을 맨 처음으로 발견한 사람들이야. 이들이 신세계 아메리카 대륙의 토착 원주민이 됐어. 그들은 그 후 오랜 시간 다른 대륙의 사람들과 교류하지 않고 자기들만의 문명을 발전시켰단다. 이 장에서는 아메리카에 정착한 원주민들이 유럽 사람들과 섞이기 전까지의 역사를 살펴볼 거야.

아메리카의 고대 문명

　아메리카의 고대 문명이 시작되고 찬란하게 꽃피었던 곳은 오늘날 못사는 나라들이 많은 바로 중앙아메리카와 남아메리카였단다. 거의 모든 아메리카 역사책이 미국을 위주로 다루지만, 사실 이 무렵에 미국은 아직 태어나지도 않았어. 그래, 아메리카 최초의 역사는 오롯이 중앙아메리카와 남아메리카의 것이라고 할 수 있단다.

　아메리카 원주민들은 훗날 유럽 사람들이 이곳에 찾아왔을 때까지 석기 문화를 이루며 살고 있었어. 그러나 청동이나 철 같은 금속을 전혀 쓰지 않은 건 아니야. 주로 장신구나 무기를 만들 때만 썼지. 석기를 썼다고 해서 아메리카의 문명이 뒤떨어졌다는 것은 결코 아니야. 그들은 돌을 활용해 뛰어난 건축물을 만들었단다. 그들이 이룬 건축, 과학, 예술 등은 15세기경 유럽의 수준과 비슷했어. 오히려 더 우월했다는 평가도 많아. 이제 그들의 찬란했던 고대 문명을 살펴볼까?

현생 인류의 마지막 정착지, 아메리카

　　　약 8만 년 전, 아주 오래전의 일이야. 그때는 아시아 대륙과 아메리카
　　　대륙이 연결돼 있었어. 두 대륙이 연결된 지점이 어디인지 아니? 지금
의 베링 해협이야. 시베리아와 알래스카 사이에 있는 해협이지. 빙하기에 베링 해
협은 수면이 낮아져 바닥이 드러났어. 아시아와 아메리카를 잇는 1,000킬로미터
에 이르는 길이 생겼지. 이 길은 마치 두 대륙 사이를 잇는 다리 같아서 베링 육교
라고도 해. 아시아 사람들은 무리를 지어 베링 육교를 지나 아메리카 대륙으로 이
동했어. 이때가 2만 5000년 전쯤이야. 어떤 학자들은 3만 년 전으로 훨씬 늘려 잡

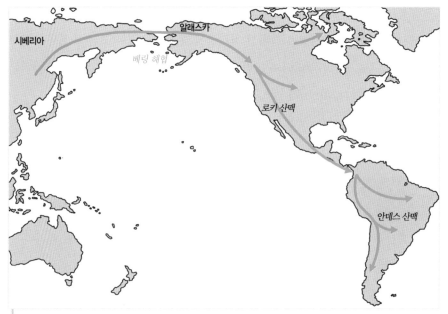

인류의 아메리카 대륙 이동 경로 아프리카에서 탄생한 인류는 아시아 대륙의 시베리아를 거쳐 2만 5000년 전 쯤
에 베링 육교를 건너 아메리카 대륙의 알래스카 지역에 도착했다. 그리고 로키 산맥의 동쪽을 따라 계속 남진하여 1만
2000년 쯤 남아메리카에 이르렀다.

기도 해. 그들은 왜 아메리카로 이동한 것일까? 당시 그들이 살던 시베리아 지역이 갑자기 황폐해지는 바람에 먹을 것이 모두 사라져버렸거든. 어쩔 수 없이 새로운 삶의 터전을 찾아나선 것이라는 분석이 가장 많단다. 알아두렴.

어쨌든 알래스카로 넘어온 아시아 사람들은 계속 아메리카 대륙의 남쪽으로 이동했어. 일부는 북아메리카에 정착했는데, 이들이 알래스카 원주민의 기원이야. 이들을 제외한 대부분의 사람들이 남쪽을 향해 걷기 시작해 1만 5000년 전쯤에 중앙아메리카에 도착했고, 이어 1만 2000년 전쯤 남아메리카까지 이르렀어.

흥미로운 이야기를 하나 해줄까? 아메리카 원주민이 어디에서 왔지? 아시아였지? 그 아시아에서 살던 인류는 아메리카뿐만 아니라 한반도 쪽으로도 이동했단다. 맞아! 어쩌면 아메리카 인디언과 한반도의 조상은 같은 혈통일지도 몰라. 실제로 아메리카로 이동한 인류는 몽골 계통으로 추정되고 있어. 아시아 한복판에 살던 몽골 계통의 인류가 베링 육교를 통해 알래스카로 건너가 아메리카로 들어갔다는 거지. 우리도 몽골 계통이지?

물론 몽골 계통의 인류가 아메리카로 이동했다는 학설이 100퍼센트 입증된 것은 아니야. 그러나 많은 학자들이 이 학설을 지지하고 있어. 이 학설이 사실이라면 우리 민족과 아메리카 인디언은 형제가 되는 셈이야. 외모에서도 이 점을 알 수 있어. 아메리카 인디언은 전형적인 황인종이야. 머리도 검고, 눈동자의 색깔도 검어. 얼굴에는 광대뼈가 튀어나와 있고, 백인처럼 몸에 털이 많지도 않아. 게다가 척추 끝에는 우리나라의 유아들에게서 흔히 볼 수 있는 몽고점까지 갖고 있단다. 최근 유전자 분석에 의해 동일성이 일부 나타나면서 이 학설은 정설로 굳어지고 있어.

자, 다시 아메리카의 역사로 돌아가서….

아메리카에 도착한 인류는 잇달아 거대한 문명을 탄생시켰어. 이 문명들은 다른 대륙의 문명과 교류 없이 독립적으로 발전했어. 빙하기가 끝난 후 아메리카 대륙과 다른 대륙을 연결하는 통로였던 베링 육교가 끊어졌기 때문이야. 훗날 유럽 사람들이 배를 타고 아메리카 대륙에 도착하기 전까지 아메리카 문명은 독자적으로 발전해나가고 있었단다. 특히 중앙아메리카와 남아메리카에서 문명이 크게 발전했지.

북아메리카에서는 거의 문명이 발달하지 못했어. 원주민들이 씨족 또는 부족 사회 형태로 오순도순 살 뿐이었지. 훗날 유럽 사람들이 찾아올 때까지 북아메리카에는 번듯한 대도시도 하나 없었어. 원주민들이 정착한 지 수천 년이 흘렀지만 여전히 수렵과 채취 생활을 하고 있었던 거야. 그래, 북아메리카는 18세기에 미국이 탄생하기 전까지 아주 느리게 발전했단다.

아메리카 문명의 모체, 올메카

2000년~7000년 전쯤 아메리카 대륙도 신석기 시대로 접어들었어. 정착 생활과 농사가 시작된 거야. 이때부터 옥수수와 콩, 고구마가 많이 재배됐어. 특히 옥수수는 중앙아메리카와 남아메리카의 여러 지역에서 숭배의 대상이 될 정도로 중요한 농작물이었단다. 농업 생산량이 늘어났어. 그다음 단계는? 맞아, 문명이 탄생한 거야!

아메리카의 첫 문명은 기원전 12세기경 중앙아메리카 지역에서 탄생했어. 오늘날 멕시코 만의 베라크루스와 타바스코 지방을 중심으로 올메카 문명이 시작된 거야.

올메카 문명이 본격적으로 발달한 시기는 기원전 8세기에서 기원전 6세기경으로 추정돼. 올메카 문명의 흔적은 멕시코 주변의 많은 지역에서 발견됐어. 이 말이 무슨 뜻이겠니? 올메카 문명이 멕시코 만 주변의 특정 지역에서만 발달한 게 아니란 뜻이야. 이 문명이 발달하던 땐 강력한 제국이 없었어. 강자가 없으니 부족들이 저마다 자유롭게 살았겠지? 그 대신 부족들은 느슨한 '올메카 연합체'의 한 구성원으로서 올메카 문명을 공유하고, 함께 발전시켜나갔어. 바로 이런 점 때문에 기원전 8세기부터 기원후 2세기 무렵까지 멕시코를 중심으로 중앙아메리카에서 발달한 고대 문명을 통틀어 올메카 문명이라고도 부른단다.

올메카 문명의 천문학, 문자, 종교, 건축, 조형 예술 등은 훗날 발생한 아메리카 문명에 큰 영향을 미쳤어. 올메카 문명의 특징을 살펴볼까?

올메카 문명은 가장 먼저 달력을 사용한 문명이야. 올메카인들은 한 달을 20일로 쳤어. 1년은 13개월로 했어. 1년의 날짜가 260일인 거야. 이 올메카 달력을 촐킨Tzolkin이라고 해. 올메카 달력은 훗날 마야 문명에 영향을 줬고, 마야 달력은 현대 과학자들도 놀랄 만큼 높은 수준을 보여 주고 있단다.

올메카인들은 아메리카에서 가장 먼저 문자를 발명했고, 피라미드를 건설했어. 또한 올메카인들은 재규어를 숭배하기도 했어. 그 영향을 받아 고양잇과 동물을 숭배하는 부족이 많았단다. 올메카 문명이 우리를 놀라게 한 것은 무엇보다 돌로 만든 거대한 인두상이야. 높이가 최소한 3미터, 무게가 대략 3톤에 이르는 머리 석상

올메카 문명의 머리 석상 높이 3미터, 무게 3톤에 이르는 거대한 머리 석상은 올메카 문명이 발달했던 지역들에 남아 있다.

차빈 문명의 유적지 페루 북부 고지대에 있는 데우완타르에는 차빈 문명의 건축물, 조각, 공예품 등이 남아 있다.

들이 올메카 유적지 20여 곳에서 발견됐단다. 그 가운데 어떤 것은 무게가 무려 14톤이나 된다는구나. 올메카인들이 왜 이것을 만들었는지 밝혀지지 않았어. 지배자를 기리기 위한 게 아니었을까 하고 추측만 할 따름이야.

문명은 높은 곳에서 낮은 곳으로 흐르게 돼 있어. 우수한 문명은 주변 지역으로 퍼져 새로운 문명을 발전시키지. 올메카 문명의 영향을 받아 남아메리카의 서해안을 따라 7,000킬로미터 정도로 길게 뻗어 있는 안데스 산맥 지대에서도 문명이 탄생했어. 이 문명을 차빈 문명이라 불러. 유적지가 발견된 곳이 페루 북부의 차빈데우완타르 지방이라는 데서 이런 이름이 붙었지. 차빈 문명은 기원전 1000년경 발생했고, 기원전 500년경부터 쇠퇴하기 시작했어. 올메카 문명보다 조금 늦게 시작됐고, 조금 일찍 사라졌다고 보면 돼.

올메카 문명과 차빈 문명은 공통점이 많아. 이를테면 도자기에 새겨진 문양이 같거나 장신구의 모양새나 무늬가 같은 식이지. 게다가 차빈 사람들도 고양이를 숭배했어. 재규어를 숭배한 올메카 문명의 흔적이 보이지? 또 두 문명권 모두 옥수수를 가장 중요한 식량으로 여겼고, 옥수수를 신으로 숭배했어. 어때? 올메카 문명이 차빈 문명으로 이어졌다는 생각이 들지 않니?

차빈 문명에 이어 남아메리카에서는 기원전 5세기경 파라카스 문명이 시작됐어. 차빈 문명과 파라카스 문명은 크게 다르지는 않아. 두 문명은 훗날 나스카 문명과 잉카 문명으로 발전한단다.

자, 정리해볼까? 올메카 문명은 중앙아메리카에서 발달했어. 일반적으로 멕시코를 중심으로 중앙아메리카에서 발달한 문명을 메소아메리카 문명이라고 불러. 메소Meso는 '중앙'이란 뜻이란다. 반면 안데스 고원을 중심으로 남아메리카에서 발달한 문명은 안데스 문명이라고

북아메리카 문명권

올메카 문명의 중심지

메소아메리카 문명권

안데스 문명권

아메리카의 문명권 중앙아메리카의 메소아메리카 문명과 남아메리카의 안데스 문명은 아메리카 고대 문명의 핵심이다. 북아메리카에서도 규모가 작지만 문명이 발달했다.

불러. 메소아메리카의 첫 문명인 올메카 문명은 아메리카 대륙의 첫 문명이기도 해. 올메카 문명의 영향력은 매우 컸어. 올메카 문명은 안데스 문명인 차빈 문명, 파라카스 문명에 영향을 주었고, 나스카 문명과 잉카 문명 발전의 자양분이 됐단다. 또 메소아메리카 문명인 마야 문명과 아스테카 문명이 바로 이 올메카 문명으로부터 시작했어. 결국 올메카 문명이 아메리카 대륙의 모든 문명들을 잉태했다고 볼 수 있는 거야.

아메리카는 채소들의 고향

오늘날 우리가 즐겨 먹는 옥수수의 고향이 중남부 아메리카라는 것은 이미 알고 있지? 옥수수의 고향만 아메리카인 것은 아니야. 많은 채소들이 아메리카에서 비롯됐단다.

15세기 말 콜럼버스가 아메리카 대륙에 상륙했을 때 원주민들은 콜럼버스가 원하는 후추 대신 생전 처음 보는 농작물을 내놓았어. 바로 고구마와 고추야. 고추가 전 세계로 전파된 것은 이때부터였어. 우리나라 사람들이 전통적으로 먹어왔던 김치는 그전까지 고추가 들어가지 않았던 거야.

감자도 아메리카에서 왔어. 16세기 말 지금의 미국 노스캐롤라이나에 도착한 영국의 원정대가 인디언 원주민들로부터 감자와 담배를 얻어 영국으로 돌아갔어. 감자는 곧 유럽에 전파되었고, 유럽의 주식이 됐단다.

중앙아메리카의 마야와 아스테카 문명

　서기 원년을 즈음하여 아메리카 대륙에는 이전 문명보다 더 화려하고 뛰어난 문명이 새롭게 나타났어. 대표적인 게 중앙아메리카의 테오티우아칸 문명과 남아메리카의 티아우아나코 문명이야. 이 두 문명은 각각 아스테카 문명과 잉카 문명의 중간 단계 문명이라고 생각하면 크게 틀리지 않아. 우선 중앙아메리카의 문명부터 살펴볼까?

　올메카 문명이 쇠퇴하자 새로운 문명이 발달했겠지? 바로 테오티우아칸 문명과 톨텍 문명이란다. 또 다른 지역에서는 마야 문명이 발달하고 있었지. 수많은 문명이 등장했다 사라진 시대였지. 이 모든 중앙아메리카 문명은 결국 하나로 연결돼. 바로 아스테카 문명이야. 아스테카 문명을 끝으로 중앙아메리카 원주민의 문명은 사라지게 되지. 올메카 문명 이후부터 15세기에 유럽의 침략이 본격화되기 전까지의 중앙아메리카 역사를 살펴볼게.

테오티우아칸 문명과 톨텍 문명

　　올메카 문명 이후 멕시코를 중심으로 중앙아메리카 곳곳에 여러 도시 문명들이 건설됐어. 물론, 모두 올메카 문명의 영향을 받아 탄생했지. 이 도시 문명 가운데 가장 발달했던 게 테오티우아칸 문명이란다.

　　테오티우아칸은 1세기 무렵 오늘날의 멕시코 수도인 멕시코시티로부터 북동쪽으로 약 50킬로미터 떨어진 곳에 세워진 도시야. 테오티우아칸 사람들은 곧 정복활동을 시작했어. 이 무렵 중앙아메리카 곳곳에서 정복전쟁이 벌어졌단다. 테오티우아칸은 경제력과 군사력을 두루 갖추고 있었어. 특히 강력한 군사력을 바탕으로 중앙아메리카에서 맹위를 떨쳤어. 그렇기 때문에 주변 부족들을 자기편으로 쉽게 끌어들일 수 있었지. 여러 부족들이 고분고분 테오티우아칸의 밑으로 들어갔단다. 테오티우아칸은 주변 부족들과 함께 거대한 연합체를 구성했어.

　　테오티우아칸이 얼마나 발달했는지를 알 수 있는 대목이 있어. 테오티우아칸은 4~5세기에 전성기를 누렸는데, 이때 수도인 테오티우아칸에만 최소 5만 명에서 많게는 20만 명이 살았던 것으로 추정되고 있어. 4세기면 한반도에는 고구려가 최고의 전성기를 맞이할 때였어. 광개토대왕재위 391년~413년이 만주 벌판까지 세력을 확장하고 있을 때였지만 그런 고구려의 도시들도 테오티우아칸처럼 인구가 많지 않

테오티우아칸 유적지 멕시코 중앙 고원에 있는 유적지로 테오티우아칸 문명의 사원, 피라미드 등이 남아 있다. 테오티우아칸은 당시 세계에서 가장 큰 도시 문명 중 하나였다.

았어. 유럽도 마찬가지야. 이 무렵 세계는 고대에서 막 중세로 넘어가던 시기인데, 인구 10만 명이 넘는 도시는 드물었어. 테오티우아칸이 얼마나 번영했는지 짐작이 가지?

테오티우아칸이 이렇게 어마어마한 대도시로 성장했던 비결은 무역이야. 테오티우아칸은 이 무렵의 다른 국가들과 달리 일찍부터 무역에 눈을 떴어. 테오티우아칸의 지리적 위치가 무역을 하기에 딱 안성맞춤이라서 그랬을 거야. 남과 북아메리카의 중간 지대에 있었던 덕분에 양쪽에서 많은 사람들이 테오티우아칸으로 물건을 가지고 와 팔았고, 다른 물건을 사 갔던 거야. 오늘날 이 지역에서는 당시 아메리카 모든 곳에서 썼던 물건들도자기, 흑요석이 고루 출토되고 있단다. 광범위하게 무역이 이뤄졌다는 증거로 볼 수 있겠지?

이제 톨텍 문명을 살펴볼 차례야. 쉽게 이해하려면, 톨텍 문명은 테오티우아칸 문명의 제2탄이라고 생각하면 돼.

테오티우아칸 문명은 7세기 중반 무렵에 사라졌어. 왜 테오티우아칸 문명이 멸망했느냐고? 그야 전쟁이 많았기 때문이지. 중국의 춘추전국시대기원전 770년~기원전 221년와 같은 혼란이 이곳에서도 나타났단다. 7세기면 한반도에서도 고구려가 수·당과 전쟁을 하고, 신라가 삼국 통일을 위한 전쟁을 벌이고 있던 혼란기였단다.

어쨌든 전쟁이 자주 일어나는 바람에 테오티우아칸은 힘이 약해졌고 멸망했어. 테오티우아칸 문명이 사라진 자리에 매우 호전적인 톨텍족이 들어섰어. 톨텍족은 수도를 멕시코 중앙 고원에 있는 툴라로 정했어. 이 때문에 톨텍족을 툴라족이라고도 부른다. 톨텍은 테오티우아칸 문명을 계승하면서 강대국으로 우뚝 섰지. 한반도에서 고려가 힘을 키워 신라와 후백제를 흡수한 것처럼 말이야. 톨텍이 테오티우아칸 문명을 계승했다면 올메카 문명에 그 뿌리를 두고 있겠지? 당연히 천문학과 달력에서 탁월한 솜씨를 보였어.

10세기 후반에 톨텍족은 멕시코 동남쪽의 유카탄 반도로 진출했어. 그곳에는 곧 살펴볼 마야 문명이 흔적만 남아 있었단다. 톨텍족은 폐허가 된 마야 문명을 다시 일으켜 세웠어. 이 문명이 바로 신新마야 문명이야. 이에 대해서는 곧 살펴볼게.

한동안 기세등등했던 톨텍은 12세기 무렵부터 무너지기 시작했어. 다른 부족들의 침략을 견디지 못한 거지. 특히 북쪽에서 내려온 부족은 아주 강했단다. 그 가운데 하나가 바로 아스테카 문명을 건설한 아즈텍족이야. 톨텍은 13세기 초반에 끝내 멸망하고 말았단다.

마야 문명의 번영과 멸망

중앙아메리카의 아스테카 문명, 남아메리카의 잉카 문명과 더불어 아메리카 3대 문명의 하나로 손꼽히는 게 바로 마야 문명이야.

테오티우아칸 문명과 톨텍 문명의 중심지가 멕시코 고원 지대였지? 그곳에서 남쪽으로 쭉 내려가 볼까? 오늘날의 멕시코와 과테말라 국경 지대에 도착할 거야. 지금으로부터 5000년 전쯤부터 멕시코의 유카탄 반도, 치아파스, 타바스코, 과테말라의 북서부 지역으로 사람들이 하나둘 몰려들었어. 어떤 부족은 멀리 북아메리카에서 내려오기도 했지. 그들은 기원 전후부터 독자적인 도시 문명을 발전시키기 시작했어. 그래, 이 문명이 바로 마야 문명이란다.

그러나 이 시기의 마야 문명에 대해서는 별로 알려진 게 없어. 우리가 알고 있는 마야 문명은 보통 4세기 이후의 마야 문명을 말하는 거야. 이때부터 10세기까지를 마야 문명의 고전기古典期라고 부른단다. 마야 문명이 절정에 이르렀던 시기라서 이런 이름을 붙인 거야. 마야 문명은 특정 지역에서만 발달한 게 아니라 넓은

지역에 걸쳐서 골고루 발전
했어. 그전 메소아메리카 문
명들처럼 여러 부족이 독자
적인 문화를 유지하면서 연
합체 형태로 발전한 거야.

마야 문명에 속하는 도시
의 사람들은 마야 문자를 사
용했어. 문자는 메소아메리
카 문명과 안데스 문명을 구

마야 신전 마야 문명은 아메리카 문명 가운데 가장 위대한 문명으로 손꼽힌다. 마야 문명의 신전은 뛰어난 건축술과 예술성을 보여준다.

별짓는 가장 큰 차이점이기도 해. 안데스 문명에서는 문자가 거의 발명되지 않았
거든. 반면 메소아메리카 문명인 올메카와 마야의 문자는 분명하게 남아 있어. 이
제 메소아메리카 문명과 안데스 문명을 구별할 수 있겠지?

마야 문명의 가장 큰 특징은 놀라우리만치 정교한 달력에 있어. 그래, 올메카 문
명 때부터 차근차근 발전시켜온 달력이 마야 문명에 이르러 절정을 맞았다고 보
면 돼. 마야 문명에서는 짧은 달력과 긴 달력 두 가지를 함께 사용했어. 짧은 달력
은 한 달을 13일로 치고, 총 20개월로 구성했어. 이 경우에 1년은 260일이 돼. 마
야 사람들이 왜 이 달력을 썼는지, 그 의미는 무엇인지 아직까지 밝혀내지 못하고
있어. 함께 사용한 긴 달력에서 1년은 한 달을 20일로 한 18개월과 5일로 구성했
단다. 1년의 날짜를 계산해보면 정확히 365일이 돼. 오늘날의 달력그레고리력과 거의
차이가 없을 정도로 완벽하지. 해와 달의 움직임을 관측해 달력을 만들었기 때문
이야. 마야족은 일식과 월식을 정확하게 예측한 것으로도 잘 알려져 있어.

이처럼 번영하던 마야 문명은 10세기 말 갑자기 멸망하고 말았어. 이유? 아직

아메리카 3대 문명 중앙아메리카의 아스테카 문명과 마야 문명, 남아메리카의 잉카 문명을 아메리카 3대 문명이라고 한다.

명확하게 밝혀진 것은 없어. 다만 이 무렵 중앙아메리카 전역에서 정복전쟁이 많았기 때문에 그 과정에서 희생된 게 아닐까 하고 추측하는 학자들이 많아. 어떤 학자들은 내분이 생겨 멸망했다고 주장하기도 하고, 어떤 학자들은 큰 자연재해가 일어나 모두 떠났다고 주장하기도 하지.

어쨌든 10세기 말 마야에서 마야족은 사라졌어. 그 자리를 채운 사람들이 누구였지? 그래, 톨텍족이었어. 마야족의 터전으로 쳐들어온 톨텍족은 남아 있던 마야족을 정복하고, 새로운 나라를 세웠어. 이렇게 해서 시작된 게 신마야 문명이란다. 앞에서 잠깐 살펴봤지?

신마야의 운명은 그리 밝지 못했어. 근처에 강대국이 세워졌기 때문이야. 그 나라가 곧 살펴볼 아스테카 왕국이야. 아스테카 왕국의 시달림만 받은 게 아니야. 15세기 말부터는 유럽 열강들도 이곳을 노렸어. 결국 신마야는 역사 속으로 사라지고 말았단다.

아스테카, 거대한 왕국의 문명

13세기 초반 강대했던 톨텍이 완전히 힘을 잃고 멸망한 후, 멕시코 지역에선 혼란이 계속되었어. 이 틈에 멕시코 지역으로 진입한 여러 부족 가운데 새롭게 떠오른 강자가 있어. 바로 아즈텍족이야. 아즈텍족은 북아메리카의 남부, 또는 멕시코의 북부에서 살다 이곳으로 이동했단다.

아즈텍족의 신은 "독사를 입에 물고 날아가는 독수리를 찾아라. 그 독수리가 도중에 선인장에 내려앉으면 그곳에 도시를 건설하라"고 계시를 내렸대. 이 전설이 사실인지는 알 수 없어. 어쨌든 아즈텍족은 1325년 멕시코 중앙 고원에 있는 텍스코코 호수 안에 있는 섬을 발견했고, 그 섬의 주변을 흙으로 메워 도시를 만들었어. 이 도시가 테노치티틀란^{현 멕시코시티}이야. 그래, 아스테카의 수도지. 보통 아스테카 왕국의 역사가 시작된 시기에 대해 학자들마다 의견이 분분해. 대체로 이 도시가 건설된 1325년을 출발점으로 보는 학자들이 많단다. 도시를 건설한 후 아즈텍족은 스스로를 멕시카^{Mexica}라고 부르기 시작했어. 이 이름이 멕시코의 유래가 되었지.

도시를 건설했으니 그다음은 왕을 세워야겠지? 1372년쯤이었어. 아즈텍족은 아카마피츠틀리라는 인물을 왕으로 추대했어. 이 왕이 바로 아스테카 왕국의 초대 황제로 기록돼 있어. 물론 이때까지만 해도 아스테카를 제국이라 부르기에 모자란 점이 더 많아. 아직 강대국이 아니었고, 크게 번영하지도 않았거든. 오히려 주변의 강대국들로부

아스테카 왕국의 전사 아스테카 왕국은 주변 지역을 정복하며 세력을 키웠다. 독수리와 표범의 탈을 쓴 아스테카 왕국 전사의 모습.

터 많은 위협을 받았단다.

아스테카는 곧 주변 나라들과 전쟁을 시작했어. 이 무렵 가장 강한 나라였던 텍스코코, 타쿠바와는 삼각동맹을 맺고, 약한 나라들은 무력으로 정복했어. 그 결과 1430년 무렵에는 주변의 도시 국가 대부분을 정복할 수 있었단다. 이때부터 아스테카를 제국이라 부를 수 있어. 독자적인 문명의 연합체였던 올메카, 마야 등의 메소아메리카 문명들과 다르게 아스테카는 하나의 거대한 제국으로 발전했지.

이 무렵 아메리카 대륙의 서쪽, 대서양에 에스파냐와 포르투갈의 함선이 나타나기 시작했어. 그들은 아메리카 대륙으로

아스테카 코덱스 아스테카 왕국의 역사를 기록한 책이다. 아스테카 왕국의 초대 황제인 아카마피츠틀리의 정복 활동과 통치법을 그림과 상형 문자로 나타냈다.

쳐들어올 채비를 하고 있었어. 그러나 아스테카 제국은 이런 사실을 짐작도 하지 못하고 있었지.

1436년 몬테수마 1세가 아스테카 제국의 5대 황제에 등극했어. 그는 삼각동맹을 이끌고 주변 부족들을 대대적으로 정복했어. 많은 부족이 강력한 군대에 눌려 무릎을 꿇고 말았지.

아스테카 제국의 영토는 넓어졌지만 부작용도 커졌어. 아즈텍족이 정복한 부족들을 너그럽게 대하지 않았기 때문이야. 당연히 정복당한 부족들은 아즈텍족에게 앙심을 품었고, 반란의 기회만 노리고 있었어. 그러나 몬테수마 1세는 개의치 않

고 무력으로만 일관했단다. 이로 인해 생겨난 갈등은 두고두고 분쟁의 불씨가 됐어. 훗날 에스파냐인들이 아스테카 제국을 총공격할 때 선두에서 싸웠던 틀락스칼라 종족이 이런 부족들 중 하나였단다. 물론 에스파냐인들의 꼬드김에 넘어간 탓이겠지만, 적대감이 없었다면 굳이 최전방에서 에스파냐인들을 위해 싸우진 않았겠지?

그 후로도 아스테카 제국의 황제들은 정복전쟁을 멈추지 않았어. 정복당한 부족들은 반란을 일으켰고, 아스테카 군대는 무자비하게 진압했지. 1486년 8대 황제에 오른 아우이소틀은 가장 잔인한 황제 가운데 하나였어.

아우이소틀은 타고난 정복자였어. 그의 통치 시절, 아스테카 제국의 영토는 태평양 연안까지로 확대됐단다. 작은 섬에서 시작한 나라가 이렇게 커진 거야! 문제는 그의 잔인함에 있었어. 그는 전쟁 포로를 모두 죽였어. 전투 도중에 죽인 게 아니야. 포로들을 산 채로 신에게 공물로 바쳤단다. 제사가 끝나면 포로들을 모두 죽였어. 게다가 제사의 뒤풀이로 포로를 먹기까지 했어. 사람을 제물로 바치는 인신공양人身供養 풍습은 아스테카 제국이 정복한 부족들에게 행한 공포정치恐怖政治를 극명하게 보여주지.

1502년 아우이소틀의 조카였던 몬테수마 2세가 황제에 올랐어. 이 때의 아스테카는 동맹국들도 무서워할 정도로 큰 제국이 돼 있었어. 몬테수마 2세는 실질적으로 동맹 전체의 황제나 다름없었지. 그런데도 몬테수마 2세의 욕심은 끝나지 않았어. 그는 더 많은 영토를 차지하기 위해 오늘날의 온두라스, 니카라과까지 점점 더 먼 곳으로 원정을 떠났어. 대부분 승리했고, 그 결과 더 많은 공물이 들어왔단다. 황제는 큰 부자가 됐겠지? 그러나 아스테카 제국의 운명도 몬테수마 2세 황제 때 끝나고 만단다. 에스파냐의 식민지로 전락한 거야.

초콜릿은 아즈텍족의 음료수였다

초콜릿은 19세기 초반 네덜란드에서 처음 만들어졌어. 카카오 열매 씨앗을 말려서 가루로 만든 코코아에 설탕을 넣고 단단하게 만든 초콜릿은 순식간에 고급 과자의 반열에 올라섰지. 19세기 후반에는 스위스에서 초콜릿에 우유를 첨가하는 데 성공했어. 초콜릿 맛이 훨씬 부드러워졌지. 그런데 아스테카 사람들이 이보다 훨씬 전에 초콜릿을 만들어 먹었다는 사실을 아니?

아즈텍족은 카카오 열매의 씨와 옥수수를 함께 간 뒤 끓여서 죽을 만들었어. 이 죽은 약으로도 쓰였고, 음료로도 쓰였지. 아즈텍족은 이 죽에 바닐라를 넣어 마셨어. 아스테카 제국에서 카카오는 값비싼 열매였기 때문에 귀족들만 카카오를 살 수 있었고 코코아 죽을 즐길 수 있었어. 아스테카 제국을 정복한 코르테스가 그 모습을 보고, 에스파냐로 돌아가 코코아 죽을 소개했지. 이렇게 해서 코코아가 유럽으로 전해졌고, 새로운 기술이 더해져 오늘의 초콜릿이 된 거란다.

카카오 열매를 든 상인 조각 아즈텍족의 카카오 열매를 빻아 만든 가루인 코코아로 만든 죽은 유럽에 전해져 초콜릿이 탄생했다.

남아메리카 대표 문명, 잉카

앞서 살펴봤던 것과 같은 방식으로 남아메리카의 안데스 문명도 살펴볼까?

올메카 문명의 영향을 받아 남아메리카에서 차빈 문명과 파라카스 문명이 발달했지? 중앙아메리카에서 테오티우아칸 문명과 톨텍 문명이 마야 문명과 아스테카 문명으로 이어지는 징검다리 역할을 했지? 남아메리카에서는 차빈 문명과 파라카스 문명에 이어 모치카 문명, 나스카 문명, 티아우아나코 문명이 잉카 문명으로 이어지는 징검다리 역할을 했단다. 물론 이밖에 작은 문명들도 있었지만, 모두 살펴볼 수는 없겠지?

안데스 문명을 대표하는 문명은 잉카 문명이야. 웅장하고 화려한 잉카 문명의 도시를 처음 본 유럽 탐험가들은 잉카를 황금의 제국으로 생각했어. 금을 노린 유럽의 상인과 군인들이 몰려들어 잉카 제국을 순식간에 멸망시키고 말았지. 그래, 아스테카 제국을 끝으로 메소아메리카 문명이 사라진 것처럼, 잉카 제국을 끝으로 안데스 문명이 사라졌단다.

잉카 문명으로 향하는 징검다리 문명들

문명의 역사는 끊임없이 발전하고 있었어. 기원전 5세기부터 안데스 고원에서 발달한 파라카스 문명은 1세기경 쇠퇴했어. 그 후 안데스 고원의 여러 지역에서 문명이 발생했단다.

우선 페루의 북부 해안부터 볼까? 기원전 2세기 무렵, 모체 계곡을 비롯한 여러 곳에서 문명이 나타났어. 이 문명을 모치카 문명이라고 불러.

모치카인들은 관개농업을 발전시켰어. 농사 기술이 발달하니 농업 생산량도 당연히 많이 늘어났어. 물론 가장 중요한 농작물은 옥수수였지. 목화나 콩, 호박 등도 많이 재배됐단다.

모치카 도자기 모치카인들은 인물, 풍속, 동식물 등을 사실적으로 표현한 도자기를 만들었다.

농업 생산량이 늘면 인구가 늘어나는 것이 역사의 기본 법칙이야. 인구가 늘어나면 지배하는 사람과 지배당하는 사람의 구분도 확실해지지. 모치카 문명에서도 이런 현상이 나타났어.

지배하는 사람, 즉 권력자가 종교를 장악했어. 그 때문에 권력자는 신과 같은 존재로 추앙받았지. 그들은 자신의 권력을 강화하기 위해 피라미드와 사원을 지었고, 강력한 군대를 보유하고 있었어. 사실 모치카뿐만 아니라 페루에 있던 여러 나라에서 이런 현상이 나타났어. 각 나라의 지배자들은 영토를 넓히기 위해 전쟁을 벌였지. 메소아메리카 문명과 비슷하지? 모치카는 중앙아메리카의 테오티우아칸이 전쟁의 소용돌이에 휩싸여 멸망했던 것과 같은 길을 밟았어. 9세기 무렵, 모치카 문명은 사라지고 말았단다.

이번에는 조금 더 남쪽으로 내려가 볼까?

모치카 문명이 한창 발전하고 있을 2세기 초반이었어. 페루 남부 해안 지대에서 나스카 문명이 발달했단다. 나스카 문명은 그 후 700여 년간 번영하다 사라졌어. 시기만 놓고 보면 중앙아메리카의 테오티우아칸과 비슷한 시기^{7세기경}에 멸망한 셈이야.

나스카 문명은 전반적으로 모치카 문명과 다르지 않아. 다만 나스카 문명은 다른 아메리카 문명과 구분되는 뚜렷한 특징이 하나 있단다. 바로 지상화^{地上畵}라는 유적이야. 이 지상화 때문에 나스카 문명은 오늘날까지도 미스터리한 문명으로 남아 있지.

지상화는 말 그대로 땅 위에 그린 그림이야. 나스카인들은 땅 위에 새, 원숭이, 거미, 꽃 등 거대한 동식물이나 도형, 직선, 곡선 등과 같은 기하학적 문양을 많이 그렸어. 이 그림들은 꽤 큰 편이야.

그냥 큰 정도가 아니란다. 너무 커서 땅에 서서는 볼 수 없어! 새를 그린 그림은 길이만 120미터가 되거든. 이 그림을 보려면 비행기를

나스카 지상화 페루 남부에서 발견된 나스카 문명의 유적이다. 나스카인들은 평평한 고원의 자갈들을 제거한 땅 위에 동물 형상과 기하학적 형태의 거대한 그림을 남겼다.

타고 높이 올라가야 해. 나스카인들은 왜 이런 그림들을 남겼을까? 학자들마다 의견이 달라. 천문학에 썼다는 주장도 있고, 점을 치기 위해 그렸다는 주장도 있어. 정확한 이유는 아직 밝혀내지 못하고 있단다.

잉카 문명을 살펴보기에 앞서 반드시 알아둬야 할 문명이 있어. 바로 티아우아나코 문명이야. 이 문명 또한 나스카 문명과 거의 비슷한 시기인 2세기 초에 탄생했어. 오늘날 페루와 볼리비아의 국경에 있는 티티카카 호수 주변에서 시작됐지.

티티카카 호수는 훗날 잉카인들이 찬란한 잉카 문명을 꽃피웠던 곳이야. 그래, 티아우아나코인들이 바로 잉카인의 직접적인 조상이란다. 흠잡을 것 하나 없는 완벽한 석조 건축물은 잉카 문명의 대표적인 특징이야. 티아우아나코 인들도 거대한 돌을 쌓아 건축물을 만들었지. 두 문명이 같은 뿌리에서 나왔음을 알 수 있는 대목이야.

티아우아나코 인들은 곧 강력한 부족으로 성장했어. 주변 부족들을 하나씩 정복해 국가의 기틀을 세우기 시작했지. 물론 제국이라고 부르기에는 좀 모자란 편이야. 하지만 제국을 흉내는 냈다고 할 수 있어. 그러나 딱 거기까지였어. 티아우아나코 인들 또한 다른 부족과 마찬가지로 여러 부족과의 싸움에서 밀려 400~500년 후 사라지고 말았단다.

모치카, 나스카, 티아우아나코 문명들은 하나같이 문자를 남기지 않았어. 곧 살펴볼 잉카문명도 마찬가지였단다. 안데스 문명에 불가사의한 점이 많은 것도 이 때문이야. 문자가 없으니 기록이 별로 없고, 기록이 별로 없으니 그들의 역사를 정확히 알기 어려운 거지.

잉카 문명, 안데스 산맥에 대제국을 건설하다

티티카카 호수에서 북서쪽으로 이동하다 보면 쿠스코란 도시가 나와. 오늘날 페루의 수도지. 이 티티카카 호수와 쿠스코를 중심으로 12세기에서 15세기 사이에 거대한 문명이 발달했어. 맞아, 잉카 문명이야. 잉카 문명은 안데스 산맥 줄기를 따라 북쪽의 에콰도르부터 남쪽의 칠레까지 발달한 문명이야. 잉카인들이 안데스 산맥을 따라 모든 부족을 정복하면서 대제국을 건설한 거지.

잉카인들은 산맥 지대, 해안 지대, 평야 지대 등 모든 곳에 많은 도시를 세웠어. 당시 잉카 제국의 수도였던 쿠스코에는 최대 100만 명 이상이 살았다는구나. 유럽에도 이만한 도시는 찾아보기 쉽지 않아. 게다가 잉카 국민의 전체는 이보다 10배가 많은 1,000만 명 정도였을 것으로 추정돼. 실로 대단한 제국이었던 셈이지.

잉카 제국을 세운 인물은 만코 카팍이야. 그는 잉카족^{게추아족}의 지도자였어. 전설에 따르면 잉카의 신은 "지팡이가 깊숙이 박히는 땅에 정착해 나라를 세워라"고 계시를 내렸어. 1200년 무렵, 만코 카팍이 잉카족을 이끌고 다니다 쿠스코 땅에 금지팡이를 꽂았지. 그러자 신의 계시대로 지팡이가 깊숙이 박히며 땅이 열리는 거야! 그는 그곳에 정착해 잉카를 세웠단다.

만코 카팍은 잉카 제국의 초대 황제, 즉 잉카로 기록

■ **피사크 유적지** 페루 남부의 쿠스코 시 근교에 있는 잉카 문명 유적지. 안데스 산맥의 샤크레드 계곡 초입에 있으며 신전 등의 석조 건축물이 남아 있다.

만코 카팍 잉카 제국의 초대 황제. 1200년경에 잉카족을 이끌고 페루 남부 쿠스코 땅에 정착해 잉카 제국을 건설했다.

돼 있어. 잉카는 동양의 짐朕과 비슷해. 원래 짐이란 말은 일반 사람들이 자기 자신을 가리킬 때 썼어. 그러나 중국 진나라의 시황제始皇帝가 이 말을 황제만을 가리키는 단어로 규정하는 바람에 뜻이 바뀌었지. 잉카도 원래 잉카 제국의 모든 국민이 쓰는 단어였단다. 그러나 6대 황제인 로카가 처음으로 황제에게만 잉카란 단어를 붙이면서 잉카는 곧 황제를 지칭하는 말이 된 거야.

초대 잉카인 만코 카팍은 실존 인물이 아니었을 수도 있어. 모든 전설을 사실로 믿을 수는 없잖아? 보통 8대 잉카까지는 역사적 사실이라기보다 전설에 더 가까운 것으로 보고 있단다. 9대 잉카인 파차쿠티 이후의 이야기부터 실제 역사로 받아들이는 거야.

파차쿠티는 1438년에 잉카의 자리에 올랐어. 그는 쿠스코를 명실상부한 잉카 제국의 수도로 성장시켰어. 내부의 적은 모두 제거했고, 위협이 될 만한 외부의 적도 모두 물리쳤지. 국민의 정신을 지배하기 위해 종교 의식도 말끔히 정비했어. 파차쿠티는 잉카 제국의 기본 토대를 쌓은 첫 황제라고 말할 수 있어. 동시대에 아스테카 제국도 몬테수마 1세가 황제에 올라 제국의 기틀을 갖춰가고 있었단다. 거의 비슷한 시기에 잉카와 아스테카가 제국으로 성장한 셈이야.

마침 이 무렵의 한반도 역사도 비슷한 구석이 있어. 세종대왕의 통치 하에 해시계와 측우기가 발명되고 훈민정음이 반포됐지. 과학 강국의 기틀을 확실히 다지고 있었지?

제국의 토대를 탄탄히 한 파차쿠티는 무서운 속도로 정복전쟁을 벌였어. 파차쿠티 잉카의 말년에는 페루의 거의 모든 지역을 장악했지. 그 결과 13세기까지만 해도 쿠스코 주변 지역에만 불과했던

잉카 제국 파차쿠티 잉카는 정복전쟁을 통해 오늘날 페루 전 지역을 장악했다. 잉카 제국은 16세기 초반까지 강력한 군대를 바탕으로 안데스 산맥 해안 지대를 모두 차지한 거대한 제국이었다.

잉카 제국의 영토가 상상을 초월할 정도로 넓어졌어. 에스파냐에 정복당하기 직전인 16세기 초반에는 북쪽의 에콰도르에서 남쪽의 칠레까지, 안데스 산맥에서 태평양 해안까지 모두 제국의 영토가 되었단다. 여기까지가 전성기였어. 그다음에는? 몰락이 기다리고 있었지.

16세기 초반에는 이미 에스파냐인들이 카리브 해 연안까지 진출해 있었어. 그들로부터 천연두가 잉카 제국으로 전염됐어. 11대 잉카인 와이나 카파크가 1525년 전염병에 희생됐어. 그다음 잉카에 오르기로 돼 있던 황태자 니난 쿠이우치도

죽었어. 황태자가 죽자 잉카의 남은 두 아들이 권력 다툼을 벌이기 시작했단다.

형인 우아스카르가 수도 쿠스코에 둥지를 튼 상태였기 때문에 잉카로서 정통성을 인정받고 있었어. 그러나 군사력만큼은 이복동생인 아타우알파가 더 강했나봐. 아타우알파는 12대 잉카에 오른 우아스카르를 인정하지 않았어. 우아스카르 또한 자신을 노리는 아타우알파를 그대로 둘 수 없었어. 결국 둘 사이에 내전^{1527년~1532년}이 터지고 말았어. 그리고 두 형제의 내전 와중에 잉카 제국에 들어온 에스파냐로부터 침략을 받게 된단다. 이 얘기는 2장에서 다시 자세히 살펴볼게.

태양의 종족이 세운 찬란한 제국

자, 번영했던 잉카 제국을 좀더 살펴볼까? 우선 수도인 쿠스코부터!

쿠스코는 '세계의 배꼽'이란 뜻이야. 도시는 퓨마의 모양새를 하고 있어. 이를테면 신전이 있는 지점은 퓨마의 머리, 광장은 퓨마의 심장, 물길은 퓨마의 꼬리를 상징하는 식이야. 당시 아메리카 문명에서는 재규어나 고양이, 퓨마처럼 고양잇과 동물을 많이 숭배했다는 것을 다시 확인할 수 있지? 수도 쿠스코는 아주 풍족한 곳이었나봐. 신전과 왕궁에는 금과 은으로 된 아름다운 장식이 가득했어. 식량 창고에는 옥수수, 콩, 고구마 등의 작물이 그득하게 쌓여 있었다는구나.

많은 사람들이 잉카 제국을 황금의 제국으로 알고 있는데, 그건 잘못된 역사 상식이야. 그런 인식은 유럽 사람들이 만들어낸 환상일 뿐이지. 잉카 문명의 가장 화려한 유산은 석조 건축물이란다. 석조 건축은 티아우아나코 문명에서부터 이미 발달하기 시작했었지.

잉카인들은 거대한 석재를 하나씩 쌓아서 거대한 건축물을 만들었어. 사람이 하는 일이니까 석재들을 쌓다 보면 틈이 많이 생길 수도 있겠지? 그러나 잉카의 건

마추픽추 페루 남부의 우르밤바 계곡에 있는 잉카 문명을 대표하는 유적. 해발 2,280미터나 되는 곳에 있어 공중도
시라고도 불린다. 3,000개의 계단, 40단의 밭, 200개의 석조 건물과 성곽으로 이루어져 있다.

축물은 그렇지 않아. 아주 얇은 면도칼 하나 들어가지 않을 만큼, 마치 레이저로
돌을 자른 듯 잉카의 건축물은 거의 틈새가 없이 정교하단다. 엘리베이터 하나 없
는 그 시대에 잉카인들이 어떻게 석재를 운반하고, 가공했을까? 잉카 문명의 신
기에 가까운 건축술은 현대 건축술과 공법工法으로도 설명할 수 없는 부분이 많아.
다만 이런 건축물을 세운 잉카의 권력이 얼마나 대단했을지 짐작할 뿐이지. 실제
잉카 제국 황제의 권력은 다른 어느 대륙 못지않게 하늘을 찔렀단다.

　잉카족은 '태양의 종족'이라고도 불려. 잉카족이 태양신을 최고의 신으로 섬겼

기 때문이야. 황제는 곧 신이었지? 당연히 잉카는 태양의 아들로 여겨졌어. 잉카족은 정복한 지역의 종족들에게도 태양신을 믿으라고 강요했어. 그런데도 강하게 반발하는 종족이 많지 않았단다. 잉카의 강력한 군대가 당장이라도 달려와 자신들을 진압할지도 몰랐기 때문이야. 멀리 있는 잉카의 군대가 어떻게 금방 달려오느냐고? 잉카 제국이 번영할 수 있었던 비결이 여기에 있단다.

잉카들은 자신의 명령이 지방의 정복지로 즉각 하달될 수 있도록 도로를 만들었어. 북쪽 에콰도르에서 남쪽 칠레까지 무려 6,000킬로미터가 넘는 도로 _{잉카 왕도}가 건설됐지. 도로가 길다고 해서 거저 운영이 되는 건 아니지? 약 5~7킬로미터마다 도로를 관리하는 직원을 뒀고, 약 20킬로미터마다 휴게소를 뒀어.

도로만 잘 닦아놓으면 뭐해? 누가 명령을 전달하지? 잉카는 우리로 치면 파발마 같은 역할을 하는 사람을 곳곳에 배치했단다. 차스퀴스라 불리던 이 전령은 이어달리기 선수처럼 일정한 거리마다 배치됐어. 잉카의 명령이 하달되면 첫 번째 전령이 100킬로미터가 넘는 거리를 전력 질주해 다음 전령에게 명령을 넘겼어. 두 번째 전령도 비슷한 거리를 전력 질주한 뒤 다음 전령에게 넘겼지. 이런 식으로 잉카의 명령이 순식간에 전달된 거야.

잉카는 군사적으로도 항상 만반의 준비를 했어. 우선 우수한 인재를 선발해 군인으로 훈련시켰어. 그들은 오로지 잉카의 명령에만 복종했지. 강력한 군대를 확보한 잉카는 정복한 지역으로 부하들을 보내 통치하게 했어. 그 부하들도 잉카에게만 충성했어. 잉카는 그것도 모자라 정복한 지역의 왕이나 수장, 그리고 그들의 가족을 인질로 삼아 쿠스코에 머물게 했어. 이렇게 이중 삼중으로 감시하니 정복당한 지역에서는 누구도 감히 반발할 수 없었어.

잉카 제국은 공식적으로 케추아어를 사용했어. 잉카 제국이 날로 커지면서 여러 종족이 잉카 제국에 흡수됐어. 그 결과 잉카 언어도 여러 종류로 발달했지. 하지만 그 어떤 언어로도 잉카 문명의 신화나 역사가 기록되지 않았어. 오늘날 남아 있는 기록들은 훗날 에스파냐가 잉카 제국을 정복한 후 만들어진 거야. 에스파냐인들이 잉카 제국의 신화와 전설을 문자로 기록했고, 자신들의 구미에 맞게 역사를 썼지. 물론 정복자의 관점에서 쓴 역사니까 사실과 다른 왜곡이 있는 기록도 꽤 많을 거야.

어떤 학자들은 잉카인들도 문자 기록을 남겼다고 주장하고 있어. 그러나 그 문자라는 것이 끈이나 줄을 다양한 방식으로 묶어 숫자와 개념을 표시한 정도란다. 이를 매듭문자, 또는 결승문자 結繩文字라고 불러. 이를테면

잉카의 결승문자 잉카 제국에서 쓰인 매듭문자다. 다양한 굵기와 색깔의 끈에 여러 종류의 매듭을 여러 위치에 만들어 정보를 전달했다.

줄을 한 번만 묶으면 1, 두 번 묶으면 2, 세 번 묶으면 3 하는 식으로 숫자를 표시하는 방식이지. 숫자는 매듭의 수와 위치에 따라 만 단위까지도 표시했어. 또 노란색 끈은 황금을, 하얀색 끈은 은을, 붉은색 끈은 군인을 뜻하는 식으로 정보를 전달했지. 하지만 이런 방식으로는 문장을 제대로 전달하기가 쉽지 않았겠지?

잉카 제국의 공식 언어인 케추아어는 오늘날에도 사용되고 있어. 남아메리카 원주민 인디언들은 여전히 케추아어를 사용하고 있지. 그러나 요즘에는 점점 에스파냐어에 밀려나고 있단다.

중남부 아메리카의 맞춤형 이름들

오늘날 우리는 중남부 아메리카를 라틴아메리카라고 불러. 에스파냐, 포르투갈 등 라틴 문화의 영향을 강조하는 단어지. 또 에스파냐와 포르투갈이 유럽의 이베리아 반도에 있다는 점 때문에 이베로아메리카라고도 부른단다. 이베리아의 로마식 명칭인 히스패닉을 붙여 히스패닉아메리카라고도 하지.

에스파냐인들은 이 표현을 좋아할지도 몰라. 그러나 토착 원주민이 많은 중남부 아메리카의 나라들은 정복자의 냄새가 많이 나는 이 단어를 싫어하겠지? 영어, 프랑스어, 네덜란드어를 쓰는 카리브 해 연안의 나라들도 라틴 문화와 상관이 없으니 이 말을 싫어한단다.

인디언 원주민들은 인도아메리카라고 부르는 걸 더 원해. 중남부 아메리카에는 혼혈인이 많지? 혼혈인들은 인도라틴아메리카라고 불러. 대화하는 상대방에 따라 단어를 잘 골라 써야 할 것 같지?

북아메리카의 첫 문명, 바스켓메이커

중남부 아메리카에서 고대 문명이 잇달아 발달하고 있을 때 북아메리카에서도 문명이 태동했어. 물론 규모는 훨씬 작았지만 말이야. 약 7000년 전, 북아메리카에 남아 있던 인류는 오늘날의 미국 남서부 지역에서 살기 시작했어. 이들은 주로 수렵과 채취를 하는 유목 생활을 했지. 이 문명을 코치스 문명이라고 해. 엄밀히 말하면 문명이라기보다 구석기 문화라고 봐야겠지?

그 후에도 계속 여러 문명이 등장했다가 사라지곤 했어. 기원전 1세기 무렵이었지. 이때 그전보다는 훨씬 발달한 문명이 북아메리카 남서부의 산간 지역에 나타났어. 이 문명의 수준은 비슷한 시기에 중앙아메리카에서 나타난 테오티우아칸, 나스카, 티아우아나코 문명과는 감히 비교할 수도 없어. 게다가 이 문명의 사람들은 토기도 쓰지 않았단다. 그래도 북아메리카에서 처음 나타난 문명이니 대우를 해줘야겠지? 어쨌든, 일반적으로 이 문명을 최초의 북아메리카 문명으로 보고 있어. 바로 바스켓메이커 문명이야.

바스켓메이커 문명의 진화와 푸에블로 문명

　　　　바스켓메이커 문명은 구석기와 신석기 문화의 중간 단계라고 생각하면 이해하기 쉬울 거야. 당시 북아메리카의 원주민들은 집을 만드는 방법도 알지 못했어. 맞아, 구석기 시대 사람들이 그랬던 것처럼 동굴 같은 데서 살았단다.

　그러나 신석기 문화의 특징이 없었던 것도 아니야. 이를테면 신석기 문화의 가장 기본적인 특징인 농경 생활이 이뤄졌어. 당시 사람들은 옥수수와 호박, 콩 같은 작물을 재배했단다. 이미 말했던 대로 토기를 만들지는 않았어. 다만 토기와 비슷한 형태의 담을 것, 즉 바구니^{바스켓}를 만들어 사용했단다. 이 바구니를 사용한 점 때문에 바스켓메이커 문명이라 부르는 거야.

　바스켓메이커 문명은 5세기 무렵 또 다른 문명으로 발전했어. 그래, 바스켓메이커 문명의 제2탄이 시작된 거야. 이때부터 북아메리카 원주민들은 한곳에 정착해 집을 짓고 살았어. 이때부터 식량을 저장하기 위한 토기도 만들었지. 본격적으로 신석기 문화가 일어난 거야. 당연히 생산량이 늘었겠지? 마을도 생겨났어.

　그로부터 300여 년이 더 흘렀어. 8세기 무렵 바스켓메이커 문명은 획기적으로 진화했어. 이 문명이 바로 18세기 초반까지 무려 1000여 년간 계속된 푸에블로 문명이란다. 푸에블로 문명을 건설한 주역이 오늘날 우리가 인디언이라고 부르는 사람들이야. 왜 그들을 인디언이라고 부르게 됐는지는 다음 장에서 살펴볼 거란다. 어쨌든 유럽인들이 북아메리카로 들어오면서 푸에블로 문명은 사라졌어. 푸에블로 문명의 주역인 인디언들은 유럽인들이 밀어 넣은 보호구역에 갇혀 살게 되었어.

　푸에블로 문명은 처음에는 산간 지방에서 주로 발달했어. 그러다가 13세기 후

반부터 인디언들이 서서
히 평원 지대로 이동하기
시작했지.

푸에블로 문명의 가장
큰 특징은 대형 주택을 만
들었다는 거야. 방이 10개,
또는 20개 정도면 대형 주
택이라고 할 수 없겠지?
푸에블로인들은 최소한
수백 개의 방이 있는 대형

| 푸에블로 문명 유적지 북아메리카에서 유일하게 거대 문명으로 발달
한 푸에블로 문명의 대형 주택 유적. 미국 남서부의 차코문화역사공원 안
에 있으며, 2~5층 건물에 수백 개의 방과 식량 창고가 있다.

주택을 만들었어. 이 대형 주택을 푸에블로 보니토^{pueblo bonito}라고 해. 푸에블로 보
니토는 오늘날의 아파트와 거의 흡사한 모습이었을 거야. 다만 특이한 것은 평원
지역에 만든 게 아니라 계곡이나 벼랑을 따라 만들었다는 거야. 대단하지 않니?

학자들은 바스켓메이커 문명에서부터 18세기까지의 푸에블로 문명을 모두 합
쳐 아나사지 문명이라고도 부른단다. '옛날의 문명'이라는 뜻이래.

2

아메리카,
세계 역사에 등장하다

1450년경 ～ 1750년경

15세기 중엽에 유럽의 중세는 종말을 맞았어. 중세 유럽의 정신적 구심점이었던 가톨릭에 대한 비판이 일어나, 1517년부터 종교개혁의 불꽃이 타올랐지. 프랑스와 영국 사이에 백년전쟁1337년~1453년이 터지면서 처음으로 국가라는 개념이 사람들 머릿속에 자리 잡기 시작했어. 이탈리아에서 시작된 르네상스는 순식간에 북유럽으로 전파돼 예술과 문학, 인문 분야에 일대 혁명이 일어났어.

그러나 전 세계에 가장 큰 영향을 미친 사건은 따로 있어. 바로 대항해 시대가 시작된 거야. 포르투갈과 에스파냐의 함대가 대서양 물살을 가르면서 새로운 바닷길과 미지의 땅을 찾아 나섰어. 그들은 그전까지 유럽 지도에서 보지 못한 땅을 발견했어. 아프리카가 그랬고, 아메리카가 그랬지. 그들은 이 대륙들을 식민지로 삼았어. 다른 유럽 강국들도 이 대열에 너도나도 뛰어들었어.

아메리카 대륙의 문이 활짝 열려졌어. 하지만 원주민에게는 비극이었어.

유럽 열강의 아메리카 침략이 시작됐기 때문이야.

대항해 시대와 세계사에 등장한 아메리카

대항해 시대의 중요성은 아무리 강조해도 지나치지 않아. 바로 이 역사적 사건으로부터 세계화 시대가 시작됐지. 오늘날의 세계 지도가 이 사건을 계기로 확정됐다고 하면 약간 과장이지만, 그만큼 이 사건의 역사적 의미는 크단다.

이 사건이 일어나게 된 배경을 잠깐 살펴볼까? 13세기 말에 투르크족이 오스만 제국을 세웠어. 오스만 제국은 아시아, 아프리카, 유럽의 3개 대륙에 걸친 광대한 영토를 차지했지. 이슬람 제국이었던 오스만 제국은 크리스트교도인 지중해 상인들의 동방과의 해상 무역_{향신료, 보석, 비단}을 방해했어. 이미 고기에 향신료_{후추}를 뿌려 먹는 게 익숙해진 유럽 사람들의 발등에 불이 떨어졌지. 그들은 먼 길을 돌아가서라도 인도에 도착해야 했어. 왜? 그곳에 가야 향신료를 살 수 있었거든.

가장 먼저 대항해 시대를 연 나라는 포르투갈이었어. 항해 왕이라 불리는 엔리케 왕자가 후원한 함대가 멀리 서아프리카_{보자도르곶}를 돌아 인도로 가는 뱃길을 개척했지. 아프리카 항로를 새롭게 연 거야. 그러나 포르투갈은 아메리카에 대해서 큰 관심을 가지지 않았어. 아메리카는 에스파냐가 차지했단다.

여기서는 우선 16세기 초반, 페르디난드 마젤란이 에스파냐의 후원을 받아 세계 일주를 할 때까지의 이야기를 다룰 거야. 특히 아메리카를 찾아나선 탐험가들을 집중적으로 살피도록 할게. 대항해 시대의 나머지 이야기들은《통세계사》나 각 대륙별 통사를 참고해.

콜럼버스, 향신료를 찾아 중앙아메리카로

아메리카 이야기는 크리스토퍼 콜럼버스라는 인물로부터 시작해야 해. 왜 그런지는 이미 다 알고 있을 거야. 그래, 콜럼버스가 가장 먼저 아메리카 대륙에 도달한 유럽인이기 때문이야. 사실 아메리카를 처음으로 발견하고, 도달한 사람은 2만 5000년 전의 아시아 인류야. 그런데 콜럼버스를 아메리카 대륙의 발견자로 이야기하는 것은 그가 세계 역사에 아메리카를 본격적으로 등장시켰기 때문이야.

콜럼버스는 이탈리아 제노바 출신이야. 지중해에 둘러싸여 있는 이 나라에서는 일찍부터 해상 무역이 발달했어. 무역상들은 동방에서 향신료를 사들여 유럽 전역에 팔았지. 해상 무역을 주로 하는 곳이니, 사람들은 바다에 매우 익숙했을 거야. 콜럼버스도 어렸을 때부터 배를 탔어. 게다가 콜럼버스는 항해 지도를 만드는 직업도 갖고 있었지. 직업상 여러 지도를 섭렵할 수 있었고, 지구가 둥글다는 지구구체설地球體說을 믿었어. 그러니까 콜럼버스는 대서양 너머에 있는 서쪽 세계에 대해 큰 환상을 품고 있지 않았을까?

정말로 콜럼버스는 그랬어. 그는 지도를 만들면서 이런 생각을 했대. '지구가 둥글다면 대서양을 건너 바로 인도에 도착할 수 있다. 그러면 굳이 아프리카를 빙 돌아서 인도로 갈 필요가 없잖아?' 이런 생각이 터무니없다는 걸 우리는 이미 잘 알고 있어. 그러나 대항해 시대에는 이런 생각을 하는 탐험가들이 상당히 많았단다. 그들은 아메리카 대륙에 대해 전혀 알지 못했어. 곧 살펴볼 여러 탐험가들이 대부분 이렇게 생각하고 있었어.

어쨌든 콜럼버스는 대서양을 건너 인도에 도착하겠다는 항해 계획을 세웠어. 그러나 돈이 없었어. 계획만 근

이탈리아의 탐험가 콜럼버스 에스파냐 여왕 이사벨 1세의 후원으로 항해를 떠나 쿠바, 아이티, 트리니다드 등을 발견했다.

사하면 뭐해? 돈이 없는데…. 1484년 콜럼버스는 신항로 개척에 적극적인 포르투갈의 왕 주앙 2세를 찾아갔어. 하지만 주앙 2세는 별 고민도 하지 않고 퇴짜를 놨단다. 포르투갈은 이미 인도로 가는 아프리카 항로를 개척했어. 그래, 콜럼버스가 왕을 찾아갔을 때, 왕은 아프리카 대륙 진출을 위한 야심찬 계획을 짜는 데 여념이 없었지. 그런 상황인데, 콜럼버스의 제안이 눈에 들어오기나 하겠니?

1486년 콜럼버스는 에스파냐로 건너갔어. 그러나 에스파냐의 이사벨 1세 여왕도 퇴짜를 놨단다. 왜 그랬을까? 첫째, 이 무렵 에스파냐는 남부 그라나다에 있는 이슬람교도와의 전쟁에 정신이 없었어.

둘째, 콜럼버스가 너무 지나치게 많은 것을 요구했어. 콜럼버스는 개척한 땅에서 왕의 다음 지위인 부왕이 되게 해달라고 했어. 이어 그 땅에서 수익이 나면 그 가운데 10퍼센트는 자신이 갖겠다고 했지. 그뿐이 아니야. 이 두 가지 특권을 대

대손손 물려줄 수 있도록 허락해달라고도 했어. 게다가 제독의 지위도 달라고 했단다. 여왕은 아마 콜럼버스를 사기꾼이라고 생각했을지도 몰라.

하지만 정작 콜럼버스는 자신의 탐험 계획이 완벽하다고 생각했단다. 그러니까 당연히 자신의 요구 조건이 까다롭다고 생각하지도 않았겠지? 그는 영국으로 건너갔어. 그곳에서도 퇴짜! 프랑스로 갔지만, 역시 퇴짜!

콜럼버스는 계속 후원자를 찾아 여러 나라를 떠돌아다녔어. 그러는 사이에 무려 8년이 흘렀어. 마침내 에스파냐가 그를 지원하기로 결정했단다. 어? 에스파냐는 콜럼버스를 거절했었잖아? 맞아. 에스파냐가 입장을 바꾼 거야. 왜 그랬을까?

이 무렵 유럽에서는 구교와 신교의 갈등이 아주 심각했어. 종교전쟁이 곳곳에서 터졌단다. 에스파냐는 구교의 중심지였어. 에스파냐 수도회는 구교의 핵심 단체였지. 성직자들은 아시아까지 건너가 선교 활동을 할 만큼 적극적이었어. 우리나라에는 오지 않았지만, 일본까지 이 선교사들이 도착해 가톨릭을 전파시켰단다.

어쨌든 에스파냐 선교사들은 포르투갈 때문에 단단히 화가 나 있었어. 이 무렵 포르투갈이 아프리카 대륙의 문을 연 뒤 선교사들을 대거 파견했거든. 분명 에스파냐보다 작은 나라인데, 거대한 대륙 아프리카에 가톨릭을 포교하는 공로가 모두 포르투갈에 돌아가잖아? 바로 이 점 때문에 자존심이 상한 에스파냐 성직자들은 이사벨 1세를 설득해 콜럼버스의 탐험을 지원하게 했단다.

페르난도 2세와 이사벨 1세 에스파냐의 왕과 왕비로, 추후 콜럼버스의 항해를 전폭적으로 지원했다.

물론 에스파냐 왕실도 포르투갈의 항해를 지켜보면서 위기감을 느꼈어. 게다가 1488년에는 포르투갈의 탐험가 바르톨로메우 디아스 함대가 아프리카의 남단 희망봉^{폭풍의 곶}을 발견했어! 왕실은 다급해졌지. 콜럼버스가 사기꾼처럼 보이지만 다른 카드가 없잖아? 에스파냐는 대항해 시대의 주도권을 빼앗기 위해 콜럼버스를 등용하기로 결정했어.

　　결국 에스파냐 왕실은 1492년 4월 콜럼버스와 '산타페 협약'을 체결했어. 내친 김에 이사벨 1세 여왕은 화끈하게 지원하기로 했나 봐. 산타페 협약을 통해 콜럼버스의 요구 조건을 모두 받아들였을 뿐만 아니라 탐험에 필요한 자금과 선박까지 모조리 지원했지.

　　자, 시각을 바꿔 콜럼버스의 입장에서 이 항해를 바라볼까? 그는 아주 실용적이었어. 첫째, 그에게는 가톨릭을 전파하겠다는 사명감이 없었어. 둘째, 그에게는 포르투갈을 제압해야 한다는 의무감도 없었어. 그래, 그는 오로지 일확천금을 얻기 위해 이 항해를 계획한 거야. 그가 제시했던 요구 조건을 봐. 돈 냄새가 많이 나지 않니? 그의 머릿속에는 인도에 빨리 도착하는 바닷길을 발견해 향신료 무역을 독점하고, 새로운 땅에 묻혀 있을 금을 찾아 큰돈을 벌 생각밖에 없었어.

　　세계를 바꾼 콜럼버스의 항해는 이처럼 가톨릭 성직자들의 선교 열망, 에스파냐 왕실의 주도권 욕심, 그리고 콜럼버스의 경제적 욕망이 어우러지면서 시작됐단다.

콜럼버스의 세계를 바꾼 항해

　　1492년 8월 3일, 산타마리아 호를 포함해 총 3척의 함선이 역사적인 항해를 시작했어. 곧 끝날 줄 알았던 항해는 길어졌어. 육지는 쉽게 나타나지 않았어. 콜럼버스는 두 달 동안 망망대해만 바라봐야 했단다. 그러다 10월

12일, 콜럼버스의 원정대는 마침내 섬을 발견했어. 콜럼버스는 곧 인도가 눈앞에 펼쳐질 것으로 기대했어.

콜럼버스가 처음 도착한 섬은 오늘날 서인도 제도의 와틀링 섬으로 추정되고 있어. 그는 이 섬에 닻을 내린 뒤 산살바도르

산타마리아 호 콜럼버스는 총 세 척의 배로 대서양을 건넜다. 사진은 1차 항해 때의 지휘함선인 산타마리아 호를 복원한 모형.

라고 불렀어. 이 말은 '거룩한 구세주'란 뜻이야. 그는 항해를 계속해 쿠바와 히스파니올라에 이르렀어. 히스파니올라는 오늘날 아이티와 도미니카공화국이 있는 섬이지.

콜럼버스는 자신이 아메리카 대륙에 도착했다는 사실을 알지 못했어. 그는 이 땅을 인도의 어디쯤일 것이라고 생각했어. 그러나 사실 그 땅은 아스테카 제국에 포함돼 있었단다. 콜럼버스는 원주민을 만나자 인도 사람이냐고 물었고, 대답을 기다리지도 않고 인디언이라 불렀어. 이렇게 해서 아메리카 원주민에게 인디언이란 이름이 붙은 거야. 오늘날 인디언들은 이 표현을 좋아하지 않아. 그들은 아메리카 토착민네이티브 아메리칸이라 불리기를 희망한단다.

어쨌든 콜럼버스는 그전까지 유럽이 알지 못했던 아메리카 대륙의 문을 열었어. 이때를 시작으로 총 네 차례의 아메리카 탐험을 했단다. 이제 1차 항해의 결말을 볼 차례야.

산타마리아 호는 항해 도중에 부서지고 말았어. 남은 배 두 척에 120명 선원 모두가 다 탈 수는 없겠지? 콜럼버스는 히스파니올라에 선원 40여 명을 잔류시켰어. 식민지를 건설하라는 임무를 주면서 말이야.

아메리카에 도착한 콜럼버스 1492년 10월, 콜럼버스가 아메리카에 도착한 뒤 에스파냐 왕실의 깃발을 들어올리고 있다.

1493년 3월, 콜럼버스는 8개월 만에 금의환향했어. 자신이 발견한 땅이 무궁무진한 기회의 땅이라는 사실을 증명하려고 금덩어리를 들고서 말이야. 콜럼버스는 일약 스타로 떠올랐어. 신대륙에 금이 널려 있다는 소문은 삽시간에 퍼져나갔지.

곧바로 2차 원정대가 꾸려졌어. 금덩어리를 캐서 팔자 펴보겠다는 사람들이 벌 떼처럼 몰려들었어. 그러다 보니 선원만 무려 1,500여 명에 이르렀지. 2차 원정대의 규모가 얼마나 컸는지 짐작하겠지? 바다에 띄운 배도 1차 원정 때보다 많은 17척이었단다.

1493년 9월 콜럼버스는 의기양양하게 히스파니올라로 향했어. 부하들이 식민지를 건설했을 거라는 기대가 있었거든. 그러나 이 기대감은 곧 경악으로 바뀌었단다. 단 한 명의 부하도 보이지 않았어! 모두 원주민과의 전투에서 목숨을 잃은 거지. 콜럼버스는 이를 악물었어. 히스파니올라를 에스파냐의 땅으로 선포하고 본격적으로 식민지 건설에 나섰어. 그는 여왕의 이름을 따서 이 도시의 이름을 '이사벨라'라고 지었어.

식민지의 터전을 닦았으니, 이젠 금을 모아야겠지? 원정대에 따라온 부하들 모두가 금을 원하고 있잖아? 콜럼버스는 원주민을 협박해 금을 가져오라고 했어. 금을 가져오지 못한 원주민은 죽여버렸지. 금은 금방 바닥이 났어. 그래, 이곳에 금이 많다는 것은 사실이 아니었어. 콜럼버스가 업적을 과장하려고 금이 널려 있다고 선전했던 거야.

콜럼버스는 원주민을 노예처럼 부려 금을 캤어. 그러나 생각했던 것만큼 금은 쌓이지 않았어. 콜럼버스는 고민하기 시작했어. 이대로 귀국했다가는 무슨 봉변을 당할지 모르잖아? 옳거니! 콜럼버스는 '꿩 대신 닭'을 떠올렸어. '닭'은 원주민 노예였지. 콜럼버스는 아메리카 원주민 30여 명을 배에 싣고 1496년 3월 귀국길에 올랐어.

에스파냐의 여왕은 크게 실망했어. 1차 항해 때는 비록 향신료는 아니지만 금이란 수확물이 있었어. 그래서 콜럼버스가 대접받았던 거잖아? 그러나 노예 가지고는 큰돈을 벌 수 없지. 게다가 콜럼버스의 통솔력도 그리 뛰어나지 않았나봐. 많은 부하들이 그에게 반발하고 있었거든. 어느 정도냐 하면 반란이 일어날 지경이었다는구나. 곳곳에서 콜럼버스를 비난하는 목소리가 높아졌어. 에스파냐 왕실은 결국 콜럼버스를 문책했지. 콜럼버스는 그 후 5년여 동안 아메리카로 항해할 수 없었단다.

콜럼버스는 쉬고 있었지만, 포르투갈의 탐험가 바스쿠 다 가마는 항해를 계속했어. 1498년, 가마는 인도 서남부 해안 캘리컷^{현 코지코드}을 눈앞에 두고 마지막 속도를 올리고 있었지.

이처럼 세계가 급히 변하고 있을 때, 한반도는 아주 어수선했단다. 조선^{연산군 재위 4년} 조정에서는 훈구파와 사림파의 갈등이 첨예해져 무오사화^{戊午士禍}로 이어졌어.

유럽 국가들은 세계로 뻗어나가고 있는데, 조선은 우물 안 개구리처럼 서로 싸우고 있었지.

무오사화가 터진 해, 콜럼버스는 3차 항해를 할 수 있었어. 원정대는 1, 2차 항해 때보다 더 남쪽으로 뱃머리를 잡았고, 그 결과 트리니다드와 오리노코 강을 발견했어. 이 업적으로 콜럼버스가 인기를 되찾았을까? 아니야. 히스파니올라에서 반란이 터졌거든. 에스파냐 왕실은 콜럼버스를 더 이상 믿을 수 없다고 판단하고는 즉시 본국으로 송환했단다.

콜럼버스에게는 3차 항해가 마지막 원정이 될 수도 있었어. 그러나 돌발 사건이 터졌단다. 포르투갈의 가마가 마침내 캘리컷에 도착했다는 소식이 들려왔지! 에

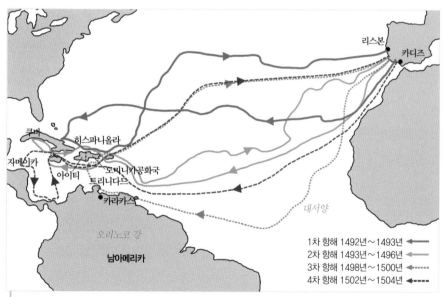

| 1차 항해 1492년~1493년 |
| 2차 항해 1493년~1496년 |
| 3차 항해 1498년~1500년 |
| 4차 항해 1502년~1504년 |

콜럼버스의 항해 경로 콜럼버스는 네 차례의 항해를 통해 쿠바, 자메이카, 아이티, 도미니카공화국, 트리니다드 등 남아메리카와 중앙아메리카에 도착했다.

스파냐 왕실은 자존심이 크게 상했어. 서인도 제도 원정을 더욱 강화하기로 했지. 그런데 콜럼버스를 빼자니 항해를 이끌 마땅한 사람이 없었어. 왕실은 어쩔 수 없이 콜럼버스에게 항해를 맡아달라며 지휘봉을 줬단다.

　1502년부터 3년간 계속된 4차 항해에서 콜럼버스는 아이티와 쿠바를 지나 더 안쪽으로 항해했어. 온두라스와 파나마 지협에 도착했지만, 그 어느 곳에도 금은 없었어. 콜럼버스는 빈손으로 귀국했고, 모두 그를 사기꾼 취급했지. 그는 그렇게 사람들의 기억에서 사라졌어. 1506년 콜럼버스는 쓸쓸하게 생을 마감했단다.

 신대륙 발견자 콜럼버스는 무기징역?

통박사의 역사 읽기

요즘 미국에서는 콜럼버스가 진정한 개척자인가에 대한 논란이 뜨겁단다. 미국에서 매년 10월 둘째 주 월요일은 '콜럼버스의 날'이야. 공식적으로 지정된 날이지만, 대부분의 주는 콜럼버스의 날을 공휴일로 정하지도 않았어.

콜럼버스에 대한 비판도 커지고 있어. 미국에 다양한 인종과 민족이 어우러져 있기 때문이야. 많은 사람들이 콜럼버스가 신대륙을 발견했다는 점보다, 그가 아메리카에 도착한 후 원주민을 학살했다는 점에 더 주목하고 있어.

21세기 들어 미국의 한 초등학교에서 콜럼버스 모의재판이 열렸어. 학생들은 콜럼버스를 무기징역에 처했단다. 에스파냐 왕실을 내세워 못된 사기와 약탈을 저질렀다는 거지. 일확천금과 명예를 꿈꿨던 콜럼버스의 말로가 참 쓸쓸하지 않니?

유럽인 탐험가들의 두 얼굴

콜럼버스가 봇물을 트자 수많은 탐험가들이 아메리카 대륙으로 향했어. 그 가운데 이탈리아 출신의 아메리고 베스푸치란 인물이 있었어. 콜럼버스의 2차와 3차 항해 때 배를 만드는 일을 돕기도 했단다. 베스푸치도 대서양 너머에 관심이 많았겠지?

마침내 베스푸치의 꿈이 이뤄졌어. 1497년 아메리카로 첫 항해를 떠날 수 있게 된 거야. 그 후 베스푸치는 여러 차례 중남부 아메리카를 다녀왔어. 그는 그곳이 인도가 아니란 사실을 깨달았어. 베스푸치는 "콜럼버스가 다녀간 곳은 신세계다!"라고 주장하기 시작했지. 그러다가 1507년, 독일의 유명한 지리학자 ^{마르틴 발트제뮐러}가 세계지도를 발간하면서 베스푸치의 이름을 따서 이 대륙을 아메리카라고 적어 넣었어. 그 후 신대륙의 공식 이름은 아메리카가 됐지.

이탈리아의 탐험가 베스푸치 1497년부터 1504년까지 여러 차례 아메리카를 항해했다. 아메리카는 아메리고의 이름을 따 만들어졌다고 한다.

콜럼버스는 이때 이미 죽은 후였어. 당연히 자신이 신대륙을 발견했다는 사실을 끝끝내 알지 못했지. 만약 그가 자신이 발견한 땅이 인도가 아니라 신대륙이었다는 사실을 알았더라면, 오늘날 아메리카란 이름은 존재하지 않았을지도 몰라. 대륙의 이름이 되지는 못했지만 콜럼버스는 미국

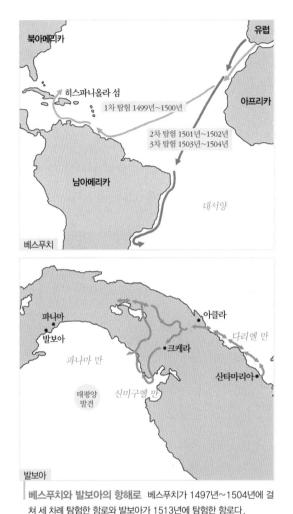

베스푸치와 발보아의 항해로 베스푸치가 1497년~1504년에 걸쳐 세 차례 탐험한 항로와 발보아가 1513년에 탐험한 항로다.

수도에 자신의 이름을 올릴 수 있었어. 워싱턴 컬럼비아 특별구District of Columbia, 워싱턴 디시D.C.란다. 콜럼버스에게는 그나마 작은 위안이 됐겠지?

아메리카란 이름이 탄생하고 6년이 지난 1513년, 이번에는 태평양이 처음으로 발견됐단다.

그 과정을 볼까? 에스파냐의 바스코 발보아라는 탐험가가 있었어. 베스푸치와 거의 비슷한 시기에 처음 탐험을 시작했지. 1509년 발보아는 파나마에 정착했어. 파나마에는 에스파냐인들이 이미 살고 있었어. 그러나 그들은 매우 고전하고 있었어. 식량도 부족했고, 풍토병에 시달리고 있었거든. 발보아는 에스파냐인들을 이끌고 원주민 부락을 습격했어. 원주민은 저항했지만 발보아는 무자비하게 그들을 학살했단다.

발보아는 에스파냐인들을 다리엔 만 지역으로 옮기고 도시를 건설했어. 이 도시가 바로 아메리카에 세워진 최초의 유럽 이주민 정착촌이란다. 발보아는 다리엔의 지도자로 선출됐어. 이듬해 에스파냐의 왕 페르난도 2세도 발보아의 공헌을 인정해 임시 총독 자리를 내줬단다.

발보아는 아직 성이 차지 않았어. 원주민들 사이에 전해 내려오는 황금의 제국 전설이 자꾸 발보아를 부추긴 거야. 남쪽 어딘가에 황금이 무진장 널려 있다는 전설을 발보아는 철석같이 믿었어. 그는 황금의 제국을 꼭 찾겠다고 벼르고 있었지.

발보아가 계획을 짜보니 최소 1,000명의 병사는 있어야 황금의 제국을 정복할 수 있겠다는 계산이 나왔어. 발보아는 에스파냐 왕실에 군대를 요청했어. 그러나 지원군은 오지 않았어. 발보아의 반대 세력이 에스파냐 왕에게 "그는 사기꾼이다"라며 모함을 했기 때문이야. 그러나 그들도 황금의 제국에 구미가 당겼나봐. 에스파냐 왕실은 직접 황금의 제국을 찾기 위한 대규모 원정대를 짜기 시작했어.

발보아는 에스파냐 왕실로부터 버림받았다는 사실을 깨달았어. 그러나 실망하지 않았어. 1513년, 그는 원주민과 자신을 따르는 부하들을 앞세워 독자적으로 원정에 나섰단다. 처음에는 원주민을 마구 학살

에스파냐의 탐험가 발보아 1513년 9월 25일(또는 27일), 유럽인으로는 최초 태평양을 발견했다.

했었지? 그러나 한 인디언 추장을 만나 이야기를 나눈 후 태도가 싹 바뀌었어. 서로 무슨 얘기가 오갔는지는 알 수 없지만, 아무튼 발보아는 원주민들과 사이좋게 지내기 시작했단다. 그랬기 때문에 황금의 제국을 찾아 나설 때 원주민의 도움을 받을 수 있었던 거지.

발보아의 원정대에 참가한 에스파냐인 가운데 기억해야 할 인물이 있어. 바로 프란시스코 피사로야. 그는 머지않아 잉카 제국을 정복해. 이 잉카 제국이 그 황금의 제국으로 알려진 나라였단다. 이 얘기는 곧 해줄 거야. 조금만 기다려.

발보아 원정대는 곧 안데스 산맥의 북서쪽 끝자락에 닿았어. 산 정상에 이르자 넓은 바다가 눈에 들어왔지. 이 바다가 바로 태평양이었단다. 하지만 발보아는 이 바다가 태평양이라는 사실을 몰랐어. 그냥 작은 만이라고 생각했지. 어쨌든 발보아가 유럽 사람으론 처음으로 태평양을 발견하는 순간이었어. 발보아는 태평양 연안의 도시들을 향해 진격했어. 정복전쟁을 벌였고, 발보아는 승리를 거뒀지.

그로부터 1년이 지난 후, 에스파냐 왕실의 원정대가 도착했어. 군대와 함께 부임한 새로운 총독은 발보아를 좋아하지 않았어. 발보아가 원주민과 짝짜꿍해서 몰래 이득을 취하고 있다는 거야. 발보아의 높아져가는 인기도 눈에 거슬렸어. 총독은 발보아를 그대로 둬서는 안 된다고 판단했지. 1519년 총독은 발보아를 처형시켜버렸어.

이때 발보아를 형장으로 압송한 사람은 피사로였어. 한때 자신의 지휘관이었던 사람을 형장으로 끌고 간 거지. 어쨌든 발보아는 파나마 지협 곳곳에 이름을 남겼어. 그의 이름을 딴 발보아라는 도시도 있고, 발보아 공원도 여러 곳에 있지.

마젤란의 세계 일주와 남아메리카 식민지 분쟁

콜럼버스, 베스푸치, 발보아….

이들은 국적이 다르지만 모두 에스파냐의 지원을 받아 대서양 탐험을 했어. 그래, 이 무렵에는 에스파냐의 배들이 대서양에서 세력을 떨치고 있었단다. 대항해 시대를 연 포르투갈은 뭐 하고 있느냐고? 물론 포르투갈도 대서양을 건너가기는 했어. 1500년경, 항해가 페드루 카브랄이 브라질에 도착한 거야. 포르투갈은 그 이듬해부터 브라질 주변으로 식민지를 늘려나가기 시작했어. 그러나 그 이상 영토를 늘릴 수는 없었어. 에스파냐와 영토 분쟁이 시작됐기 때문이야.

에스파냐는 1492년 서인도 제도에 처음으로 도착했어. 포르투갈은 1498년 아프리카 희망봉을 돌아 인도 캘리컷에 도착했어. 경쟁적으로 신대륙 개척에 나선 것이지. 두 나라는 서로 자기가 최고라고 주장하기 시작했어. 당연히 자존심 싸움이 심하지 않았겠니? 이 갈등은 로마 교황 알렉산데르 6세이 나섬으로써 간신히 풀 수 있었지.

로마 교황은 두 나라에게 타협할 것을 권했어. 역사의 수레바퀴는 중세를 지나 근대로 달려가고 있었지만, 이 때까지만 해도 가톨릭의 영향력은 매우 컸단다. 두 나라의 왕실은 타협하기로 했

토르데시야스 조약에 따른 경계선 변화 에스파냐와 포르투갈의 신대륙 개척 경쟁은 토르데시야스 조약으로 경계선을 확정짓게 됐다. 이 조약으로 브라질은 포르투갈의 차지가 되었다.

최초의 세계 일주 항해가 1519년 에스파냐 왕실의 명령에 따라 토르데시야스 조약의 이행 확인과 서인도 제도를 찾아 항해에 나섰다. 이 항해가 인류 최초의 세계 일주였다.

어. 1493년 교황은 포르투갈은 아프리카를, 에스파냐는 아메리카를 차지하라는 칙서를 내렸어. 이 칙서에 따라 포르투갈은 아프리카의 서쪽 끝에서 480킬로미터 이내의 바다와 영토만 차지할 수 있었어. 그 서쪽은 모두 에스파냐의 차지였지.

포르투갈이 불만이 많았겠지? 이듬해 6월, 포르투갈은 교황에게 경계선을 조정해달라고 부탁했고, 교황이 그 부탁을 들어줬어. 두 나라는 에스파냐의 토르데시야스란 마을에서 만나 경계선을 서쪽으로 더 옮기기로 합의했어. 이 토르데시야스 조약의 결과 경계선은 480킬로미터에서 1,500킬로미터로 조정됐지. 경계선을 서쪽으로 옮김으로써 브라질이 포르투갈의 식민지가 된 거란다.

이 경계선이 잘 지켜지고 있나 확인하기 위해 에스파냐 왕실은 1519년 페르디난드 마젤란에게 항해를 명령했어. 물론 그 목적만 있던 것은 아니야. 16세기 초반까지만 해도 에스파냐는 여전히 인도에 미련을 갖고 있었어. 사실 베스푸치나 발보아도 아메리카를 관통해 아시아로 가는 길을 찾으려고 했었어. 1516년에는 탐험가들이 아르헨티나의 라플라타 지역까지 진출했는데, 그들도 이곳을 거쳐 아시아로 가려 했단다. 마젤란도 마찬가지였어. 아시아로 가는 길을 찾아내라는 명령을 받았던 거야.

마젤란의 업적은 콜럼버스와 비교될 만큼 기념비적이었단다. 그는 배를 타고 세계를 일주했어. 지구가 둥글다는 걸 몸소 증명했지. 물론 15세기 초, 먼 바다까지 나갔다 돌아온 선원들이 "수평선 끝은 낭떠러지가 아니다"라고 말하는 경우가 많았어. 그 때문에 지구가 둥글 것이라는 믿음이 확산되고 있었지. 그렇다고는 해도 마젤란처럼 직접 전 세계를 돈 사람은 없었어.

마젤란은 원래 에스파냐인이 아니었어. 포르투갈의 귀족 출신이지. 그는 포르투갈 왕실을 위해 일했어. 아프리카 남단을 돌아 동남아시아 말라카까지 항해하기도 했지. 한때 포르투갈령 인도의 총독 밑에서 일하기도 했단다. 그랬던 마젤란이 에스파냐로 넘어온 것은 바로 신뢰 때문이었어. 마젤란이 모로코 현지 주민과 거래를 했는데, 포르투갈 왕^{마누엘 1세}이 이 거래를 부정한 행위로 여겼던 거야. 포르투갈 왕은 더 이상 마젤란을 믿을 수 없다고 생각했어. 마젤란도 자신을 믿지 않는 왕에게 충성하고 싶지 않았지. 마젤란은 즉시 에스파냐로 넘어갔어. 이 무렵엔 에

마젤란 탐험대의 세계 일주 항로 1519년 마젤란이 이끌었던 탐험대는 에스파냐를 출항한 후 태평양을 횡단해 세계 일주를 하고 1521년 에스파냐 세비야로 귀환했다.

마젤란 해협 지도 네덜란드의 지도제작자 혼디우스가 1606년에 만든 마젤란 해협의 지도다.

스파냐 왕실이 대서양 항해를 적극 지원하고 있었거든. 마젤란이 에스파냐를 찾아간 것은 어쩌면 당연한 일이겠지?

1519년 8월 10일, 마젤란이 이끄는 함대 다섯 척이 에스파냐의 남단 세비야 항구를 출발했어. 마젤란은 곧바로 남아메리카 쪽으로 방향을 잡았어. 그동안 여러 탐험가들이 중앙아메리카를 관통해 아시아로 가는 바닷길을 찾았지만 끝내 발견하지 못했지? 그 때문에 마젤란은 시간을 절약하기 위해 바로 남아메리카를 향해 간 거야.

12월, 그의 함대는 오늘날 브라질의 리우데자네이루에 도착했어. 이윽고 큰 해협을 만났어. 마젤란은 드디어 아시아로 가는 바닷길을 찾았다고 생각했어. 마젤란은 선원들을 독려하면서 그 해협으로 항해를 계속했어. 그러나 아시아 통로가 아니었어. 그것은 대륙 안쪽으로 연결된 강이었던 거야. 이 강이 바로 라플라타 강이었단다.

진짜 해협을 만난 것은 그로부터 10개월 정도 흐른 후야. 마젤란은 선원들에게 해협을 찾을 때까지 더 남쪽으로 내려가자고 했어. 그리고 마침내 물살이 거센 곳을 만났어. 얼마나 항해가 힘들었는지, 배 한 척이 이곳에서 침몰했단다. 또 몇몇 선원들은 배 한 척을 타고 아예 달아나버렸어. 마젤란은 남은 세 척을 이끌고 바다와 싸우면서 이곳을 돌파했어. 바로 이곳이 마젤란 해협이야. 그래, 남아메리카 맨

아래쪽에 있는 해협이란다. 마젤란 해협을 지나자 드디어 잔잔한 바다가 나왔어. 마젤란은 그 바다의 모습에 반해 '평화로운 바다太平洋'란 뜻의 태평양이라는 이름을 붙였단다.

항해는 그 후로도 쉽지 않았어. 좀처럼 육지가 나오지 않자 선원들이 반란을 일으킬 분위기였어. 그러던 중 1521년 3월이 됐어. 멀리 섬이 보였어. 바로 괌이었단다. 선원들은 환호를 질렀어. 그러나 이 섬의 원주민들은 그들에게 적대적이었어. 선원들과 원주민들은 전투를 벌였고, 결국 다른 곳으로 이동했단다.

4월, 마젤란 함대는 필리핀의 세부 섬에 도착했어. 그러나 곧 에스파냐 왕실에 대한 복종과 가톨릭 개종을 강요하다가 필리핀 원주민과 마찰을 빚었고, 결국 전투막탄 전투가 벌어졌어. 마젤란은 이 전투에서 그만 목숨을 잃었지.

살아남은 부하들은 배 세 척 중 한 척을 불태우고 두 척에 나눠 탄 뒤 필리핀을 떠났어. 에스파냐로의 귀항도 쉽지는 않았어. 도중에 포르투갈 해군을 만나, 배 한 척이 불에 타버렸거든. 선원들은 가까스로 남아 있는 배 한 척을 타고 1522년 9월 8일, 에스파냐 세비아에 도착했단다. 다섯 척이었던 배는 한 척, 270여 명이었던 선원은 겨우 18명만이 남은 상태로 말이야.

차가운 대륙 북아메리카에 온 유럽인

에스파냐와 포르투갈의 적극적인 대항해를 본 기존의 유럽 강대국들은 불안해졌어. 영국, 프랑스, 네덜란드가 이런 나라들이었지. 이들은 포르투갈과 에스파냐에게 식민지 쟁탈전에서 밀리는 게 아닌가 하는 조바심에 마음을 졸였어.

이 나라들은 뒤늦게 대항해 대열에 뛰어들었지만, 찾아갈 땅이 없었어. 포르투

북방 항로 개척자 캐벗 이탈리아 출신으로 영국 왕실의 후원을 받아 북방 항로를 개척했다. 북아메리카의 그린란드, 뉴펀들랜드 섬, 미국 북동부 해안까지 탐험했다.

갈이 아프리카를, 에스파냐가 중남부 아메리카를 모두 장악했잖아? 두 나라가 신대륙을 싹쓸이한 것이지. 포르투갈과 에스파냐의 손길이 닿지 않은 곳을 찾자니 북아메리카밖에 없었어. 너무 춥지 않느냐고? 그래도 상관없었어. 왜? 어차피 영국이나 프랑스, 네덜란드 탐험가들의 목적지는 모두 같았단다. 그래, 바로 향신료와 보석이 있는 아시아였어. 아시아로 가는 바닷길을 여는 게 목적이었지. 그러니까 설령 추운 지역이라고 해도 마다할 이유는 없었어. 이 나라들이 개척한 아메리카 북쪽 바닷길을 북방 항로라고 부른단다.

우선 영국부터 살펴볼까? 15세기가 거의 저물고 있던 1497년이었어. 이탈리아 출신의 상인인 존 캐벗이 영국 왕^{헨리 7세}의 지원을 받아 대서양에 배를 띄웠어.

이 무렵 포르투갈과 에스파냐가 신항로를 개척했다는 소식이 유럽에 퍼졌지. 영국 왕실은 속이 탔어. 이런 상황에서 캐벗이 아시아로 가는 다른 뱃길을 찾겠다고 하니 마다할 수 없었을 거야. 그러나 캐벗의 원정대 규모는 그리 크지 않았어. 선원이 고작 20명 정도밖에 되지 않았다는구나.

영국을 출발한 배는 52일간 바다 위를 떠다녔어. 그러다 마침내 육지에 도착했어. 사실 육지는 아니었단다. 래브라도 반도의 아래쪽에 있는 섬이었지. 이 섬이 오늘날의 캐나다 노바스코샤 주에 포함돼 있는 케이프브레턴 섬이란다.

섬 주변에는 사람이 살지 않았나봐. 온갖 물고기들이 물 위로 솟구쳐 올랐어. 캐벗과 선원들은 모처럼 물고기로 포식을 했어. 그러고는 영국으로 뱃머리를 돌렸지. 아시아 항로를 포기한 거냐고? 그건 아니야. 캐벗은 케이프브레턴 섬과 다른 섬들 사이의 길이 아시아 북동쪽 해안으로 가는 지름길과 연결돼 있다고 믿었단다. 그러나 이 길을 항해하려면 더 단단히 준비해야 했어. 게다가 물고기가 풍부한 어장을 발견했는데, 당연히 영국에 알려야 하지 않겠니?

이듬해 캐벗은 2차 항해에 나섰어. 그래, 가마가 인도 캘리컷에 도착한 바로 그 해야. 캐벗은 또다시 대서양을 가로질러 북아메리카로 항해했어. 2차 항해 때는 1차 항해 때보다 더 많은 땅을 발견했단다. 캐벗은 우선 그린란드로 갔어. 그린란드의 동쪽과 서쪽 해안을 쭉 탐험한 후에 해안선을 따라 남쪽으로 내려왔지. 그의 눈앞에 배핀 섬이 나타났고, 이어 뉴펀들랜드 섬도 보였어.

캐벗은 그 후로도 항해를 계속해 북위 38도선까지 내려왔단다. 오늘날 미국의 북동부 해안까지 탐험한 셈이지. 그러나 이 탐험에서 캐벗은 아시아로 가는 뱃길을 열지 못했어. 대서양을 건너 북쪽으로 항해하면 아시아가 아니라 차가운 땅덩어리가 있다는 사실을 깨달았을 뿐이야. 실망이 무척 컸지.

그래도 성과는 있었어. 물고기가 풍부한 어장을 기억하지? 영국 어부들이 그 소문을 듣고 캐나다로 고기잡이를 나갔어. 사람이 몰려들자 마을이 생겨났어. 이 마을이 바로 세인트존스란다. 세인트존스는 캐나다에 가장 먼저 만들어진 유럽인 정착촌이야. 다만 겨울에는 너무 추워 모든 사람들이 영국으로 돌아갔기 때문에 반쪽짜리 정착촌이었지.

이제 캐벗의 최후를 볼까? 그는 함께 떠난 선원들과 함께 대서양 어디에선가 실종되고 말았어.

캐벗은 사라졌고, 발견한 땅은 그저 차가운 대륙에 불과했어. 이 때문에 영국은 북방 항로에 대해 크게 신경을 쓰지 않았단다. 그 후 본격적으로 북아메리카를 탐험한 나라는 영국이 아니라 프랑스였어. 이에 대해서는 곧 살펴볼 거야.

미국 땅으로의 진출은 당장 이뤄지지는 않았어. 물론 콜럼버스가 첫 항해에 나섰던 1482년, 미국 땅을 먼발치에서 바라보기는 했어. 그러나 미국 땅에 상륙하지는 않았지. 미국 땅에 유럽인들이 발을 디딘 것은 그로부터 100여 년이 흐른 뒤야.

 바이킹이 그린란드를 발견했다?

덴마크의 섬인 그린란드는 북아메리카와 북극해 사이에 있어. 섬이라곤 하지만 동서로 가장 긴 곳은 무려 1,200킬로미터에 이르니, 사실상 작은 대륙이라고 불러도 되겠지? 그린란드가 유럽인들에게 발견된 것은 10세기 후반이란다. 대항해 시대보다 훨씬 앞서지? 982년 노르웨이의 바이킹이었던 에리크 라우데Erik Raude가 한 무리의 사람들을 이끌고 이곳에 처음 도착했어. 그린란드의 뜻은 '초록빛 땅'이야. 실제 그랬을까? 아니야. 얼음 땅이었어. 에리크가 사람들을 꾀어내기 위해 그럴싸한 이름을 지은 거야. 그의 의도대로 사람들이 그린란드로 몰려들었고, 많은 마을이 만들어졌어. 그런데 15세기 이후 순식간에 모든 마을이 사라졌어. 왜 그런 일이 일어났는지는 아직도 미스터리란다.

유럽, 중남부 아메리카 문명을 파괴하다

자, 이제 아메리카 대륙의 문이 활짝 열렸다는 걸 실감하겠지? 특히 중남부 아메리카에는 에스파냐인들이 많이 찾아왔어. 바로 이 때문에 가장 먼저 중남부 아메리카 문명이 파괴됐지. 아스테카 제국과 잉카 제국은 역사 속으로 사라지고 말았단다.

유럽인들은 아메리카에 전염병_{독감, 홍역, 천연두}을 몰고 왔어. 이미 면역력이 있는 유럽인들이야 상관없지만 면역력이 없는 많은 아메리카 원주민들이 목숨을 잃었단다. 인구가 급감했지. 중남부 아메리카에서 아프리카 흑인 노예를 데려와 플랜테이션 농업을 한 것은 이때부터야.

여기서는 16세기 초반부터 18세기까지의 중남부 아메리카의 역사를 볼 거야. 아메리카 대륙 역사상 가장 굴곡이 많은 시기지. 이 시기를 잘 이해하면 중남부 아메리카를 이해하는 데 도움이 될 거야. 18세기부터는 북아메리카에서 미국의 역사가 본격적으로 펼쳐져. 미국의 역사는 다음 장에서 살펴보자고.

전설 속으로 사라진 아스테카 제국

1장을 떠올려봐. 16세기 초 아스테카는 사상 최대의 영토를 차지한 명실상부한 제국이었어. 제국의 통치자 몬테수마 2세는 정복한 부족에게 많은 공물을 요구했어. 지배당하는 부족들의 분노는 커져만 갔지.

이 무렵 아스테카 제국에는 묘한 소문이 돌았어. 전설 속의 케찰코아틀이 아스테카 제국을 지배하기 위해 돌아온다는 거야. 케찰코아틀은 아즈텍족이 멸망시켰던 고대 국가 톨텍의 왕을 가리키는 말이야. 케찰코아틀이 왕으로 있을 때, 톨텍은 여러 부족과 서로 치고받고 싸웠지. 케찰코아틀은 그 와중에 쫓겨났단다. 그러나 그는 떠나면서 이렇게 말했어. "난 반드시 돌아온다!"라고.

제국의 통치자 몬테수마 2세 아스테카 제국의 황제. 그가 재위할 때 에스파냐의 코르테스 군대가 아스테카 제국을 침략했다.

이 때문에 케찰코아틀은 아즈텍족에게 복수의 화신으로 여겨지고 있었어. 그가 돌아오면 아스테카 제국이 무사하지 않겠지? 황제들은 정말 그런 날이 올까봐 전전긍긍했어. 몬테수마 2세도 마찬가지였지.

1519년 2월 18일, 아스테카 제국에 낯선 이들이 나타났어. 에스파냐의 에르난 코르테스가 배 열한 척에 병사 508명, 선원 100여 명을 태우고 유카탄 반도에 상륙한 거야. 코르테스는 새로운 땅을 정복하겠다는 야망에 불타 있었어. 새로운 땅을 점령하기 전엔 돌아가지 않겠다는 뜻으로 타고 온 배를 모두 태워버렸어. 배수

진을 친 코르테스와 그의 군대는 원주민 부족들과 전투를 벌였어. 저항하는 원주민들을 가차 없이 죽여버렸지. 그는 아스테카의 황궁이 있는 테노치티틀란으로 진군했어. 몬테수마 2세는 긴장했어. 코르테스 군대가 용맹해서 긴장했느냐고? 아니야. 케찰코아틀이 돌아왔다는 소문 때문이야. 맞아. 코르테스를 케찰코아틀로 생각한 거야.

에스파냐의 귀족 출신 코르테스 신대륙 개척에 대한 야망으로 아스테카 제국을 침략했다.

몬테수마 2세는 즉시 코르테스에게 많은 선물을 보냈어. 케찰코아틀이 선물을 받고 돌아가기를 바란 거야. 그러나 코르테스는 그 선물로는 성에 차지 않았어. 왜냐고? 어차피 아스테카를 정복하면 모든 게 자기 것이 되니까.

코르테스는 아즈텍족이 자신을 케찰코아틀로 여기고 있다는 걸 알고 있었어. 코르테스는 일단 몬테수마 2세의 선물을 기분 좋게 받아들였지. 당시 테노치티틀란에는 10만 명 정도가 살고 있었기 때문에 500여 명의 병사로 전쟁을 한다는 건 불가능한 일이었어. 코르테스는 평화적 이미지를 연출하면서 동시에 무력을 사용하기로 했어. 테노치티틀란으로 가는 도중에 원주민들을 기습 공격했지. 지나치게 평화적으로 보이면 얕볼까봐 일부러 잔인한 방법을 고른 거야. 이 방법은 먹혀들었어. 원주민들은 공포에 떨었고, '케찰코아틀' 코르테스는 1519년 11월, 테노치티틀란에 입성했단다.

이제 목적을 달성했으니 평화 정책은 필요 없겠지? 코르테스의 군대는 닥치는

아스테카 전사와 코르테스의 전투 아스테카 전사들이 테노치티틀란을 침입한 코르테스 군대와 전투를 벌이는 장면이다. 코르테스는 말을 타고 전투에 참가했는데, 아스테카인들은 이때 말을 처음 보았다고 한다.

대로 원주민들을 죽이고 보물을 빼앗았어. 몬테수마 2세도 이때 목숨을 잃었지. 하지만 아즈텍족은 황제를 죽인 코르테스가 케찰코아틀이 아니란 사실을 금방 깨달았어. 곧 거센 저항이 일어났고, 코르테스의 군대는 거의 전멸을 당했어. 코르테스는 어쩔 수 없이 수도를 내주고 도망쳐야 했단다.

코르테스의 군대를 몰아내는 데 공을 세운 전사 쿠이틀라우악이 아스테카 제국의 10대 황제에 올랐어. 하지만 그는 왕이 된 지 1년을 채 넘기지 못하고 천연두에 걸려 목숨을 잃었어. 당시 아스테카 제국에서는 천연두가 유행해 많은 사람들이 죽어가고 있었어. 아스테카 사람들에게 천연두는 재앙이었지. 이 재앙 속에서 18살의 어린 전사였던 쿠아우테목이 11대 황제가 됐어.

한편 테노치티틀란에서 쫓겨난 코르테스는 군대를 재정비하기 시작했어. 아즈텍족에 적대적인 틀락스칼라족을 포섭했고, 에스파냐 본국에 지원군을 요청했지.

전열을 가다듬은 코르테스는 1520년 12월 28일, 다시 테노치티틀란을 공격했어. 코르테스 군대는 인정사정을 보지 않았어. 원주민을 대량 학살하고, 아스테카의 찬란한 유적을 모두 파괴해버렸지. 황제 쿠아우테목은 군대를 이끌고 끝까지 저항했지만 4개월을 넘기지 못했어. 1521년 8월, 쿠아우테목은 항복했단다.

코르테스는 잔인했어. 아스테카 제국의 황금과 보물이 있는 곳을 알아내기 위해 쿠아우테목 황제를 고문했다는구나. 쿠아우테목은 끝까지 입을 열지 않았어. 그러자 코르테스는 그를 살려두면 반란을 주도할 우려가 있다며 1525년 8월 교수형에 처해버렸어. 아스테카 제국의 황제를 제거한 에스파냐는 아스테카의 광대한 영토를 모두 식민지로 삼았어. 그는 황족이었던 사람을 아스테카 제국의 허수아비 왕으로 내세웠단다. 이로써 중앙 아메리카의 아스테카 문명은 역사 속으로 사라지고 말았어.

쿠아우테목의 기념 동상 코르테스의 잔인한 고문을 이겨낸 아스테카 제국의 11대 황제 쿠아우테목의 극기효ュ는 멕시코인들에게 전설이 되었다.

🔍 몬테수마 2세는 국민에게 맞아죽었다?

오늘날 많은 라틴아메리카 역사책에는 아스테카 제국의 몬테수마 2세가 자기 국민에게 뭇매를 맞아서 죽은 거라고 기록돼 있어. 아스테카인들이 몬테수마 2세에게 외부인인 코르테스를 테노티치틀란으로 불러들인 죄를 물어 때려죽였다거나, 혹은 아스테카 제국을 넘기라고 요구하는 코르테스에게 아스테카인들이 거센 저항을 하는 과정에서 몬테수마 2세가 돌에 맞아 죽었다는 식이지.

이 기록이 사실일까? 오늘날의 라틴 아메리카 역사책은 에스파냐 정복 이후에 나온 거야. 에스파냐가 자기에게 흠집이 되는 역사를 남겨뒀을까? 에스파냐 군대가 몬테수마 2세를 죽였다 해도 그 사실을 있는 그대로 기록했을까? 정복 역사의 함정이 여기에 있단다.

잉카 제국의 붕괴와 저항

잉카 제국은 16세기 초반부터 휘청거렸어. 이미 살펴본 대로 잉카의 자리를 놓고 형제간의 내전이 시작된 거야.

이 무렵 중앙아메리카에 있던 아스테카 제국이 코르테스에 의해 멸망했어. 두 형제도 이 소식을 들었지만, 그들은 에스파냐의 침략을 막기보다 잉카 자리를 차지하는 데 더 신경을 썼어. 정복할 땅을 찾느라 혈안이 돼 있는 에스파냐인들이 이런 잉카 제국을 그냥 두겠어?

이때 등장한 인물이 크리스토퍼 피사로야. 그래, 발보아와 함께 파나마 원정대에 참여했던 바로 그 인물이지. 그는 발보아의 뒤를 이어 황금의 제국을 찾겠다고 결심했어. 피사로는 1524년, 동료들과 황금을 찾아 페루 남쪽으로 떠났어.

그러나 탐험은 생각처럼 쉽지 않았어. 이미 아스테카 제국에서 일어난 참상을 들어 알고 있는 원주민들이 그들을 반갑게 대할 리가 없잖아? 원주민의 저항은 예상보다 훨씬 강했어.

에스파냐의 탐험가 피사로 180여 명의 원정대를 이끌고 잉카 제국을 침략하여 1532년 멸망시켰다.

그러나 피사로도 포기하지 않았어. 첫 탐험이 실패로 끝나자 4년 후 두 번째 탐험에 나섰어. 이 두 번째 탐험에서 피사로는 황금의 제국이 있다는 확신을 가졌어. 탐험에서 돌아온 피사로는 파나마의 총독과 에스파냐의 왕실카를로스 5세을 끈질기게 설득했지. 황금의 제국이 가까이 있으니 지원군을 보내달라는 거였어. 이 설득이 먹혀들었어. 피사로는 180여 명의 병사와 막대한 물자를 지원받았단다. 피사로는 1531년 세 번째 탐험에 나섰어. 이 세 번째 탐험에서 피사로는 잉카 제국을 무너뜨렸단다. 그 과정을 볼까?

피사로의 군대가 가까이 다가왔는데도 잉카 형제는 여전히 갈등 중이었어. 피사로가 잉카 제국의 땅에 에스파냐인의 도시를 건설한 1532년 초에는 갈등과 다툼이 더 심해졌단다. 이젠 아예 본격적으로 전쟁을 벌였어. 이 전쟁은 동생 아

잉카 제국의 마지막 황제 아타우알파 내전 끝에 잉카의 자리에 올랐으나, 에스파냐의 피사로에 의해 처형을 당했다.

타우알파가 형 우아스카르를 격파함으로써 끝났어. 우아스카르는 아타우알파의 파벌에 의해 암살됐지. 아타우알파는 공식적으로 13대 잉카의 자리에 올랐어.

피사로는 언제, 어떻게 개입할까 고민하면서 이 전쟁을 묵묵히 지켜봤어. 아타우알파가 새 잉카로서 자신만만하게 수도 쿠스코로 갈 때였어. 바로 지금이 기회다! 피사로는 아타우알파를 만나고 싶다는 편지를 보냈어. 자신감에 넘쳐 있던 새 잉카 아타우알파는 순순히 만남을 허락했고, 1532년 11월 두 명은 마주 보고 앉았어. 피사로는 교활했어. 아타우알파는 피사로가 에스파냐의 사절使節인 줄로만 알고 무기를 하나도 갖고 오지 않았거든. 피사로가 아타우알파를 속인 거야. 피사로는 그 자리에서 아타우알파를 힘들이지 않고 사로잡았어. 피사로는 아타우알파 잉카에게 몸값으로 엄청난 양의 금을 요구했어. 아타우알파는 피사로의 요구를

마지막으로 이어 받은 투팍 아마루 1572년 에스파냐에 의해 죽음을 당하기 전까지 잉카의 후예들을 이끌고 저항운동을 했다.

모두 들어줬어. 그러나 피사로는 정통 잉카인 우아스카르를 죽인 죄를 물어, 1533년 8월 아타우알파를 잔인한 방법으로 처형했어. 아타우알파가 처형당하자 잉카 제국은 흔들리면서 붕괴되기 시작했어.

이제 쿠스코만 손에 넣으면 정복전쟁은 끝나게 돼. 그렇지만 이미 끝난 싸움이나 다름없어. 황제가 없는 나라가 얼마나 더 싸울 수 있겠니? 1533년 11월 피사로의 군대는 잉카 제국의 수도 쿠스코를 점령했고, 잉카 제국도 공식적으로 역사 속으로 사라졌단다. 왜 공식적이냐고? 잉카의 후손들이 계속 저항을 했기 때문이야.

에스파냐 정복자들은 아타우알파 잉카를 죽인 뒤 허수아비 잉카를 내세웠어. 아스테카 제국을 정복했던 과정과 비슷하지? 그런데 다른 점이 있어. 잉카는 아스테카 제국과 달리 허수아비가 되기를 거부했어! 허수아비 잉카를 강요당한 만코 유판키는 1536년 황제 자리를 집어던지고 반란을 일으켰단다. 그는 쿠스코 북서쪽 계곡에 기지를 만들고 에스파냐 정복자들을 상대로 저항운동을 시작했어.

이 때부터의 잉카 역사를 신新잉카 제국으로 분류하는 학자도 있어. 그러나 제국이라고 하기엔 미미하지. 저항의 역사 정도로 이해하는 게 좋을 것 같아. 이 저항은 만코 유판키 잉카의 아들인 투팍 아마루 때까지 40여 년간 계속됐어. 그러나 1572년 에스파냐가 투팍 아마루를 처형함으로써 신잉카 제국의 역사도 종말을 맞았어. 그 후엔 어떻게 됐냐고? 에스파냐의 식민통치가 이어졌지.

에스파냐와 포르투갈, 중남부 아메리카를 장악하다

자, 이제 본격적으로 16세기 이후 중남부 아메리카가 어떻게 에스파냐와 포르투갈의 손으로 넘어갔는지 알아볼까?

오늘날 도미니카공화국의 수도인 산토도밍고가 1496년 가장 먼저 에스파냐의 식민지로 건설됐어. 그래, 콜럼버스의 2차 항해 때의 일이었어. 당연히 산토도밍고 주변부터 식민지가 됐겠지? 1509년에는 푸에르토리코, 1511년에는 쿠바가 에스파냐의 손에 넘어갔어.

에스파냐 정복자들은 중남부 아메리카 곳곳을 뒤지고 다녔어. 그들은 금과 보물을 노리고 있었어. 이윽고 중남부 아메리카의 두 강대국인 아스테카 제국과 잉카 제국을 차례로 무너뜨렸지.

에스파냐는 식민통치를 효율적으로 하기 위해 중남부 아메리카 땅을 몇 개로 나눴어. 그 땅에는 부왕이 파견됐어. 이런 땅을 부왕령副王領이라고 불렀지. 잉카 제국이 무너지고 2년이 지난 1535년, 가장 먼저 누에바 에스파냐 부왕령이 만들어졌어. 멕시코를 비롯해, 과테말라, 엘살바도르, 온두라스, 니카라과 등 중앙아메리카 전체가 이 부왕령에 들어갔지. 여기에 오늘날 미국 남부 지역과 카리브 해의 일부 지역까지 포함됐어. 멀리 아시아에 있는 필리핀도 이 부왕령에 편입됐단다.

잉카 제국과 그 주변에 있는 나라들, 그러니까 오늘날을 기준으로 페루, 칠레, 베네수엘라, 콜롬비아, 에콰도르, 볼리비아, 아르헨티나, 우루과이 등은 1543년 페루 부왕령이 됐어. 사실상 브라질을 뺀 남아메리카 전체가 하나의 부왕령이 된 거야.

17세기 들어 페루 부왕령에서 라플라타 부왕령을 분리했어. 라플라타 식민지는

라플라타 강 유역에 건설됐어. 원래 에스파냐의 탐험가 디아스 데 솔리스가 이곳에 도착한 것은 16세기 초반이었어. 그러나 정착촌을 세우기도 전에 원주민에게 전멸당하는 바람에 에스파냐가 관심을 끊었던 거야.

16세기 말, 다른 에스파냐 탐험가 후안 데 가라이가 라플라타 강이 대서양으로 빠지는 하구 지점에 도착했고, 1580년 그곳에 부에노스아이레스를 건설했어. 이때부터 부에노스아이레스가 관심을 끌기 시작했단다. 왜 그런지 아니? 바로 이곳을 거점으로 남아메리카 무역이 활발하게 이뤄졌기 때문이야. 남아메리카의 중심지도 페루 부왕령에서 18세기에 라플라타 부왕령으로 이동했지.

누에바 에스파냐 부왕령
누에바 그라나다 부왕령
페루 부왕령
라플라타 부왕령

에스파냐의 부왕령과 포르투갈 식민지 에스파냐는 18세기까지 아메리카 대륙에 총 4개의 부왕령을 설치해 식민통치했다.

포르투갈인들은 1549년 금을 찾기 위해 오늘날 브라질 북동부 해안의 살바도르에 정착했어. 그곳에는 정글만 끝없이 펼쳐져 있었어. 포르투갈인들은 원주민을 부려 정글을 개간해 사탕수수 농장을 만들었어. 그러나 농장 운영에 필요한 노동력을 구하기가 쉽지 않았어. 전염병으로 원주민 인구가 많이 줄어든 데다 원주민들은 이런 농장 일에 익숙하지 않았거든. 포르투갈은 부족한 노동력을 아프리카에서 구했어. 포르투갈은 이미 아프리카를 식민지로 갖고 있었거든. 그래, 이렇게 해서 시작된 게 바로 악명 높은 노예무역이란다.

에스파냐의 중남부 아메리카 식민정책

　　　　에스파냐가 어떤 식으로 중남부 아메리카를 지배했는지 알기 위해서는 먼저 몇몇 용어를 알아야 해. 우선 아우디엔시아^{Audiencia}부터!

아우디엔시아는 중남부 아메리카 식민지에 설치된 일종의 재판소^{법원}야. 그러나 재판만 하지는 않았어. 에스파냐 왕실은 아우디엔시아를 통해 식민지를 통치했어. 아우디엔시아는 왕실이 부왕령에 파견한 부왕을 감독했단다. 식민지 통치기구 중에서 가장 막강했다고 할 수 있지.

아우디엔시아는 1511년, 가장 먼저 오늘날 도미니카공화국의 산토도밍고에 만들어졌어. 아스테카와 잉카가 멸망하기 전이었어. 그 후 아우디엔시아는 여러 곳으로 확대됐고, 18세기 후반까지 13개가 설치됐어. 아우디엔시아는 19세기 초반 중남부 아메리카 국가들이 독립을 쟁취하기 전까지 남아 있었단다.

두 번째 알아둬야 할 용어는 엥코미엔다^{Encomienda}야. 엥코미엔다는 일종의 머슴 제

아우디엔시아 페루 부왕령의 리마에 설치된 아우디엔시아의 모습. 1613년에 발간된 《새로운 연대기와 좋은 정부》에 실린 삽화다.

도란다. 처음에 에스파냐가 중남부 아메리카 식민지를 통치할 때는 레파르티미엔토강제노역 정책을 폈어. 이 제도는 아주 단순해. 정복전쟁에서 큰 공을 세운 기사騎士들에게 땅을 뚝 떼어주고, 그 땅 안에 사는 원주민을 맘대로 다스리도록 한 거야. 지배자가 된 군인들은 원주민들을 맘껏 부려먹었지.

그런데 이 제도가 평등을 내세운 가톨릭 교리에 어긋난다는 비판이 쏟아졌어. 그 때문에 에스파냐 왕실은 공식적으로는 16세기부터 노예 제도를 인정하지 않았지. 착취는 해야겠는데, 좋은 방법이 없을까⋯. 이런 고민 끝에 나온 게 엥코미엔다 제도야.

두 제도는 사실 본질적으로는 비슷해. 엥코미엔다 제도에서도 땅을 가진 사람들은 식민지 정복자나 본국에서 파견한 통치자, 귀족들이었어. 물론 영지 안의 원주민을 보호하고, 교육할 의무가 있었지만 현실은 달랐지. 말이 보호지, 실제로는 노예 부리듯 했고 교육을 한다는 게 고작 가톨릭 교리를 가르치는 거였단다. 식민지 통치자들은 대대손손 이 특권을 누렸어. 엥코미엔다는 18세기까지 계속됐어.

마지막으로 알아둬야 할 용어는 아시엔다hacienda야. 간단히 말하면 대농장 제도란다. 엥코미엔다로 식민지로 온 귀족들은 더 많은 땅을 확보할 수 있었어. 그들은 대농장을 만들었지. 이것이 플랜테이션이야. 농장에서는 사탕수수와 담배 등을 재배했어. 물론 대농장의 일은 모두 원주민의 몫이었지.

아시엔다는 20세기까지 지속됐단다. 그 때문에 중남부 아메리카의 국가들은 에스파냐로부터 독립한 후 토지 문제를 둘러싸고 심한 내분을 겪었어. 전통적인 지배층은 토지 개혁을 거부했고, 농민들은 땅을 돌려달라며 시위를 벌인 거야. 아시엔다의 전통은 오늘날까지도 일부 지역에 남아 있다는구나. 아시엔다가 후진국에서 벗어나려는 나라들의 발목을 잡고 있는 셈이야.

아메리카 개발과 함께 사라지는 원주민

에스파냐인들은 1545년 페루 부왕령의 포토시에서 은광을 찾았어.

에스파냐 왕실과 식민지 통치자들은 만세를 불렀어. 애타게 찾던 보물이 드디어 발견된 거야. 황금은 아니었지만, 은의 매장량이 엄청났어. 1년 후에는 누에바 에스파냐 부왕령의 사카테카스 지역에서 은 광산이 발견됐어. 누에바 에스파냐 부왕령에서는 은 광산이 여러 지역에서 계속 발견됐어. 갑자기 중남부 아메리카에 대한 유럽의 관심이 폭증했지.

에스파냐의 군인과 탐험가들이 우르르 은 광산 지역으로 몰려들었어. 그들은 그곳을 점령했어. 원주민을 광산으로 끌고 가서 은을 캐게 했어.

이들 지역에서 채굴된 은은 고스란히 에스파냐로 건너갔어. 에스파냐에 있던 은은 다시 영국, 프랑스, 독일 등으로 빠져나갔어. 에스파냐 왕실과 귀족이 사치품을 사느라 은을 탕진했기 때문이지. 유럽 전체로 은이 퍼지면서 물가가 두세 배로 껑충 뛰었어. 중남부 아메리카의 은이 이른바 가격혁명價格革命을 낳은 거야. 이 가격혁명으로 훗날 자본가가 되는 상인들이 큰돈을 벌었지. 그들은 그 돈으로 공장을 짓고 산업혁명을 발전시켰어. 결국 중남부 아메리카의 은이 세계 역사를 바꾼 셈이지? 이처럼 세계 역사는 항상 얼

포토시 은광 1596년 제작된 동판화로 포토시 은광에서 혹사당하는 원주민들의 모습을 묘사했다.

키설키 엮여 있단다.

다시 중남부 아메리카로 돌아가 볼까?

에스파냐가 식민지에서 잇달아 은광을 개발하자 포르투갈인들이 들썩였어. 포르투갈은 식민지 브라질에서 주로 사탕수수를 재배하고 있었어. 포르투갈인들은 브라질에서 보물을 찾기 위해 눈을 부릅떴어. 1695년 브라질 중동부 지역^{미나스제라}^{이스}에서 정말로 금이 발견됐어. 포르투갈인들은 브라질 여러 곳에서 금광과 다이아몬드 광산을 발견할 수 있었어. 그야말로 노다지였지. 18세기 초 브라질에서 가장 유명한 도시 중 하나인 리우데자네이루에서도 금과 다이아몬드가 무진장 쏟아졌어. 수많은 사람들이 벼락부자를 꿈꾸며 몰려들었겠지? 리우데자네이루는 순식간에 거대 도시로 발전한단다. 브라질은 세계 최대 금 생산국의 반열에 올랐지.

중남부 아메리카 경제가 발전한 것 같니? 외형적으로 그렇게 보일 수도 있어. 그러나 원주민에게는 하루하루가 고통이었단다.

사실 유럽 사람들이 중남부 아메리카에 발을 디딜 때부터 원주민들은 고통을 겪었어. 1492년 콜럼버스가 아메리카에 도착한 직후 에스파냐인들은 아메리카 원주민들을 닥치는 대로 죽였어. 게다가 유럽인들이 전염병을 옮기는 바람에 많은 원주민들이 죽어야 했지. 또 농장과 광산 등에서 노예처럼 일하다 죽기도 했어. 콜럼버스 도착 후인 1518년경 중남부 아메리카 원주민 인구는 2,500만 명 정도로 추정돼. 그러나 불과 70여 년 만인 1585년경에는 10분의 1 수준도 안 되는 190만 여 명으로 줄어들어.

원주민은 줄었지만 전체 인구는 크게 줄지 않았어. 17세기부터는 오히려 조금씩 늘어나기 시작했지. 그래, 이때부터 인종과 민족 간 혼혈이 이뤄졌어. 다른 대륙과 달리 혼혈 인종마다 제각각 다른 이름이 붙은 것도 이 지역의 특색이 돼버렸단다. 이를테면 백인과 원주민의 혼혈은 메스티소^{mestizo}, 백인과 흑인의 혼혈은 물라토^{mulatto}라고 불렀지.

메스티소의 경우, 특히 중앙아메리카 지역에 많았어. 메스티소는 점점 늘어 오늘날에는 중앙아메리카 전체 인구의 70퍼센트에 이른단다. 물라토는 남아메리카 지역, 브라질에 특히 많아. 오늘날 브라질 인구의 20퍼센트 정도가 물라토로 추정된단다.

통박사의 역사 읽기

에스파냐의 선전포고 문서

16세기 초반, 에스파냐가 아스테카 제국과 잉카 제국을 정복할 때였어. 에스파냐 정복자들은 반드시 원주민에게 선전포고를 해야 했단다. 에스파냐 왕실이 그렇게 하라고 명령했기 때문이야. 그런데, 이 선전포고 문서가 정말 과상해.

문서의 절차대로 정복자들은 에스파냐어로 원주민에게 먼저 로마 교황에 대해 설명해. 이어 가톨릭이 다른 모든 종교보다 우월하기 때문에 가톨릭을 믿지 않는 원주민의 모든 재산과 권리는 에스파냐에 넘겨야 한다고 말해. 협박이나 다름없는 내용이지.

이런 내용을 원주민이 납득하겠니? 당연히 어안이 벙벙하겠지? 그러나 에스파냐 정복자들은 "충분히 선전포고를 했으니 이제…"라며 전쟁을 시작했어. 정말 어이없지?

북아메리카를 찾은 대항해 지각생들

잉카 제국을 무너뜨린 에스파냐는 사기충천했어. 브라질을 뺀 중남부 아메리카를 모두 손에 넣은 에스파냐는 이제 북아메리카로 진출해. 에르난도 데 소토가 왕실의 허가를 얻어 북아메리카 정복을 시작했어. 그가 노린 것 역시 금이었어. 1539년, 플로리다 반도에 상륙한 소토는 열심히 금을 찾아 다녔어. 그는 오늘날 미국의 조지아, 사우스캐롤라이나, 노스캐롤라이나 주를 거쳐 테네시, 앨라배마, 미시시피 주까지 갔단다. 그 과정에서 1541년, 미시시피 강을 발견하기도 했지.

에스파냐의 탐험가 데 소토 잉카 제국 정복에 공을 세웠으며, 플로리다 탐험으로 에스파냐의 북아메리카 진출을 이끌었다.

그러나 소토는 정작 금을 찾지 못했어. 그리고 탐험 도중 세상을 떠나고 말았지. 그래도 소토 덕분에 에스파냐는 북아메리카 남단의 광활한 지역을 식민지로 삼을 수 있었단다. 소토의 탐험 때부터 북아메리카에 유럽인들이 몰려들기 시작했어. 특히 영국, 프랑스, 네덜란드가 북아메리카 식민지 건설에 본격적으로 나섰지. 여기서는 16세기 중반부터 18

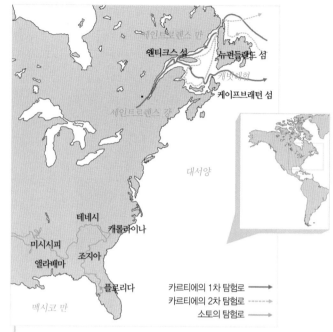

세기 중반까지의 북아메리카의 역사를 살펴볼게.

카르티에와 소토의 북아메리카 탐험로 카르티에는 북아메리카 북서쪽을 1534년 1차, 1535년~1536년 2차 항해를 했으며, 소토는 1539년~1541년 플로리다 반도에 상륙하여 미시시피 강 유역까지 탐험했다.

캐나다에 찾아온 프랑스

16세기 중반 이후 북아메리카 지역, 특히 오늘날 캐나다에는 에스파냐 정복자들의 발길이 끊어지게 돼. 금이 없으니 에스파냐가 욕심낼 턱이 없잖아? 이 지역에는 주로 프랑스 탐험가가 찾아왔어.

소토가 플로리다 반도에 상륙하기 5년 전이었어. 1534년 4월, 탐험가 자크 카르티에가 프랑스 왕 프랑수아 1세의 명령으로 북아메리카로 향했어. 이 항해의 목

프랑스의 탐험가 카르티에 프랑스 왕실의 명령으로 1534년 북아메리카 탐험을 떠났다. 카르티의 탐험으로 캐나다는 프랑스의 식민지가 되었다.

적은 두 가지였어.

첫째는 40여 년 전 영국의 캐벗이 발견한 땅 주변에 식민지를 만드는 것이었고, 둘째는 혹시 존재할지 모르는 아시아 항로를 발견하는 거였어. 아시아 항로에 대한 미련은 16세기 중반이 되도록 사라지지 않았어.

카르티에의 배는 프랑스의 생말로를 떠난 지 5개월여 만에 뉴펀들랜드에 도착했어. 카르티에는 뉴펀들랜드 주변의 섬들을 일일이 지도에 그려 넣었어. 어느 정도 뉴펀들랜드 주변이 파악되자 카르티에는 세인트로렌스 만으로 항해를 계속했어. 배는 이 만의 안쪽으로 흐르는 세인트로렌스 강을 따라 캐나다 내륙으로 들어갔단다.

도중에 만난 원주민들은 하나같이 카르티에 일행을 환영했어. 그러나 카르티에는 그들을 이용하려만 했지. 그는 자신이 상륙한 땅을 프랑스 식민지라고 제멋대로 선포했어. 또 원주민 추장의 아들을 납치해 프랑스로 데려가기도 했어. 콜럼버스가 신대륙에서 향신료를 발견하지 못하자 금과 은, 노예를 본국으로 싣고 갔지? 카르티에도 비슷한 부류의 사람이었나 봐. 그는 원주민 추장의 아들이 "우리 땅엔 보물이 많다"라고 말하면 왕실이 믿을 거라고 생각했던 거야. 이 원주민 추장의 아들은 다시 돌아오지 못했다는구나. 어쨌든 카르티에는 이 항해에서 오늘날 캐나다의 퀘벡을 발견했어.

카르티에는 여러 차례 캐나다를 탐험했어. 그의 탐험 후 많은 프랑스인들이 캐나다를 찾게 됐지. 카르티에가 프랑스의 북아메리카 진출의 교두보를 마련한 셈이야.

60여 년이 흘렀고, 17세기로 접어들었어. 에스파냐는 식민통치 체제를 굳건하게 하는 데 박차를 가했어. 중남부 아메리카 사회에 많은 변화가 일어났지. 그러나 프랑스는 아시아 항로에 대한 미련을 여전히 버리지 못하고 있었단다. 1603년, 프랑스 왕실은 군인 출신 탐험가 사무엘 드 샹

프랑스의 샹플랭 캐나다 퀘벡 시의 다름 광장에 있는 동상. 샹플랭은 캐나다에 프랑스 식민도시를 건설하는 데 큰 역할을 했다.

플랭에게 다시 한 번 북아메리카 탐험의 임무를 맡겼지.

샹플랭은 카르티에가 갔던 길을 되짚어 항해했어. 세인트로렌스 강을 따라 항해하며 여러 원주민 부족들로부터 모피를 샀어. 샹플랭은 이 모피 무역으로 큰돈을 벌 수 있기 때문에 굳이 아메리카를 관통하는 아시아 항로를 찾을 필요가 없다고 생각했어. 그래, 마음을 바꾼 거야.

샹플랭은 배에 모피를 가득 싣고 프랑스로 향했어. 아시아 항로를 원했던 프랑스 왕실도 모피를 보자 입이 쩍 벌어졌나봐. 프랑스 왕은 샹플랭이 북아메리카에 식민지를 건설하겠다고 하자 순순히 허락했단다.

1608년 샹플랭은 퀘벡을 식민지 수도로 정했어. 하지만 퀘벡이 그럴듯한 도시가 되기까지는 꽤 오랜 시간이 걸렸어. 척박한 땅과 살을 에는 듯한 추위가 큰 방해물이었지. 30여 년 후에도 인구는 100명을 조금 넘는 정도였다는구나. 프랑스

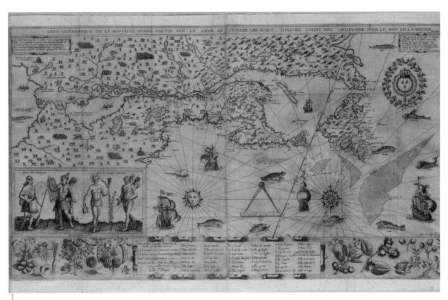

북아메리카 프랑스 식민지 지도 1612년에 샹플랭이 만든 지도로 프랑스가 캐나다에 세운 식민지의 지리, 부족, 식생 등을 나타내고 있다.

인들이 퀘벡에 큰 흥미를 갖지 않았다는 걸 알 수 있겠지?

그러나 그 후 퀘벡은 급속하게 성장했어. 프랑스인들은 퀘벡에서 프랑스의 언어와 풍습을 그대로 지키며 살았어. 퀘벡을 발견하고 개척한 카르티에와 샹플랭은 존경받는 인물이 되었지. 이 때문에 퀘벡을 캐나다 안의 '작은 프랑스'라고도 부른단다.

1610년에는 영국인 탐험가 헨리 허드슨이 캐나다 북동부 지역을 항해했어. 그가 발견한 빙하로 둘러싸인 바다는 그의 이름을 본떠 허드슨 만이라고 불러. 그는 북극으로 갔다가 아시아 방향으로 내려가려고 생각했어. 그러나 뜻을 이루지 못했어. 바다 어딘가에서 목숨을 잃고 말았거든.

영국, 북아메리카를 탐험하다

　　　16세기, 영국도 해상 무역에 관심을 가졌었어. 그러나 에스파냐의 무
　　　적함대無敵艦隊에 기가 눌려 있었지. 캐벗이 캐나다 지역을 탐험한 게
고작이었단다.

　이런 상황에서 엘리자베스 1세가 영국의 여왕이 됐어. 그녀는 "나는 영국과 결
혼했다"라고 선언할 만큼 애국주의자였어. 평생 독신으로 살았지. 에스파냐의 왕
펠리페 2세가 청혼했지만 받아들이지도 않았어. 엘리자베스 1세 여왕은 오히려
에스파냐를 제압하기 위한 작전을 짜기 시작했어. 가장 먼저 없애야 할 것은 무적
함대였지.

　마침 영국 해적들이 중남부 아메리카를 오가는 에스파냐의 상선을 약탈하고 있
었어. 영국 해적들 가운데 프랜시스 드레이크라는 인물이 있었지. 드레이크는 멀
리 파나마까지 원정을 가 에스파냐 상선을 습격했단다. 영국 왕실의 입장에서야
드레이크가 아주 고마운 존재였을 거야. 그의 공격을 받아 에스파냐가 주춤거리
고 있잖아? 에스파냐는 영국에 항의했어. 엘리자베스 1세는 들은 척 만 척했어. 심
지어는 대놓고 드레이크를 지원하기까지 했단다.

　엘리자베스 1세는 에스파냐와의 한판 승부를 계획하면서도 식민지를 개척하기
위한 준비 작업을 부지런히 했어. 여왕은 우선 탐험가인 험프리 길버트 경을 캐나
다 지방으로 보냈어. 북아메리카에 영국 식민지를 건설하라는 임무를 맡은 길버
트는 곧 뉴펀들랜드에 도착했어. 1583년 길버트는 세인트로렌스 강 주변의 세인
트존스에 식민지를 건설했지. 북아메리카 대륙에 처음으로 영국 식민지가 만들어
진 거야. 이 주변은 이미 프랑스가 침을 발라놓고 있었어. 당연히 두 나라 사이에
충돌이 자주 일어났겠지? 훗날 두 나라는 북아메리카에서 전쟁을 벌인단다.

영국의 탐험가 롤리 엘리자베스 1세 여왕이 매우 아꼈던 기사로 북아메리카를 탐험한 후, 버지니아 지역에 영국인들이 살 정착지를 세우는 토양을 마련했다.

길버트는 의기양양하게 귀국길에 올랐어. 그러나 그는 영국 땅을 밟지 못했단다. 항해 도중에 폭풍을 만나 목숨을 잃고 말았거든. 여왕은 크게 낙담했어. 바로 이때 여왕의 앞에 나타난 인물이 월터 롤리 경이었지. 롤리는 길버트와 배다른 형제였단다. 형의 뒤를 이어 아메리카 개척에 나서기로 한 거야.

길버트가 실종된 바로 다음 해인 1584년, 롤리의 원정대가 북아메리카로 떠났어. 그러나 원정대는 길버트가 탐험했던 캐나다 쪽으로 가지 않았어. 더 남쪽, 그러니까 오늘날의 미국 땅으로 뱃머리를 돌렸지. 그리고 마침내 오늘날의 미국 노스캐롤라이나에 상륙했어. 1539년 에스파냐인 소토가 플로리다에 상륙한 데 이어 영국의 북아메리카 개척이 시작된 거야.

롤리는 원정대가 도착한 땅을 버지니아라고 불렀어. '처녀의 땅'이란 뜻이야. 엘리자베스 1세는 평생 결혼을 하지 않았다고 했지? 그렇기 때문에 이런 이름을 붙인 거지. 이 버지니아는 오늘날의 버지니아와는 달라. 오늘날의 버지니아는 노스캐롤라이나의 위쪽에 있는 주를 가리키지. 그러나 당시에는 노스캐롤라이나, 사우스캐롤라이나 등을 통틀어 버지니아라고 했단다.

원정대는 금의환향했어. 담배와 감자를 가지고 왔거든. 이때 영국에 처음으로 담배와 감자가 전파된 거란다. 자, 이제 다음 순서는 뭘까? 그래, 본격적으로 식민지를 건설하는 거야. 롤리는 식민지로 이주할 사람들을 모집했고, 곧 150여 명을 모으는 데 성공했어. 1587년, 그들은 노스캐롤라이나의 로어노크 섬에 도착했지. 미국 땅에 정착하기 위한 긴 도전이 시작됐어. 정착 생활은 너무나 힘겨웠어. 추운 겨울이 끝나기 전에 모두 굶거나 얼어 죽고 말 것 같았어. 롤리는 그들을 지원하기 위해 물자를 모집해서 이듬해 로어노크 섬으로 가려고 했단다.

그러나 예상치 못했던 일이 터져버렸어! 에스파냐와 전쟁이 터진 거야. 영국 해적들에게 화가 난 에스파냐가 무적함대로 공격에 나선 것이지. 영국 전체가 전쟁 준비에 여념이 없었고, 로어노크 섬은 사람들의 기억 속에서 사라져버렸어. 물론 롤리는 그렇지 않았겠지만 말이야.

영국은 1588년 에스파냐와의 해전에서 승리를 거뒀어. 그리고 3년 뒤에야 식량과 각종 구호물자를 실은 배가 로어노크 섬에 도착했어. 그사이 식민지는 어떻게 변했을까? 사람은 물론 개미 새끼 한 마리 볼 수 없었단다. 마을이 통째로 사라져버린 거야. 만약 원주민과 전쟁이 일어났다면, 큰 자연재해가 일어났다면, 어딘가 그 흔적이 남았을 거야. 그러나 어디에도 그런 흔적은 없었어. 마을이 사라진 까닭을 알 수 없었지. 식량과 물자를 싣고 온 롤리의 배는 갈 곳을 잃었어. 그래서 사람들은 지금까지도 이곳을 '잃어버린 식민지'라고 부른단다.

보물을 찾아 버지니아로, 종교의 자유를 찾아 플로리다로

에스파냐의 무적함대를 무찌른 영국은 바다의 주도권을 잡았어. 이제 바야흐로 섬나라 영국의 시대가 개막됐다고 할 수 있지. 유럽의 해상 주도권이 바뀐 때 한반도에서는 임진왜란^{1592년~1598년}이 터졌단다. 섬나라 일본이 아시아의 주도권을 잡겠다며 벌인 전쟁이었지. 6여 년이나 계속된 전쟁은 조선과 명나라의 승리로 끝났어. 조선은 전쟁의 상처를 복구하느라 무진 애를 먹었어. 명나라는 휘청거렸고, 결국 청나라에게 정복됐단다. 이 전쟁으로 이득을 본 건 패배한 일본이었어. 아이러니하지? 조선에서 약탈해간 선진 문물도제·활자기술이 일본의 문화를 발달시킨 거야. 영국이 전쟁에서 승리하고 바다의 주도권을 잡은 것과는 사뭇 다른 풍경이지?

영국은 1606년에 북아메리카 지역의 무역과 개척 사업을 담당할 회사를 만들었어. 바로 버지니아 회사야. 롤리가 북아메리카 식민지에 붙인 이름이 버지니아였지? 그 이름을 딴 거란다. 영국 왕은 북아메리카에서 독점적으로 식민지 사업을 벌일 수 있도록 버지니아 회사에 특허장을 주었어.

1606년 12월, 버지니아 회사의 주도하에 북아메리카로 이주할 120여 명의 사람들을 모았어. 그들은 모두 보물을 찾으려는 사람들이었어. 이 무렵 남아메리카에서 금과 은이 발견되자 북아메리카에서도 보물을 찾을 수 있다고 기대한 거지. 1607년 4월, 이주민을 태운 배는 버지니아와 메릴랜드 주 근처의 체서피크 만에 도착했어. 그들은 강을 따라 안쪽으로 50킬로미터 정도 더 들어간 후 정착촌을 건설했어. 이때 영국 왕은 제임스 1세였어. 사람들은 이 강을 제임스 강, 정착촌을 제임스타운이라고 이름 붙였어. 이 제임스타운이 바로 영국이 아메리카에 제대로 세운 첫 식민지란다.

이주민들은 이곳에서 금과 같은 보물을 찾지 못했어. 게다가 그 지역을 지배하고 있던 원주민 부족들과 충돌했어. 자신들의 영역에 제멋대로 침입한 자들을 좋게 생각할 리 없잖아? 이런 상황 속에서 이주민들은 6개월 만에 무려 절반 이상이 병에 걸리거나 굶주려 죽었단다. 이때 이주민들을 이끈 지도자는 존 스미스란 인물이었어.

스미스는 이주민이 제대로 정착하려면 원주민 부족과 친해져야 한다고 생각했어. 그는 꽤 친화력이 있었나봐. 원주민 부족 가운데 가장 강력했던 포우하탄족 추장의 딸 포카혼타스와 가깝게 지냈거든. 포카혼타스의 도움을 받아 이주민들은 평화롭게 지낼 수 있었지.

잠시 평화가 찾아왔지만, 문제는 뭘 먹고 사느냐 하는 거였어. 금과 은이 나오지 않는 이상 뭔가 돈벌이를 찾아야겠지? 1609년 스미스가 영국 본국으로 돌아간 후 식민지를 지휘한 인물은 존 롤프야. 롤프는 주변 기후가 담배 농사에 적합하다는 걸 깨달았어. 중남부 아메리카에서 가져온 담배 씨앗을 이곳에 심어보았어. 결과는 기대했던 것보다 훨씬 좋았지. 담배 농사로 돈벌이를 할 수 있게 된 거야.

영국인 이주민들은 담배 밭을 넓히기 위해 원주민의 영토를 점차 침범해 들어갔어. 원주민 부족들이 가만히 있을 리 없잖아? 충돌이 다시 시작됐어. 포우하탄족도 더 이상 그들에게 우호적이지 않았어. 1622년, 드디어 포우하탄족과 영국인 이주민들 사이에 전투가 벌어졌지. 이 전투는 20년 이상 계속됐어. 그러나 결국에는 영국의 승리로 끝났고, 포우하탄족을 포함한 인디언 부족들은 대륙 깊숙한 곳으로 물러났단다.

버지니아의 담배 농사는 큰 수익을 냈어. 소문을 들은 많은 영국인이 버지니아로 향했고, 그 결과 버지니아는 거대한 식민도시로 성장했어. 돈도 벌었겠다, 이주민들은 1619년에 자기들만의 자치自治 의회를 구성했어. 영국 정부로부터 간섭받고 싶지 않았던 거야. 영국 왕실이 좋아할 리 없겠지? 영국 왕실은 버지니아 회사에 준 식민지에 대한 특허장을 취소했어. 모든 권리를 빼앗은 거야. 1624년, 버지니아 식민지는 영국 왕이 직접 통치하는 영토로 바뀌었단다.

자, 이제 북아메리카 대륙에 영국이 세운 또 다른 식민지인 플리머스 식민지를 살펴볼까?

16세기 중반부터 유럽은 구교와 신교 사이에 갈등이 계속됐어. 영국에서는 헨리 8세 왕이 창시한 영국국교회^{성공회}가 다른 신교를 탄압했단다. 특히 청교도라는 신교 분파가 탄압을 많이 받았어. 이 가운데 영국국교회와 완전히 결별하자고 주장하는 분리파^{강경파}는 일찌감치 신교 국가인 네덜란드로 도망가 살았어. 그러나 그곳에서도 종교의 자유는 완전하지 않았어.

| 미국으로 가는 청교도들 1620년 영국 뉴잉글랜드에서 메이플라워 호를 타고 북아메리카 대륙으로 떠나는 필그림 파더스를 배웅하는 그림이다.

버지니아 회사가 그들에게 접근했어. 회사는 "당신들이 자유롭게 살 좋은 땅이 있다"라고 선전했어. 분리파 청교도들은 고민 끝에 새로운 땅으로 떠나기로 했지. 버지니아 식민지에서 담배 농사가 활발하게 이뤄지고 있던 1620년 9월, 102명의 분리파 청교도들이 메이플라워 호를 타고 영국을 떠났어. 이들을 필그림 파더스 Pilgrim Fathers라고 해. 아메리카로 종교의 자유를 찾아 순례를 떠나는 이들의 아버지 격이란 의미지. 메이플라워 호는 2개월 후 뉴잉글랜드 지방, 그러니까 오늘날의 매사추세츠 주 보스턴 외곽의 코드 만에 도착했어. 그들은 배가 도착한 항구의 이름을 자기들이 출발했던 항구의 이름을 따 플리머스라고 지었어. 이 때문에 이 곳을 플리머스 식민지라고 부른단다.

청교도들은 배에서 내리기 전에 긴급회의를 가졌어. 그들은 새로운 땅에서 자신들이 만든 법과 규칙에 자발적으로 복종하자고 약속했어. 이 약속이 역사적으로 중요한 '메이플라워 서약'이란다. 왜 중요하냐고? 청교도들이 영국 정부의 간섭을 받지 않고 스스로 자치 정부를 만들기로 했기 때문이야. 메이플라워 서약이 토대가 돼 훗날 미국의 헌법이 만들어졌다고 할 수 있어.

이 청교도들의 생활도 처음에는 버지니아 식민지인들의 생활과 다르지 않았어. 생존 자체가 어려울 만큼 힘들었고, 정착 첫 해부터 많은 사람들이

메이플라워 서약서 메이플라워 호에 탄 102명의 청교도들은 새로운 법과 규칙에 따를 것을 약속하는 서약서를 작성했다. 이 서약서는 미국 헌법의 토대가 되었다.

병과 추위로 죽음을 맞았어. 그들에게 적대적인 원주민 부족이 없었다는 점은 그나마 큰 다행이었지. 분리파 청교도들은 비교적 순탄하게 북아메리카 대륙에 정착했어.

포카혼타스 사랑 이야기의 진실

1614년 존 롤프가 결혼했어. 배우자는 포카혼타스였어. 그래, 존 스미스를 도왔던 포우하탄족 추장의 딸 말이야. 포카혼타스는 인디언 말로 '작은 장난꾸러기'란 뜻이란다.

그녀의 삶은 영화로 만들어질 정도로 낭만적인 것으로 알려져 있어. 그러나 실제 그랬을까? 영화에서 포카혼타스는 스미스와 이뤄질 수 없는 사랑을 하지. 하지만 아메리카 인디언들은 왜곡이라고 맞서고 있어. 영국인 이주민들이 그녀를 납치해 1년간 감금하고 포우하탄

포카혼타스와 존 롤프 포카혼타스와 존 롤프의 결혼은 사랑이 아닌 협박에 의한 것이라는 주장도 있다.

족 추장에게 몸값을 내놓으라고 요구했다는 거야. 사랑과 협박, 어느 게 진실일까?

그녀는 결혼하면서 기독교로 개종했고, 레베카라는 세례명을 받았어. 버지니아 회사는 그녀를 영국으로 데려갔어. 그녀의 영국행은 버지니아 회사의 선전용이었단 얘기가 많아. 영국 런던에서 그녀는 천연두에 걸려 22세의 젊은 나이에 세상을 떠났어. 그녀만이 모든 진실을 알고 있겠지?

영국의 북아메리카 식민지 개척

1625년 찰스 1세가 영국의 왕이 됐어. 그도 청교도를 박해했어. 마침내 온건파 청교도들도 영국을 떠나기로 결심했지. 1629년 청교도들은 찰스 1세로부터 식민지를 세우는 데 필요한 특허장을 받아냈어. 찰스 1세도 그들이 떠난다니 마음이 편했나보지? 특허장을 쉽게 내준 걸 보면 말이야. 청교도들은 곧 매사추세츠 만 회사를 만들었고, 1630년 미국으로 향했단다.

신흥 지주계급 출신의 청교도 존 윈스럽의 지휘 하에 그들은 매사추세츠 보스턴의 찰스타운에 도착했어. 이 땅이 바로 매사추세츠 식민지야. 플리머스 식민지로부터 얼마 떨어지지 않은 곳에 만들어졌지. 그곳 사람들은 아주 폐쇄적이었어. 청교도들은 다른 종교를 철저히 배척했지. 버지니아 식민지처럼 매사추세츠 식민지도 의회를 구성했는데, 남자 청교도만 선거를 할 수 있었단다. 청교도만이 매사추세츠 만 회사의 주주가 될 수 있었고, 법률을 만드는 총회에도 참석할 수 있었어. 종교의 자유를 찾아온 사람들이 기득권자가 된 거야.

당연히 반발하는 사람들이 생겨났어. 대표적인 인물이 로저 윌리엄스야. 그는 청교도들이 아메리카 원주민의 땅을 자기들의 것인 양 착각하고 있다며 종교 본연의 정신으로 돌아가자고 주장했어. 화가 난 매사추세츠 식민지 총회는 그를 추방했어. 1636년 윌리엄스는 매사추세츠 식민지를 떠나 로드아일랜드로 향했어. 그는 로드아일랜드에 정착한 뒤 그곳 원주민들과 우호적으로 지냈단다.

토머스 후커란 인물은 청교도에게만 참정권을 주는 데 반대했어. 그 역시 매사추세츠 식민지를 떠나야 했지. 그는 1636년 하트퍼드에 정착했어. 이곳이 바로 코네티컷 식민지란다. 이곳에선 청교도가 아니더라도 투표권을 가질 수 있었단다. 매사추세츠보다는 민주적이지? 이밖에도 뉴햄프셔, 버몬트, 메인 지역에도 이 무렵 식민지가 들어섰어. 여기 5개 지역을 통틀어 뉴잉글랜드 식민지라고 불렀어. 뉴잉글랜드 식민지의 중심은 단연 매사추세츠 식민지였어.

버지니아 식민지 주변에도 새로운 식민지가 만들어졌어. 찰스 1세 왕은 친구였던 볼티모어 경 조지 캘버트의 가문에 체서피크 만 지역의 땅을 주면서 맘대로 할 수 있는 특허장을 줬어. 캘버트는 1632년 이곳을 당시 영국 왕비인 메리의 이름을 따 메릴랜드라고 지었단다. 버지니아 식민지와 메릴랜드 식민지는 모두 체서피크 만을 끼고 있어. 이 때문에 두 식민지를 묶어 체서피크 만 식민지라고 불렀단다.

뉴잉글랜드와 체서피크 만 식민지 사이의 땅에도 식민지가 만들어졌어. 우선 뉴욕부터 이야기할까?

1626년, 네덜란드가 원주민 부족으로부터 오늘날 뉴욕 맨해튼 섬을 샀어. 전해지는 이야기에 따르면 네덜란드인들은 은 700그램에 해당하는 유리구슬과 장신구 등을 주고 매매계약을 했대. 네덜란드인들은 헐값에 산 맨해튼에 식민지를 건설한 뒤 뉴암스테르담이라고 이름 붙였어. 뉴암스테르담은 원주민과 유럽 상인들의 모피 무역 중심지로 성장했어. 당연히 금세 번영했겠지? 네덜란드 왕실은 본국 사람들의 이주를 장려하기 위해 뉴암스테르담에 호화로운 건물도 많이 지었단다. 풍요로운 도시처럼 보이게 하려는 전략이었지.

그러나 이 전략은 큰 호응을 얻지 못했어. 네덜란드에서 사는 것이 경제적으로나 종교적으로 아무런 불만이 없었는데, 굳이 삶의 터전을 옮길 필요가 없겠지? 오히려 북쪽에 이주했던 영국인들이 뉴암스테르담을 넘보기 시작했어. 그러잖아도 인구가 급증하자 새로운 땅이 필요했는데, 그럴듯한 도시가 만들어져 있으니 제격이잖아?

영국의 왕 찰스 2세는 동생인 요크York 공작에게 뉴암스테르담을 맘대로 넘겨줬어. 1664년 요크 공작은 함대를 보내 그곳을 점령해버렸어. 네덜란드 인들은 속수무책으로 당하고 말았어. 도둑질이나 다름없지? 요크 공작은 뉴암스테르담을 자신의 이름을 따서 뉴욕Newyork으로 바꿨단다.

영국은 이듬해 뉴욕에 새 총독을 파견했어. 요크 공작은 뉴욕 근처의 땅들을 친구들에게 나눠줬어. 이 땅들이 뉴저지 식민지가 됐지. 네덜란드가 반발했겠지? 1667년 영국은 에스파냐에게서 뺏은 남아메리카의 식민지 수리남을 네덜란드에게 주는 것으로 입막음했단다. 네덜란드도 이 거래가 나쁘지는 않았을 거야. 강대국인 영국과 싸워서 이기는 것도 힘들 뿐만 아니라 당시 네덜란드는 남아메리카

▌오늘날의 펜실베이니아를 개척한 윌리엄 펜 1682년 그가 처음 상륙했을 때 원주민들의 환영을 받는 장면을 그린 작품이다.

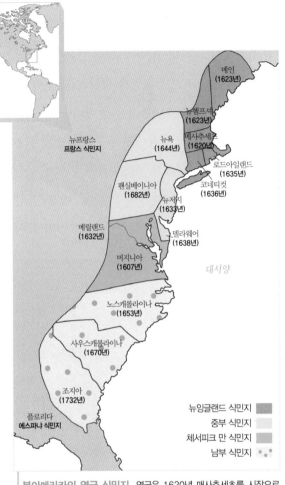

에서 사탕수수 장사로 꽤 돈을 벌고 있었거든. 국민이 거들떠보지 않는 뉴욕보다 남아메리카에서 식민지를 확대하는 게 이득이 더 클 수 있지.

오늘날 지도를 보면 뉴욕과 뉴저지와 메릴랜드 사이에는 펜실베이니아가 있어. 이곳에 식민지가 만들어진 것은 1682년이야. 비교적 늦은 편이지?

찰스 2세 왕은 친구이자 퀘이커교도인 윌리엄 펜에게 펜실베이니아 땅에 대한 특허장을 줬어. 펜은 그곳에 퀘이커교도를 위한 식민지를 세웠지. 퀘

북아메리카의 영국 식민지 영국은 1620년 매사추세츠를 시작으로 식민지를 확대해나갔다. 영국의 식민지는 뉴잉글랜드, 중부, 체서피크 만, 남부 등 4개의 지역으로 나눠진다.

이커교도는 굉장히 급진적이었어. 교회 자체와 성직자를 부정했단다. 또 아메리카 원주민과 우호적으로 지내야 한다고 주장했고, 노예 제도를 반대했어. 당연히 영국에서 박해를 받았겠지? 펜은 자신이 만든 식민지에서 완전한 종교의 자유와 평화를 실현했어. 유럽 각지에서 신교도들이 이곳으로 몰려왔어. 펜실베이니아의 수

도인 필라델피아는 평화와 우애의
상징이 됐지.

뉴욕, 뉴저지, 펜실베이니아, 델라
웨어 등 4개 지역을 일반적으로 중
부 식민지라고 부른단다.

체서피크 만 식민지의 남쪽으로
내려가 볼까? 1629년 찰스 2세는
이 땅을 친구 8명에게 뚝 떼어줬어.
찰스 2세는 친구들도 참 많지? 영국
의 미국 식민지 건설은 찰스 2세의
친구들이 독점했다고 봐도 될 거야.
1663년부터 이 식민지 북쪽에는 버

펜실베이니아 개척자 펜 퀘이커교도인 윌리엄 펜은 펜
실베이니아 식민지에서 노예 제도를 반대하고, 원주민과 우
호적으로 지내는 등 평화 정책을 실시했다.

지니아 사람들이, 남쪽에는 카리브 해에 있던 영국인이 정착하기 시작했어. 그리
고 18세기 들어 노스캐롤라이나와 사우스캐롤라이나로 나뉘면서 오늘날의 모습
이 됐지.

영국은 미국의 동부 해안을 따라 총 12개의 식민지를 건설했어. 1732년 영국은
플로리다와 접해 있는 조지아까지 식민지로 만들었단다. 조지아는 아직까지 바스
켓메이커 문명을 유지하고 있던 크리크족과 체로키족이 살던 곳이었어. 영국은
처음에 에스파냐와 충돌하지 않으려고 조지아 지역까지 들어가지 않았어. 그러나
영국 왕실은 플로리다에 있는 에스파냐 군대를 견제하려면 아무래도 가까운 곳에
식민지가 있어야 한다고 판단했어. 영국인들은 조지아에서 원주민들을 몰아냈어.
이렇게 해서 노스캐롤라이나, 사우스캐롤라이나, 조지아 등 3개 지역의 남부 식민

지가 완성됐지.

18세기 초반이 되자 북아메리카에 총 13개의 영국 식민지가 만들어졌어. 영국에게는 식민지 건설이 개척의 역사이지만 2만 5000년 전부터 자리를 잡고 살아온 원주민들에겐 침략의 역사였어. 영국의 이 침략의 역사로부터 미국이 시작됐단다.

북아메리카 원주민, 대륙의 침략자들에 맞서다

앞에서 중남부 아메리카의 에스파냐 식민지가 어떻게 운영되는지 살펴봤지. 이번에는 영국이 북아메리카 식민지를 어떤 방식으로 운영했는지 볼까? 같은 방식이 아니냐고? 그건 아니야. 영국은 북아메리카를 좀더 자율적인 형태로 식민통치했어. 그것은 바로 자치였어. 훗날 미국이 독립해서 세계 최초로 민주공화국을 세울 수 있었던 것도, 식민지 시절의 자치 전통이 있었기 때문이 아닐까?

각각의 식민지에는 지사 또는 총독이 있었어. 이들은 행정부를 책임졌어. 이와 별도로 의회가 있었지. 대부분의 주가 상원과 하원, 두 종류의 의원으로 의회를 구성했어. 오늘날에도 미국 연방의회는 양원제를 따르고 있단다.

매사추세츠 식민지를 비롯해 북부로 갈수록 의회의 권한이 매우 강했어. 식민지 의회는 영국 본국의 지시를 따르기보다는 스스로 법을 만들고 지키는 자치의 원칙을 충실히 이행하고 있었지. 18세기로 접어들면 의회의 권한이 더욱 커졌어. 곧 살펴보겠지만, 영국 본국과의 전쟁을 결의한 기관도 바로 의회란다. 이 이야기는 다음 장에서 계속 살펴볼게.

1622년 제임스타운 이주민들이 포우하탄족과 전투를 벌였다고 했지? 이 전투는 영국인 이주민들과 원주민 인디언 사이에 갈등이 커지고 있다는 증거였어. 물론 처음에는 이주민과 인디언이 우호적으로 지내기도 했어. 그러나 이주민들이 점점 영역을 넓히자 인디언들은 위기감을 느끼기 시작했어. 땅을 지키려는 인디언과 땅을 빼앗으려는 영국인 사이의 전쟁은 피할 수 없었겠지?

이런 전투 가운데 가장 유명한 게 1675년 벌어진 필립 왕 전쟁이야. 필립 왕은 매사추세츠에 살던 왐파노아그족의 추장이야. 원래 이름은 메타콤이야. 영국인들이 무슨 이유에

북아메리카 동부의 원주민 부족들 아메리카 원주민 인디언들은 수천 년을 평화롭게 살아왔다.

선지 그를 필립 왕이라고 불렀다는구나. 왐파노아그족은 처음에 영국인 이주민들과 우호적인 관계를 유지했었어. 그러나 곧 메타콤은 이주민들이 삶의 터전인 숲과 사냥터, 자기 부족의 땅을 야금야금 집어삼키고 있는 걸 알았어. 영국인들은 원주민 땅에 허락 없이 들어와서는 자기들의 종교와 법을 지킬 것을 강요했어. 그는 매우 분노했어. 메타콤은 고향땅을 지켜야겠다고 생각했지. 이런 상황에서 영국인들이 원주민 3명을 자기네 법으로 사형시키는 사건이 일어났어. 원주민들은 격분

필립 왕 전쟁 왐파노아그족과 영국인들이 서로의 마을과 정착촌에 대한 습격과 보복을 1년간 계속했던 이 전쟁은 인디언과 영국인 모두에게 큰 피해를 냈다.

했고, 전쟁이 터졌단다.

초기에는 인디언 전사가 우세했어. 메타콤은 주변 부족들과 연맹을 맺고, 영국인들에 맞섰어. 특히 오랫동안 매사추세츠에서 살아온 잇점을 살린 게릴라 전술에 영국인들이 크게 당황했어. 백인의 10퍼센트 정도가 목숨을 잃었어. 영국인들의 원주민 마을 습격과 원주민 전사들의 영국인 정착지에 대한 보복 공격이 이어졌지. 이 과정에서 원주민 마을은 폐허가 됐어. 전쟁은 1년 가까이 계속됐어. 식량은 떨어지고 원주민 가운데 이탈하는 사람도 늘어갔지. 결국 인디언 전사들이 패했고, 메타콤도 전투 도중에 목숨을 잃었단다. 영국인들은 적대적인 인디언 부족들을 몰살시켰어. 이 전투 이후 미국 북동부에서는 더 이상 인디언 부족의 모습을 볼 수 없었다는구나.

그 후로도 인디언 부족과 영국인 이주민들의 전투는 계속됐어. 결과는 대부분 같았어. 18세기 초반 무렵에는 13개 식민지가 있는 미국 동부 지역의 해안 지대, 그러니까 애팔래치아 산맥 동쪽 지역에서 인디언 부족을 거의 찾아볼 수 없게 됐어. 모두 서부로 쫓겨난 거야. 그곳에서라도 평온한 삶을 살면 좋을 텐데… 인디언의 운명은 앞으로 더욱 슬퍼진단다.

인디언의 선의를 저버린 백인들

1620년 청교도들이 플리머스에 도착했을 때 스콴토란 인디언의 도움을 많이 받았어. 스콴토는 그전에 두 번이나 영국에 납치됐다가 가까스로 고향에 돌아온 인물이란다. 그런데도 그는 영국에 대해 아주 적대적이지는 않았으니 청교도들에게는 큰 다행이었지. 그의 통역으로 영국인들은 원주민과 평화롭게 지낼 수 있었어. 플리머스 식민지는 스콴토가 도왔고, 앞서 건설된 제임스타운 식민지는 포카혼

백인을 도운 인디언 스콴토는 청교도들에게 옥수수를 경작하는 방법을 가르치는 등 플리머스 정착에 큰 도움을 주었다.

타스가 도왔어. 결국 영국의 식민지 개척에 인디언이 큰 도움을 줬다고 할 수 있지. 그런데도 백인들은 인디언을 핍박했어. 배은망덕이란 말은 이런 때 쓰는 게 아닐까?

3

대륙의 중심에
우뚝 선 아메리카

1750년경 ~ 1900년경

아메리카라는 신세계에 찾아온 유럽인들이 어떻게
정착했는지 2장에서 주로 살펴봤어. 16세기 초반까지만 해도 북아메리카의 이야
기는 아주 적었지? 북아메리카의 역사는 다른 대륙과 다르게 흘러왔어. 원주민이
이룬 문명의 역사가 외부의 힘에 의해 끊어지고 곧 근대로 접어들었거든. 북아메
리카에서는 17세기 이후부터 근대 역사가 시작해.

1장과 2장에서 살펴본 것처럼 15세기까지 아메리카 대륙의 역사는 주로 중남부
아메리카를 중심으로 펼쳐졌어. 근대부터는 조금 달라져. 유럽 이주민의 정착지
였던 북아메리카에서 오늘날 초강대국이 된 미국이 탄생했거든. 중앙아메리카와
남아메리카에서는 유럽의 지배로부터 벗어나기 위한 노력이 계속됐어. 갈등과
대립, 혼란이 이 시기 내내 거듭됐지. 이 장에서는 북아메리카에서 미국이 탄생
하고, 남북전쟁을 거치면서 강력한 나라가 되기까지의 역사를 보도록 할게. 미국
탄생의 역사는 민주주의의 역사이기도 하거든.

북아메리카에서 미국이 탄생하다

　유럽인들의 북아메리카 이주는 급속히 늘어났어. 13개 식민지로는 넘쳐나는 인구를 감당할 수 없었지. 모험심이 가득한 이주민들은 북아메리카의 서부로 진출하려 했지. 그러나 영국과 프랑스는 1748년 아헨의 화약和約으로 애팔래치아 산맥을 경계로 하는 식민지를 확정지었어. 영국 정부는 프랑스와 충돌할까봐 이주민들이 애팔래치아 산맥을 넘지 못하도록 했어. 이주민들은 영국 정부의 이런 간섭과 통제를 마뜩잖아 했지.

　당시 유럽에서는 계몽주의 사상이 크게 인기를 끌고 있었어. 프랑스의 철학자 루소는 1762년 《사회계약론》이란 저서에서 "왕은 국민의 자유와 평등을 보장하겠다는 계약을 국민과 맺었기에 왕의 자리에 앉아 있는 것이다"라고 말했어. 따로 계약서를 쓰지 않았지만 왕이 국민의 자유와 평등을 보장하지 않으면 명백한 계약위반이 되지. 만약 이런 상황이 된다면? 그래, 민중은 계약위반의 책임을 물어 혁명을 일으킬 권리가 있는 거야!

바로 이 계몽주의가 북아메리카에 상륙했어. 북아메리카 이주민들에게 계몽주의는 큰 인기를 얻었어. 북아메리카에는 영국이나 프랑스 같은 정부가 없었거든. 처음부터 이주민이 중심이 돼 개발한 식민지였잖아? 머잖아 북아메리카 이주민들의 혁명이 시작됐어. 그 결과는 모두가 아는 대로야. 역사상 처음으로 민주공화국이 탄생했단다. 바로 미국이지.

"대표 없는 곳에 과세 없다"

우연의 일치일까? 유럽과 미국에서 계몽주의가 유행할 때 한반도에서도 계몽주의가 나타났단다. 17세기부터 18세기 내내 영조와 정조가 위로부터의 개혁을 추진했어. 이런 왕들을 계몽절대군주라고 부르지. 조선의 학자들도 왕과 뜻을 같이했어. 그들은 현실생활과 밀접한 실학을 연구했지.

만약 조선에서 계몽절대군주 시대가 계속됐더라면 훗날 열강들에게 쉽게 나라를 침탈당하지는 않았을 거야. 그러나 19세기로 접어들면서 세도정치가 시작됐어. 정치는 부패해졌고, 민란이 일어나기 시작하면서 조선은 위기 상황에 처하게 돼. 같은 시기에 유럽에서는 프랑스대혁명이, 북아메리카에서는 미국 독립혁명이 일어나 세계의 역사를 새로 썼어. 너무나 대조적인 역사지?

다시 북아메리카의 역사로 돌아가서….

영국이 북아메리카의 이주민들을 강압적으로 대하지 않았더라면 미국 독립혁명이 일어나지 않았을지도 몰라. 이때까지만 해도 의외로 많은 이주민들이 "나는 영국인이다"라고 생각했고, 그 사실을 매우 자랑스러워하고 있었거든. 그러나 영국의 통제가 가혹해지자 마음이 바뀌기 시작했어. 당장 먹고살기 힘들어지니까 영국을 원망하게 된 거지.

이 무렵 영국과 프랑스의 식민지 경쟁은 북아메리카와 인도 등에서 더욱 치열해지고 있었어. 두 나라 군대는 북아메리카 동북부의 오대호五大湖 주변에서 충돌했어. 1754년 영국 군대가 먼저 피츠버그에 있는 프랑스 요새를 공격했고, 프랑스가 여기에 즉각 맞섰어. 프랑스가 원주민 인디언과 동맹을 맺고 싸웠기 때문에 이 전쟁을 프렌치-인디언전쟁이

1750년대 북아메리카 식민지 경계 북아메리카의 영국 식민지는 프랑스와 에스파냐의 식민지와 경계를 마주하고 있다. 영국은 특히 식민지의 북쪽과 남쪽에 마주한 프랑스와 영유권 분쟁이 심했다.

라고 부른단다. 원주민 인디언들은 프랑스와 우호적으로 지내기 위해 이 전쟁에 참여했어.

이 전쟁에서 프랑스는 맥을 못 췄어. 북아메리카 북부 지역의 퀘벡, 몬트리올 등 주요 도시를 차례차례 영국 군대에게 빼앗겼어. 1763년 프랑스는 영국에게 항복했고, 파리조약을 체결하면서 캐나다를 내줘야 했지. 전쟁이 터지기 전만 해도 미시시피 강 서쪽, 그러니까 루이지애나 지역은 프랑스의 식민지였어. 이 땅은 에스파냐로 넘어갔단다. 이 전쟁에서 에스파냐가 영국을 도왔거든. 보상으로 큰 땅덩어리를 준 셈이지.

전쟁은 이겼지만 영국도 마냥 기쁘지만은 않았어. 전쟁에 너무 많은 돈을 쓴 탓에 재정이 바닥나버렸거든. 세금을 더 걷어야 할 텐데…. 고민을 하던 영국 정부는 나름대로 기발한 논리를 생각해냈어. 식민지에서 일어난 전쟁이니 식민지인들이 돈을 부담해야 한다는 거야. 얼핏 보기에 정당한 것 같지? 그러나 식민지인들은 "누가 전쟁을 해달라고 했나?"라며 콧방귀를 뀌었어.

영국 정부는 식민지에 높은 세금을 부과했어. 전쟁이 끝난 이듬해에는 설탕과 술에 관세를 매겼고 식민지에서 지폐를 만들지 못하도록 했지. 그다음 해인 1765년에는 모든 인쇄물에 인지印紙를 붙이도록 하는 인지세법도 만들었어.

영국의 폭정에 반발하는 사람들이 늘어났어. "대표 없는 곳에 과세 없다"라는 말이 심심찮게 나돌았지. 식민지의 의회 대표가 참석하지 않은 상태에서 만들어진 법이니 무효란 뜻이야. 식민지인들은 영국 상품의 수입을 거부했고, 영국 의회에 법을 철회하라는 탄원서를 보냈어. 반발이 거세지자 영국 정부는 슬그머니 인지세법을 철회했단다. 그래, 식민지인들이 판정승을 거둔 거야.

그러나 재정이 바닥났으니 어떻게든 세금을 거둬야겠지? 1767년 영국 정부는 또다시 중국제 차茶를 비롯한 여러 품목에 관세를 부과하는 타운센드 법을 만들었어. 식민지인들은 또 저항했고, 영국 정부도 다시 법을 철회했어. 다만 차에 대해서는 관세를 그대로 부과하기로 했어. 영국의 해외무역을 담당하는 동인도회사東印度會社가 파산 직전이었거든. 차의 관세를 없애지 않은 것은 바로 이 동인도회사를 돕기 위해서였단다. 이 무렵 홍차는 영국인들에게 큰 인기를 끌고 있었어. 빵이나 과자를 곁들여 홍차를 마시는 것이 하나의 문화가 될 정도였지. 그런 차의 독점 판매권을 동인도회사에게 줬으니 차 가격은 비싸질 테고, 식민지의 차 상인들은 망하겠지?

이런 상황에서 1770년 3월 보스턴 시민과 영국군 사이에 충돌이 발생했어. 사소한 시비 끝에 총격전이 벌어졌고, 보스턴 시민 5명이 숨졌지. 이 보스턴 학살 사건으로 영국과 식민지의 갈등은 더욱 심해졌어. 영국으로부터 독립해야 한다는 목소리가 더욱 커졌어.

보스턴 학살 사건 미국의 독립혁명가 폴 리비어가 보스턴 학살 사건을 묘사한 그림. 이 사건에 이어 보스턴 차 사건이 일어나고, 곧 미국 독립혁명을 위한 전쟁이 시작됐다.

보스턴 학살 사건은 그럭저럭 수습됐지만, 3년 후인 1773년 12월에 정말 큰 사건이 터져버렸단다. 보스턴 시민들이 인디언으로 변장하여 항구에 정박해 있던 영국 선박에 올라갔어. 그들은 배에 쌓여 있던 홍차 상자를 모두 바다에 던져버렸어. 이 사건이 유명한 보스턴 차 사건이란다.

영국은 즉각 군대를 파견해 보스턴 항을 점령했어. 바다로 던져버린 홍차에 대해 식민지인들이 배상할 것을 요구했지. 식민지에 대한 탄압도 더욱 심해졌어. 그러자 식민지인들도 가만히 있지 않았어. 1774년 9월, 식민지 대표 55명이 필라델피아에 모였어. 이 회의가 미국 독립혁명의 시발점인 제1차 대륙회의야. 미국 독립혁명의 주역인 조지 워싱턴, 사무엘 애덤스, 존 애덤스, 패트릭 헨리, 존 제이 등이 이 회의에 참석했지.

대륙회의는 영국의 지배를 거부하고, 영국과의 통상도 중단하겠다고 선언했어. 그래, 대륙회의가 정부 역할을 독자적으로 하기 시작한 거야. 그렇다면 사실상 영국과의 독립전쟁을 시작했다고 볼 수 있지 않을까?

🔍 같은 전쟁, 다른 이름

18세기 중반까지만 해도 영국인들이 가장 많이 미국으로 건너왔어. 그 때문에 미국에는 유럽 한복판에서 터진 전쟁을 영국식으로 부르는 사람들이 많았단다.

프랑스 왕실이 에스파냐의 왕 자리를 차지하자 영국 등이 반발해 일어난 에스파냐왕위계승전쟁1701년~1714년을 미국인들은 '앤 여왕 전쟁'이라고 불렀어. 이때 앤 여왕이 영국을 통치하고 있었거든. 오스트리아왕위계승전쟁1740년~1748년은 조지 왕 전쟁이라고 불렀어. 미국인들은 제2차 오스트리아왕위계승전쟁 격인 칠년전쟁1756년~1763년도 프렌치·인디언전쟁과 연결해 기억한단다. 이름 하나만 보더라도 미국인들이 아직까지는 자신들을 영국인이라고 생각했다는 사실을 잘 알 수 있겠지?

북아메리카 독립전쟁과 미국의 탄생

영국도 사태가 악화된 사실을 잘 알고 있었어. 영국 정부는 식민지인들이 반란을 일으켰다고 판단했지. 더 많은 병사들을 식민지로 파견했어. 식민지인들도 이에 맞서 민병대를 조직했어. 전쟁을 대비해 보스턴 교외의 콩코드에 화약고까지 만들었지. 일촉즉발의 시간이 흐르고 있었어.

1775년 4월, 영국이 콩코드의 화약고를 공격하기 위해 군대를 파견했어. 영국군 선발대 700여 명이 먼저 콩코드 근처의 렉싱턴에 도착했어. 식민지 민병대가 맞섰지만 역부족이었지. 영국군은 콩코드로 진격했어. 사무엘 애덤스를 비롯한 식민지 지도자 체포 작전이 벌어졌어. 그들을 잡을 수는 없었지만 전투에서 승리했기 때문에 영국군은 목표를 어느 정도 달성했다고 생각하고 철수하기 시작했어.

바로 그때였어. 민병대원 400여 명이 영국군을 기습했어. 다시 치열한 전투가 벌어졌지. 이 전투에서 영국군은 무려 300여 명의 병사를 잃었어. 민병대원은 100여 명이 숨졌단다. 무기나 전술에서 영국군이 우세했던 점을 감안한다면 민병대의 대승이나 마찬가지지. 이 전투가 그 유명한 렉싱턴-콩코드 전투야. 이 전투는 영국과 식민지 사이에 발생한 첫 전투인 동시에 미국 독립혁명의 시작을 알리는 전투란다.

전투가 끝난 직후인 5월, 식민지 대표들은 제2차 대륙회의를 가졌어. 한창 회의가 진행되고 있던 6월, 매사추세츠 찰스턴의 벙커힐에서 다시 식민지 민병대와 영국군이 격돌했어. 이 전투에서는 민병대가 크게 패했어. 대륙회의는 그제야 정식 군대가 필요하다는 것을 깨달았지. 대륙회의는 정식 군대인 대륙군을 창설했고 사령관으로는 훗날 미국의 초대 대통령이 되는 조지 워싱턴을 임명했단다.

자, 이제 영국과 맞설 만반의 준비가 갖춰졌어. 그

벙커힐 전투 식민지 민병대는 1775년 6월 벙커힐에서 일어난 영국과의 교전에서 크게 패한다. 이를 계기로 대륙회의는 정식 군대인 대륙군을 창설하게 된다.

런데 문제가 생겼어. 대륙회의가 머뭇거리면서 영국에 대해 독립을 선언하지 못하는 거야. 영국을 지지하며 독립을 반대하는 이들이 아직도 꽤 많이 남아 있었기 때문이지. 이런 상황에서 혁명 이론가 토머스 페인이 쓴 《상식Common Sense》이란 책이 출간됐어. 페인은 이 책에서 "모든 사람이 주인이 되는 공화국을 건설해야 하며 영국의 착취를 끊는 게 당연한 상식이다"라고 주장했어. 페인의 책은 나오자마자 불티나게 팔렸어. 페인의 주장을 지지하며 "독립은 반드시 필요하다!"라고 외치는 사람들이 늘어났지. 독립에 대한 결의로 대륙이 술렁였어.

1776년 1월, 다시 대륙회의가 열렸어. 이 회의에서 13개 식민지는 독립을 선포하고, 각각 독립된 정부를 세우기로 했어. 5월에는 각 식민지들이 헌법을 만들기

독립선언서의 초안 제출 제2차 대륙회의에서 벤자민 프랭클린, 로저 셔먼, 로버트 리빙스턴, 존 애덤스, 토마스 제퍼슨이 독립선언서의 초안을 제출하고 있다.

로 했고, 6월에는 모두가 함께할 독립선언문을 작성하기 시작했어.

마침내 7월 4일이 왔어. 대륙회의는 독립선언문을 만천하에 선포했어. 이 독립선언문에는 "모든 사람은 나면서부터 행복과 자유를 추구할 권리가 있다. 이 권리를 확보하기 위해 정부를 조직하는 것이며, 정부의 권력은 국민의 동의로부터 유래하는 것이다"라고 명시돼 있어. 또 "만약 정부가 국민을 억압한다면 국민은 정부를 타

미국 독립선언문 1776년 7월 4일 대륙회의가 채택한 독립선언서.

도할 수 있다"라는 내용까지 들어 있단다. 상당히 급진적이지? 18세기까지는 왕이나 정부가 절대적인 권력을 갖고 있었어. 독립선언문을 통해 이 권력에 한계를 긋고, 국민의 혁명권에 정당성을 부여한 거야. 정부의 권력을 감시하고 견제할 시민의 권리를 주장한 이 선언문은 많은 나라에 영향을 주었단다.

식민지들이 독립을 선포했으니 영국 정부가 가만있을 리 없겠지? 영국군이 대륙군을 밀어붙이기 시작했어. 전쟁 초기에 대륙군은 상당히 고전했어. 생긴 지 얼마 안 된 군대는 정비가 덜된 상태인 데다, 영국군의 무기와 전술이 앞섰기 때문이야. 전세가 미국으로 기울기 시작한 것은 1777년 가을이었어. 9월과 10월에 영국군7,000여 명과 대륙군12,000여 명이 오늘날 뉴욕 주 동부에 있는 새러토가에서 격돌했어. 새러토가의 전투에서 대륙군은 월등한 수적 우세와 전술을 앞세워 영국군을 완전히 제압했어.

식민지인들의 사기가 크게 올랐겠지? 이 전투의 성과는 그뿐만이 아니야. 그전까지 팔짱 끼고 전쟁을 지켜보던 프랑스가 1778년 6월 참전을 선언한 거야! 프랑

스는 전 세계에서 영국과 대립하고 있었다고 했지? 프랑스는 영국의 사기를 꺾기 위해 식민지 편을 들 필요가 있다고 판단했어. 영국이 더 커지는 게 두려운 네덜란드와 에스파냐도 대륙군에 자금을 지원했단다.

이제 영국은 식민지인들뿐만 아니라 여러 나라를 상대로 하는 힘겨운 전쟁을 치르게 됐어. 1781년 9월 말, 버지니아의 요크타운에서 워싱턴이 이끄는 대륙군과 프랑스 연합군이 영국군과 격돌했어. 대륙군은 영국군의 요크타운 요새를 포위했어. 프랑스 함대는 바다에서 영국군의 지원 함대를 격파했어. 영국군은 요크타운에 갇혀 옴짝달싹 못하다가 결국 10월 19일 대륙군에 투항하고 말았단다.

이 요크타운 전투를 끝으로 대규모 전쟁은 더 일어나지 않았어. 영국과 미국은 전쟁을 끝내기 위한 협상에 돌입했어. 이 협상은 무려 3년을 끌었고, 마침내 1782

요크타운 전투의 승리 요크타운 전투에서 승리한 조지 워싱턴 장군이 영국의 콘 윌리스 경에게 항복을 받아내고 있다. 이 전투를 끝으로 미국은 영국으로부터 독립을 얻어냈다.

년 12월 영국 왕^{조지 3세}은 미국의 독립을 인정했단다. 이어 1783년 9월 두 나라는 파리조약에 서명했어. 이 조약에 따라 미국은 법적으로 독립국가가 됐어!

미국, 민주주의 헌법을 만들다

영국과의 전쟁은 승리했지만, 진정한 혁명은 어쩌면 지금부터야. 왜냐고? 13개의 식민지는 모두 각각 독립된 정부를 세웠지? 그렇다면 13개의 독립국가가 탄생한 셈이야. 이제 이 13개의 독립국가들을 하나로 모아야 하는 거지. 그러나 각 식민지마다 원하는 게 모두 제각각이라 이 과정은 결코 쉽지 않았어.

영국과의 전쟁이 계속되는 동안 대륙회의는 13개 독립국가가 영원한 동맹으로 남을 수 있는 방안을 찾고 있었어. 그렇게 해서 나온 게 연합규약이야. 13개 국가들은 각기 독립을 유지하면서 공동의 사안에 대해서만 투표로 결정하는 연합국가를 이루기로 합의했어. 연합국가의 이름은 아메리카합중국으로 정했어. 각 국가들은 아메리카합중국, 즉 미국의 한 주^州가 됐어.

아메리카합중국의 헌법 1787년 9월 17일 제헌회의에서 채택된 총 4장으로 구성된 헌법. 사진은 워싱턴 디시의 국립문서창고에 전시된 헌법의 첫 장이다.

문제가 생겼어. 연합규약에 따르면 연합국가의 정부는 세금을 걷을 수 없단다. 영국에 물었던 막대한 세금이 떠올라 이 규정을 만들었겠지. 하지만 세금을 걷지 못하는 연합정부가 무슨 일을 할 수 있겠니?

이 때문에 1787년 5월, 55명의 대표가

다시 필라델피아에 모였어. 13개 주 가운데 로드아일랜드만 빼고 모든 주에서 대표를 보냈지. 이 자리에서 연방정부, 즉 중앙정부에게 어느 정도의 권력과 권한을 줄지를 놓고 치열한 논쟁이 벌어졌어. 어떤 사람들은 연합규약을 조금만 손질해 헌법을 만들자고 주장했고, 어떤 사람은 완전히 새로운 헌법이 필요하다고 주장했어. 난상 토론 끝에 마침내 합의가 이뤄졌단다.

이제 그 합의를 문서로 남기는 작업이 남았어. 그게 뭔지 아니? 그래, 바로 헌법이야. 연방정부가 맘대로 권력을 휘두르지 못하도록 헌법에 '기록'으로 남기자는 거지. 새 헌법을 만들 기구가 필요하겠지? 이 기구를 제헌制憲회의라고 불러. 제헌회의의 의장은 워싱턴이 맡았어.

제헌회의는 먼저 정부를 입법부, 행정부, 사법부의 삼부로 나누기로 했어.

법을 제정하는 '입법부'부터 볼까? 연방의회는 상원과 하원의 양원으로 구성하기로 했어. 영국의 의회를 본보기로 삼았지. 임기 2년의 하원은 각 주의 인구수 비례에 따라 뽑고, 임기 6년의 상원은 인구수와 상관없이 주마다 2명씩 공평하게 뽑기로 했지. 국민이 의원을 직접 뽑기 때문에 연방의회의 권력이 가장 강해야 하겠지? 연방의회는 각 부의 공직자와 대통령까지도 탄핵할 수 있는 막강한 권한을 가졌단다.

나라를 통치하는 '행정부'의 우두머리로는 대통령이라는 직책을 만들었어. 대통령이란 직책이 처음으로 등장하는 순간이지. 그전까지 이런 직책이 없었기에 어떤 사람은 왕과 마찬가지로 대통령도 평생종신제로 하자고 주장했어. 그러나 최종적으로는 대통령의 임기를 4년으로 정했단다. 연방의회는 대통령을 탄핵할 수 있는 권리를 가졌지? 대통령도 의회에 맞서려면 힘이 있어야 해. 제헌의회는 대통령에게는 연방의회가 제정한 법을 거부할 수 있는 권리를 가졌단다. 이러면 권력이 어느 한쪽으로 기우는 것을 어느 정도 예방할 수 있겠지?

법을 집행하는 '사법부'의 최고 기관은 연방대법원이야. 법원이야말로 가장 공평한 기관이어야 하

미국 국회의사당 미국 워싱턴 디시에 있는 연방정부의 입법부인 연방의회가 있는 건물.

지? 그 때문에 연방대법원의 판사는 대통령이 임명하고, 그 후 연방의회의 상원에서 인준하도록 했어. 공정한 인물을 뽑기 위해 두 번 절차를 밟는 거야. 또한 대통령이나 의원들이 바뀔 때마다 연방대법원의 판사가 흔들릴까봐 아예 임기를 정하지 않았어. 그래, 판사는 종신직으로 정했단다.

자, 드디어 1787년 12월 미국의 헌법이 완성됐어.

강한 정부 vs 작은 정부

헌법 초안이 만들어졌다고 해서 바로 효력이 생기는 것은 아냐. 헌법이 효력을 얻으려면 13개 주의 의회를 통과해야 해. 이런 절차를 비준批准이라고 해. 미국의 연방헌법은 13개 주 가운데 9개 주 이상이 비준을 하면 곧바로 효력을 발휘하기로 돼 있었어.

델라웨어 주를 시작으로 뉴햄프셔 주까지 9개 주가 1788년 6월 이전에 헌법을 비준했어. 이제 연방헌법이 효력을 발휘하게 됐어. 미국이 건국된 것이지. 1789년 1월, 미국 중앙정부를 이끌 대통령으로 워싱턴이 만장일치로 당선됐어. 이제 바로 중앙정부를 구성하면 돼. 1789년 4월 의회를 열기 시작해 새 정부를 조직할 각종

법을 만들기 시작했어. 연방대법원도 구성했어. 의회는 6명의 판사를 임명했고, 그 가운데 존 제이가 초대 연방대법원 장관에 취임했어. 하지만 연방정부를 구성하는 작업은 원활히 진행되지 못했어. 13개 주 가운데 가장 영향력이 강한 뉴욕 주와 버지니아 주가 아직 헌법을 비준하지 않았기 때문이야.

헌법을 지지하는 사람들은 "헌법이 빨리 비준 절차를 밟아야 강력한 중앙정부가 탄생한다!"라고 주장하며 뉴욕 주와 버지니아 주를 압박했어. 이런 사람들을 연방주의자라고 했는데 알렉산더 해밀턴, 존 제이, 제임스 매디슨 등이 대표적인 인물이야. 반면 "중앙정부가 강해지면 각 주의 권한이 약해진다!"라고 주장하는 사람들도 많았어. 이들을 반연방주의자라고 불렀는데, 당연히 헌법 비준을 반대했지. 토머스 제퍼슨, 패트릭 헨리, 조지 클린턴 등이 대표적인 반연방주의자였단다. 뉴욕 주와 버지니아 주는 반연방주의자들의 영향력이 매우 강한 곳이었어.

반연방주의자들의 헌법 반대는 거셌어. 패트릭 헨리는 "머지않아 대통령이 왕이 될 것이고, 의회는 국민 위에 군림하는 기관이 될 것이다"라고 독설을 퍼부었어. 헨리는 권력을 얻은 사람들이 곧 법을 자신의 구미에 맞게 악용할 거라고 생각한 거야. 반연방주의자들은 새 헌법과 그에 따라 만들어진 중앙의 연방정부가 개인의 자유를 침해할 우려가 높다고 비판했어. 연방주의자와 반연방주의자의 대립은 헌법 비준이 끝나고, 미국이 건국된 후에도 한동안 이어졌단다.

반연방주의자들의 비판이 어느 정도 설득력이 있었던 것일까? 연방주의자의 우두머리 격인 제임스 매디슨이 헌법을 수정할 용의가 있다고 물러섰단다. 헌법을 수정하는 작업이 시작됐어. 총 10개의 조항이 헌법에 추가됐지. 언론과 출판, 집회 및 청원의 자유가 이때 헌법에 명시됐단다. 이 조항은 모두 개인의 자유와 권리를 강화하는 내용이었어. 10개의 조항을 권리장전權利章典, 권리장전이 보태어진 새

헌법을 수정헌법이라고 불렀지. 연방주의자들의 노력이 국민의 마음을 움직였나봐. 1791년 12월, 마침내 뉴욕과 버지니아가 헌법을 비준했어! 이제 연방정부를 구성하는 일이 탄력을 받게 됐지.

초대 대통령으로 선출된 워싱턴은 세계 그 어느 나라에서도 볼 수 없는 새로운 정치 체제의 수장이 됐어. 임기가 정해진 왕이지만 왕의 권력을 가질 수도 없는 자리가 대통령이야. 의회의 견제를 받기 때문이지. 사실 미국이 탄생하던 이 시점만 해

건국의 아버지 워싱턴 미국 독립혁명에서 활약했던 조지 워싱턴은 제헌회의 의장을 맡았고, 미국 연방정부의 초대 대통령으로 당선되었다.

도 권력은 의회가 더 컸어. 그 후 권력이 점점 대통령에게 옮겨져간 거란다. 어쨌든 워싱턴은 행정부를 구성하기 시작했어. 2인자인 부통령은 존 애덤스가 차지했어. 오늘날에는 대통령과 부통령이 한 조를 이뤄 선거에 출마하지? 그러나 당시에는 선거 1위가 대통령, 2위가 부통령을 맡았단다.

워싱턴은 가장 중요한 국무장관과 재무장관에 각각 토머스 제퍼슨과 알렉산더 해밀턴을 임명했어. 이 두 명은 각각 열렬한 반연방주의자와 연방주의자였단다. 둘 사이의 충돌이 불을 보듯 뻔하지?

해밀턴은 연방주의자였지? 강력한 중앙은행이 필요하고, 제조업을 육성해 경제를 살려야 한다고 주장했어. 제퍼슨은 해밀턴이 미국을 잘 사는 사람들만의 나라로 만들려고 한다고 비난했어. 마침 프랑스혁명이 일어났어. 제퍼슨은 프랑스 민중을 지원하자고 주장했지. 해밀턴은 남의 나라 전쟁에 끼어들지 말자고 반박했

연방주의자 해밀턴 중앙정부가 강력한 힘을 갖고 경제를 발전시켜야 한다고 주장해 '작은 정부'를 지향하는 반연방주의자와 대립했다.

어. 이처럼 사사건건 싸운 해밀턴과 제퍼슨은 그 후 각각 연방파와 반연방파의 수장이 됐단다. 반연방파는 공화파^{共和派}라고도 해. 이 연방파와 공화파의 대립이 훗날 미국 정당정치로 이어지는 신호탄이었지.

1797년, 부통령 애덤스가 미국의 2대 대통령에 당선됐어. 애덤스는 연방파 출신이야. 당연히 공화파를 탄압했겠지? 탄압이 지나쳤던 것일까? 1800년 선거에서 국민은 연방파가 아닌 공화파 후보를 대통령으로 뽑았단다. 그 인물이 바로 제퍼슨이었어. 이제 미국의 정책이 많이 달라지겠지? 그다음부터는 조금 있다가 살펴볼게.

🔍 미국이 총기 천국이 된 까닭은?

오늘날 미국에서 개인 또는 가정이 갖고 있는 총기류는 2억 5,000만 정이 넘는 것으로 추정되고 있어. 미국인 전체 평균을 내면 약 1명당 1정 꼴로 총기를 갖고 있다는 보고도 나와 있단다. 하루에도 셀 수 없을 만큼 총기 사고가 많이 터지는 데도 왜 미국 정부는 총기 소유를 금지하지 않는 것일까?

1791년에 마련된 수정헌법 2조에는 "미국인은 누구나 무기를 소지하고 사용할 권리가 있다"라고 '무기 휴대의 권리'를 명시해놓았어. 초보 국가 시절의 정부라 개인을 제대로 보호해줄 수 없었기 때문에 스스로 무장할 필요가 있었던 거지. 그때 허락된 자유가 오늘날 부메랑이 돼 미국인의 자유와 생명을 위협하고 있어. 아이러니한 역사지?

미국, 강대국으로 발돋움하다

18세기 말 미국이 탄생했지만 햇병아리나 마찬가지였어. 독립전쟁에서 영국을 이긴 것도 사실은 영국이 내부 사정 때문에 전력을 기울이지 못했기에 가능했던 거야. 게다가 프랑스, 에

미국 독립혁명 직후의 북아메리카 1783년 파리조약 체결 직후의 북아메리카 지도. 영국 식민지는 캐나다로 제한됐고, 에스파냐는 북아메리카 서부의 광대한 영역을 여전히 지배하고 있었다.

스파냐, 네덜란드 등 다른 나라들이 모두 미국을 지원했잖아? 독립할 당시 미국

영토도 애팔래치아 산맥 동쪽, 대서양 연안에서부터 미시시피 강까지의 13개 주에 불과했어. 오늘날의 영토와는 큰 차이가 있지.

그랬던 미국이 19세기로 접어들면서 놀라운 속도로 발전하기 시작했어. 무엇보다 영토가 크게 늘어났지. 새로 미국의 영토가 된 그 땅에는 이민자들이 정착했어. 사람과 땅덩어리가 모두 늘어나면서 미국은 아메리카 대륙을 넘어 세계 전체에 영향을 끼치는 나라로 성장해갔지.

그러나 미국의 이런 성장 이면에는 어두운 그림자가 짙게 드리워져 있단다. 흑인 노예는 개나 돼지만도 못한 삶을 살아야 했고, 원주민 인디언들은 조상 대대로 살아왔던 땅을 빼앗기고 탄압받았지. 이런 점 때문에 많은 역사학자들은 미국의 민주주의를 반쪽짜리 민주주의라고도 한단다. 일단 19세기 초반 미국의 정치 역사부터 살펴볼까?

건국 초기의 대통령들

오늘날 미국은 세계에 미치는 영향력이 가장 큰 나라야. 바로 그 점 때문에 미국 역대 대통령 이야기만 따로 묶은 책들도 많이 출간돼 있지. 그러나 이 책에서는 미국의 모든 대통령을 다루지는 않을 거야. 꼭 기억해야 할 대통령만 업적 위주로 살펴볼게.

미국 초기의 대통령들에 대해서는 알아두는 게 좋아. 그들의 이야기를 알고 있으면 미국이 어떻게 발전했고 성장했는지 이해하기 쉽거든. 우선 19세기 초중반, 그러니까 3대 대통령인 토머스 제퍼슨부터 1857년 15대 대통령에 취임한 제임스 뷰캐넌까지의 대통령 이야기를 다룰 거야. 물론 미국의 모든 대통령을 살피지는 않아.

19세기가 시작되면서 전 세계는 격동의 소용돌이에 휩싸이기 시작했어. 중남부 아메리카에서는 독립전쟁이 본격적으로 시작됐어. 1820년대에 중남부 아메리카 대부분의 나라들이 에스파냐로부터 독립했어. 이에 대해서는 곧 살펴볼 거야. 유럽은 나폴레옹전쟁이 터지면서 대륙 전체가 전쟁에 휩싸였어. 아시아는 제국주의 국가들의 침략으로 몸살을 앓았어. 한반도도 마찬가지였지.

미국 민주주의 아버지 제퍼슨 미국 독립선언문의 초안을 만들었으며, 미국의 3대 대통령을 지냈다.

세계가 변동을 겪고 있던 1800년, 미국에서는 대통령 선거가 치러졌어. 워싱턴 정부에서 국무장관을 지냈던 토머스 제퍼슨이 대통령으로 당선됐지. 그는 공화파의 우두머리답게 이듬해 대통령에 취임하자마자 정부 요직의 연방파를 모두 제거했어. 가장 중요한 자리인 국무장관에는 심복인 제임스 매디슨을 임명했지. 제퍼슨은 '작은 정부'를 지향했어. 중앙정부의 권력이 너무 강하지 않아야 각 주의 주권이 보장된다고 생각한 거야.

제퍼슨의 가장 큰 업적은 무엇보다 미국 영토를 엄청 늘려놨다는 거야. 1803년 그는 프랑스의 나폴레옹으로부터 루이지애나 땅을 샀어.

제퍼슨이 한차례 연임한 후 1808년에 매디슨이 대통령에 당선됐어. 매디슨 대통령 시절에 터진 가장 큰 사건은 미영전쟁이야. 반연방주의자들은 프랑스에 우

헌법의 아버지 매디슨 수정헌법을 비롯해 많은 법의 초안을 마련했다. 미국의 4대 대통령이다.

호적이었지만 영국에는 적대적이었단다. 매디슨은 반연방주의자였지? 당연히 영국을 좋아하지 않았어. 이 무렵 영국 선박들이 프랑스로 가던 미국 선박을 납치하는 사건이 자주 발생했어. 그러잖아도 독립전쟁의 앙금이 남아 있는 두 나라는 이참에 한판 붙기로 했어.

1812년 6월, 미국은 영국에게 선전포고를 했어. 그러나 이 전쟁은 영국과 미국이 본격적으로 서로의 영토를 오가며 치른 전쟁은 아니었어. 주로 캐나다에 주둔 중인 영국군과 전투를 벌였지. 영국에 우호적이었던 뉴잉글랜드 지방은 아예 전쟁에 협조하지도 않았단다. 미국이 하나가 되려면 아직도 시간이 더 필요한 것 같지?

전쟁은 처음에 미국이 우세했어. 그러나 1814년부터 상황이 바뀌었어. 나폴레옹전쟁이 끝나자 여유가 생긴 영국이 군대를 미국으로 배치시켰기 때문이야. 미국에 상륙한 영국군은 연일 미국군을 격파했고, 그전까지의 패배를 만회하기 위해 워싱턴 디시에 있던 대통령 집무실인 백악관을 불태워버렸어. 검게 탄 백악관 건물은 1815년 전쟁이 끝난 후, 흰색 페인트를 칠해 다시 이름에 걸맞는 모습을 되찾았단다.

미국 독립혁명의 전쟁 영웅이 조지 워싱턴이라면, 미영전쟁의 영웅은 앤드루 잭슨이야. 잭슨은 민병대를 조직해 영국과 싸웠고, 많은 전투에서 승리를 거뒀어. 그는 일약 영웅으로 부상했어. 그러나 영웅의 화려한 승리 뒤편에는 인디언 부족 몰살이라는 그늘이 있어. 인디언 부족들이 영국과 미국이란 고래 싸움에 등이 터진 새우 격이 된 거지. 잭슨은 미국에 적대적인 인디언 부족을 토벌한 공로로 국민 영웅이 됐고, 훗날 7대 대통령에 당선된단다. 미영전쟁의 결과는 어떻게 됐냐고? 글쎄, 아마 무승부로 끝났지?

매디슨이 대통령 연임을 한 후, 1816년 제임스 먼로가 대통령이 됐어. 이 대통령은 먼로독트린으로 유명해. 이 무렵 유럽 강대국들이 중남부 아메리카의 독립 국가들에 대해 이러쿵저러쿵 간섭하는 일이 잦았어. 미국은 심기가 불편했어. 혹여나 유럽 강대국들이 또다시 중남부 아메리카에 식민지를 건설할지도 모르잖아.

1823년 먼로는 국무장관인 존 퀸시 애덤스의 조언을 받아들여 "유럽 국가들은 아메리카에서 식민지 경쟁을 하지 마라. 유럽과 아메리카는 서로 간섭하지 말아야 한다!"라고 선언했어. 서로 간섭하지 않는다는 이 먼로독트린은 이후 미국 외교 정책의 기본 원칙으로 자리 잡았어.

먼로도 재선에 성공해 8년간 대통령직을 수행했어. 제퍼슨 이후 공화파가 24년간 대통령을 독차지

미국의 전쟁 영웅 잭슨 미영전쟁을 승리로 이끌어 국민 영웅으로 떠올랐으며, 1829년에 7대 대통령이 되었다.

화합의 시대를 연 먼로 미국의 5대 대통령으로 먼로독 트린을 선포하여 유럽 제국들의 아메리카 대륙에 대한 간섭을 차단했다.

한 셈이지. 오랜 기간 정권을 잡지 못한 연방파는 사실상 사라졌어. 경쟁자가 없으면 정치는 발전하지 못하는 모양이지? 이번에는 공화파가 국민공화파와 민주공화파로 분열됐단다.

국민공화파는 주로 상공업이 발달한 동북부 지역에서 인기를 얻었지. 반면 민주공화파는 농업이 발달한 남부와 서부 지역에 기반을 두고 있었어. 대통령 선거에 국민공화파의 후보로는 존 퀸시 애덤스가, 민주공화파의 후보로는 미영전쟁의 영웅인 앤드루 잭슨이 나왔어. 근소한 표차로 애덤스가 6대 대통령이 되었어. 잭슨은 4년 후인 1828년 선거에서 대통령에 당선됐단다.

잭슨은 남부와 서부의 지지를 받았지? 당연히 남부와 서부의 주산업인 농업을 보호하고 발전시키려 했어. 그러나 무조건 남부와 서부를 옹호한 것은 아니야. 그 지역 사람들이 연방에 해를 끼칠 기미가 보이면 즉각 비판하고 나섰어. 잭슨은 작은 정부를 옹호하기는 했지만, 연방정부가 꼭 필요하다는 입장도 확고했던 거야. 과거 연방파를 비판하던 공화파가 어느새 연방파의 논리를 닮아가고 있지?

이후 8대 대통령 때부터는 획기적인 업적을 찾아보기 힘들단다. 아마도 그전 대통령들이 기틀을 다졌기 때문이겠지?

미국 양당정치의 기원

미국의 7대 대통령 잭슨은 정치를 일반 시민의 눈높이까지 낮춘 대통령이란 평가를 받고 있어.

그의 지지자들은 잭슨이 보통 사람들의 민주주의를 꽃피웠다고

공화당과 민주당 상징 그림 공화당은 코끼리를, 민주당은 당나귀를 각각 상징 그림으로 내세운다. 공화당과 민주당은 미국의 양당정치를 대표하는 정당이다.

말한단다. 잭슨 지지자들이 만든 정당이 민주공화파야. 이 정당이 오늘날의 민주당으로 발전했단다.

3대 대통령 제퍼슨이 이끈 공화파는 오늘날의 공화당과는 상관이 없어. 공화당은 국민공화파로부터 비롯됐단다. 이 파벌이 잭슨 대통령 시절인 1834년에 휘그당Whig Party으로 이름을 바꿨고, 훗날 남북전쟁이 터질 무렵 노예 제도 반대자들이 휘그당에서 뛰쳐나와 공화당을 만든 거야.

초기 민주당은 남부 사람들이 대부분이었어. 노예 제도를 옹호했겠지? 그러나 두 정당은 그 후 변신을 꾀했어. 그 결과 오늘날에는 보수-공화당, 진보-민주당의 양당 체제가 됐단다.

미국 땅, 순식간에 커지다

이번에는 미국이 어떻게 영토를 넓혔는지 살펴볼 거야. 미국은 때로는 돈으로 땅을 샀고, 때로는 무력으로 빼앗았어. 그 결과 19세기 후

반에는 오늘날의 영토로 커졌단다.

1799년 나폴레옹이 프랑스를 장악했어. 나폴레옹은 한때 최고 강대국이었던 프랑스의 영광을 되살리려 했지. 나폴레옹은 1800년 에스파냐를 협박해 미시시피 강 서쪽의 광대한 땅, 루이지애나를 돌려받았어.

그러나 이 땅은 곧 나폴레옹의 골칫거리가 됐어. 관리하는 데 막대한 돈이 들었기 때문이야. 미국의 3대 대통령 제퍼슨은 나폴레옹의 고민을 잘 알고 있었어. 그는 나폴레옹에게 먼로를 보내 미시시피 강 하구의 도시 뉴올리언스를 살 수 있는지 물었어. 그런데 의외의 대답이 돌아왔어. 루이지애나 땅 전체를 사지 않겠냐는 거야. 이 무렵 나폴레옹은 유럽 정복전쟁을 구상하고 있었고, 자금이 필요했단다. 1803년 미국은 단돈 1,500만 달러에 광활한 루이지애나를 샀단다.

이 루이지애나는 오늘날의 루이지애나 주를 말하는 게 아니야. 미시시피 강 서쪽에 있는, 미국 땅 전체의 3분의 1에 해당하는 어마어마한 크기의 땅이었어. 미국의 영토가 순식간에 배 이상으로 커진 거야.

제퍼슨은 미시시피 강을 넘고, 루이지애나를 건너 태평양까지 갈 탐험대를 조직했어. 루이지애나 땅이 어떤 곳인지 알기 위해서였지. 이렇게 해서 1804년 탐험가 메리웨더 루이스와 윌리엄 클라크가 미국 중서부에 있는

루이스와 클라크의 모험 루이스와 클라크는 미국의 미시시피 강에서 태평양까지 북아메리카 서부 지역을 건너는 경로로 탐험을 했다.

미주리 주의 세인트루이스를 출발했어. 그들은 루이지애나를 거쳐 미국 서북부로 탐험을 계속했어. 그러고는 오리건 주의 태평양 연안까지 탐험한 뒤 1806년 귀환했지. 그들에 의해 서부 땅의 모습이 처음으로 공개됐어. 나중에는 이들이 탐험한 길을 따라 개척자들이 서부로 가는 길을 열었단다. 이 길이 바로 오리건 통로야.

그 후 미영전쟁이 터졌어. 이 전쟁은 무승부였다고 했지? 두 나라는 1818년 회담을 갖고, 오대호 연안을 공동 관리하기로 했어. 캐나다와 미국의 국경이 어렴풋이 보이지? 이젠 남쪽으로 내려가 볼까? 오리건 지역을 미국과 영국의 공동 관리구역으로 정한 그해였어. 먼로가 대통령이던 시절이지. 플로리다에서 에스파냐와 미국이 충돌하는 사건이 벌어졌어. 이 충돌의 계기는 바로 흑인 노예였어. 미국 남부의 많은 흑인 노예들이 플로리다로 도망간 거야. 미국 남부의 대농장 지주들은 노예가 큰 재산이었지? 그 때문에 플로리다를 침략한 거란다. 이미 약해질 대로 약해진 에스파냐는 미국이 무서웠나봐. 에스파냐는 1819년 오리건이 있는 플로리다 땅을 미국에게 할양했어.

다음 장의 지도를 봐. 이제 북아메리카의 서남쪽을 빼면 모든 지역을 미국이 차지했지? 그러나 머잖아 이 서남부도 미국이 차지하게 된단다.

1821년 멕시코는 에스파냐로부터 독립을 쟁취했어. 이 무렵 스티븐 오스틴이란 미국인이 텍사스로 들어갔어. 오스틴은 멕시코 정부로부터 텍사스를 개척해도 좋다는 허가를 받았고, 그의 노력 덕분에 많은 미국인이 텍사스로 이주했단다. 채 5년이 지나기도 전에 텍사스 인구의 80퍼센트 이상이 미국인으로 바뀌어버렸을 정도야.

멕시코는 그제야 긴장했어. 자칫 미국에 텍사스를 빼앗길 수도 있겠다는 생각이 든 거야. 멕시코 정부는 미국인의 이주를 막기 시작했어. 그러나 한 번 터진 물꼬

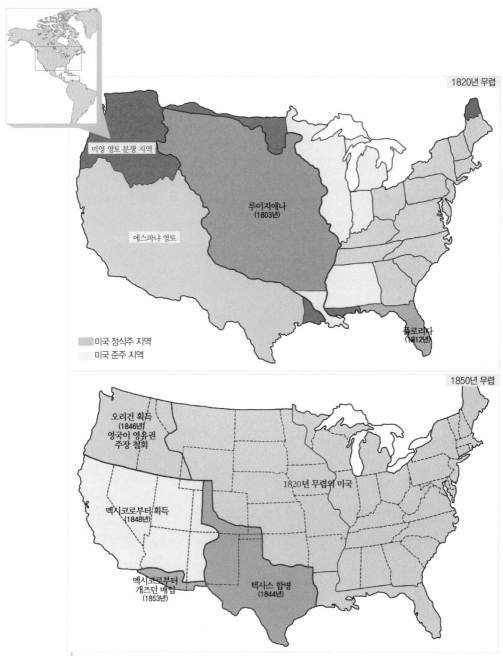

미영 영토 분쟁 지역

루이지애나
(1803년)

에스파냐 영토

플로리다
(1812년)

■ 미국 정식주 지역
□ 미국 준주 지역

오리건 획득
(1846년)
영국이 영유권
주장 철회

1820년 무렵의 미국

멕시코로부터 획득
(1848년)

멕시코로부터
개즈던 매입
(1853년)

텍사스 합병
(1844년)

미국 영토의 확대 북아메리카 동부 지역에서 시작한 미국은 1803년 중부의 루이지애나를 프랑스로부터 사고, 1848년 서남부의 텍사스를 멕시코로부터 빼앗는 등 영토 확장을 추진해 1850년 무렵에는 오늘날과 같은 영토를 차지하게 됐다.

를 막긴 어렵지. 오히려 더 많은 미국인들이 텍사스로 몰려왔어.

멕시코가 우려했던 일이 현실로 나타나기 시작했어. 텍사스로 이주해온 미국인들이 멕시코 정부의 정책에 반기를 들었어. 당연히 멕시코가 내버려둘 수 없겠지?

1835년 결국 멕시코와 텍사스 사이에 전쟁이 터졌어. 미국의 지원을 받은 텍사스 사람들은 전장에 나온 멕시코 대통령^{산타 안나}을 포로로 잡을 만큼 사기가 높았어. 결국 이 전쟁에서 승리한 텍사스는 1836년 독립을 선언하고, 텍사스공화국이 됐단다.

텍사스공화국은 미국 연방에 가입하기를 희망했어. 미국 연방정부도 이를 받아들였지. 1844년 텍사스는 미국의 정식 주가 됐어. 멕시코가 화가 났겠지? 미국은 멕시코가 전쟁을 일으키기를 바라며 슬슬 약을 올렸어. 미국의 뜻대로 됐어! 1846년 화를 참지 못한 멕시코군과 미군이 리오그란데에서 충돌하는 사건이 터졌어. 미국이 기다렸다는 듯 멕시코에 선전포고를 했어. 그래, 아메리카-멕시코전쟁이 시작된 거야.

멕시코는 이미 강해진 미국을 이길 수 없었어. 미국은 쉽게 캘리포니아를 정복했어. 멕시코는 아마도 전쟁이 차라리 빨리 끝나기를 기도했을 거야. 2년 후인 1848년, 두 나라는 평화조약^{과달루페·이달고조약}을 체결했어. 이 조약에 따라 미국의 서남부, 그러니까 오늘날의 캘리포니아와 뉴멕시코, 애리조나, 유타, 네바다가 모두 미국의 영토가 됐어. 그냥 빼앗기가 미안해서였을까? 미국은 멕시코가 미국인들에게 지고 있는 빚을 대신 갚아주기로 했다는구나.

이 전쟁의 결과 미국의 국경선은 리오그란데 강까지 내려갔어. 그래, 오늘날의 미국 국경이 이때 확정된 거야. 미국은 그 후 1867년 알래스카를 러시아로부터 사 들였어. 이제 확실히 오늘날의 미국 지도가 보이지?

미국 지폐 모델 1순위는 대통령

10달러, 2달러 지폐의 모델은 각각 해밀턴과 제퍼슨이
야. 워싱턴은 가장 저가이지만 많이 쓰는 1달러의 모델
이 됐어. 그렇다면 가장 고가인 100달러의 모델은 누구
일까?

바로 벤저민 프랭클린이야. 피뢰침을 발명한 사람이지.
과학자냐고? 아니야. 프랭클린은 사실 미국의 건국에 가
장 큰 역할을 한 정치인이란다. 대륙회의를 주도적으로
이끌었고, 영국과의 독립전쟁 때 프랑스의 지원을 얻어
낸 인물도 그였어. 그 때문에 100달러의 모델로 오늘날
까지 미국인의 사랑을 받는 거야.

그밖에 5달러는 에이브러햄 링컨, 20달러는 앤드루 잭
슨, 50달러는 율리시스 심슨 그랜트로 모두 대통령들이
란다.

서부로, 서부로!

오늘날에도 강한 국가가 되려면 어느 정도 인구가 넉넉해야만 해. 인
구가 너무 적으면 강대국이 될 수 없어. 19세기 전반의 미국도 이런
고민을 했어. 루이지애나를 사들였고, 텍사스와 캘리포니아를 빼앗았지만 그곳을
개척할 사람들이 없다면 그야말로 황무지나 다름없잖아? 미국 정부는 이민자들에
게 각종 혜택을 줬어. 그 결과 전 세계에서 이민자들이 미국으로 몰려들었지. 근래

에는 미국 이민이 아주 까다로와졌지만 개척 시대에는 "언제든지 환영!"이었던 거야.

1830년대부터 유럽에는 혁명의 기운이 감돌기 시작했어. 1848년에는 유럽 전역에서 동시에 혁명이 일어났어. 프랑스의 2월 혁명, 영국의 차티스트운동, 독일의 3월 혁명 등이 일어났어. 하지만 큰 변화를 일으키지 못했고 지배층의 독재와 억압이 더욱 심해졌지. 유럽의 민중들이 자유를 찾아 미국으로 건너오기 시작했어. 그들은 '낡은 유럽'을 버리고 '새로운 미국'으로 향했어.

배고픔을 견디다 못해 미국으로 떠나온 사람도 많았어. 미국은 땅이 넓어 농사 짓기가 수월했거든. 게다가 열심히 개척만 하면 땅을 공짜로 주기도 했어. 이 때문에 많은 사람들이 미국으로 넘어왔는데, 대표적인 사람들이 아일랜드인이야. 1845년과 1847년 아일랜드에서는 병충해가 퍼지면서 감자 농사가 모두 흉작이 됐어. 아일랜드인들의 주식은 감자였어. 감자가 떨어지자 굶어죽는 사람들이 속출했지. 농민들은 평생 살아왔던 삶의 터전을 버리고 미국으로 향했어. 이때부터 아일랜드 인구의 15퍼센트 정도가 미국으로 이민을 왔다는구나.

산업혁명이 미국에서도 시작되면서 미국 전역에 철도가 건설됐어. 철도를 건설하려면 인부가 필요하겠지? 많은 중국인들이 넘어와 철도 건설 노동자로 일했단다. 중국인 노동자들은 곳곳에 중국인 마을을 건설했어. 이렇게 해서 생겨난 게 차이나타운이란다. 중국인만 온 게 아냐. 헝가리, 폴란드 등 못사는 동유럽 국가에서도 이민자가 몰려왔어. 그들은 주로 허드렛일을 하며 먹고살았어. 이런 과정을 거치면서 여러 민족과 인종이 미국에 섞이게 됐지. 미국이 인종의 전시장이 된 게 이해되지?

처음에 동부에만 있던 이주민, 특히 백인들은 루이지애나 구입을 계기로 1820

년대부터 서부로 넘어가기 시작했어. 백인들은 인디언을 내쫓으며 서쪽으로 진출했어. 그들은 루이스와 클라크가 탐험했던 오리건 통로를 따라 멀고 험난한 여정을 떠났지.

오리건 통로는 미주리 주 인디펜던스에서 오리건 주 오리건시티까지 총 3,200여 킬로미터에 이르는 개척 길이었어. 이 길을 포장마차를 타고 사람들이 서부로 이동하기 시작한 건 1827년이야. 살림살이를 모두 포장마차에 싣고 온 가족이 몇 달간 사막과 계곡과 평원을 지나 서부로 향하는 광경을 상상해봐. 처음에는 한두 가족이었지만, 곧 여러 가족이 떼를 지어 서부로 향했대. 장관이었겠지?

오리건 통로와 비슷한 시기에 생겨난 개척 길이 있어. 그 길의 출발점은 오리건

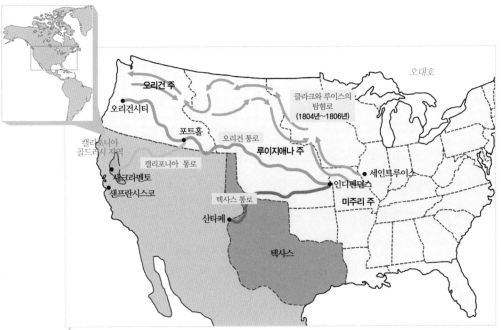

서부 개척로 19세기 초반 루이스와 클라크의 탐험 이후 오리건 통로를 따라 서부 개척이 서서히 시작됐다. 이후 캘리포니아에서 금광이 발견되면서 서부로 가는 여러 개척로가 생겨났다.

통로와 같은 미주리였지만 도착점은 뉴멕시코 주 산타페였단다. 이 길을 텍사스 통로산타페 통로라고 불렀어. 주로 멕시코 지역과 무역을 하려는 상인들이 많이 이용했지. 이 길은 남북전쟁 도중에 폐허가 돼버리고 말았단다.

1848년, 캘리포니아 주 새크라멘토 시에서 대규모 금광이 발견됐어. 이듬해 일확천금을 노린 사람들이 한꺼번에 캘리포니아로 몰려들었어. 금을 찾아 우르르 몰려드는 현상을 골드러시gold rush, 그런 사람들을 가리켜 '49년 사람들'이라고 했단다. 그들은 오리건 통로로 가던 중 서남쪽으로 방향을 틀어 새크라멘토로 향했어. 이 길을 캘리포니아 통로라고 부른단다.

서부로 가는 통로가 늘어나면서 서부 곳곳에 여러 도시가 생겨났어. 개척 활동이 상당히 진행됐다는 뜻이야. 도시가 많이 생겨났다는 것은 그만큼 서부 개척의 시대가 저물고 있다는 뜻도 되지?

중남부 아메리카의 해방과 독립

잠시 눈을 돌려 중남부 아메리카로 가볼까? 중남부 아메리카 전역이 16세기 이후 에스파냐와 포르투갈의 식민지로 전락했지? 볼리비아와 멕시코에서 은광이 발견돼 한때 탐험가들이 몰려들었고, 그 후에는 브라질에서 금광이 발견돼 골드러시가 일어났어. 그동안에도 유럽 국가들의 식민통치는 계속되고 있었어.

페루의 인디언 혁명가 아마루 2세 에스파냐에 대항해 페루에서 봉기를 일으켰다. 그의 봉기는 남아메리카 여러 국가의 독립투쟁에 영향을 주었다.

이런 상황이 바뀌기 시작한 것은 18세기 중반 이후야. 북아메리카의 영국 식민지였던 미국이 독립을 선언하고 4년이 흐른 1780년, 페루에서 잉카 제국의 후손이 에스파냐의 식민통치에 저항해 무장봉기를 일으켰단다. 기억을 떠올려봐. 신잉카 제국을 마지막까지 이끌며 에스파냐에 저항한 잉카가 누구였지? 투팍 아마루였어. 무장봉기의 지도자였던 호세 가브리엘은 자신을 투팍 아마루 2세라고 불렀어. 잉카 제국의 부활을 꿈꾼 원주민 인디언들이 그의 밑으로 모여들었어. 반란군의 기세는 대단했지. 반란은 페루 남부와 볼리비아, 그리고 아르헨티나까지 퍼져나갔어. 반란군은 에스파냐 총독을 처형하고, 수도인 쿠스코를 점령했어. 그러나 에스파냐 군대를 이기기는 쉽지 않았어. 반란군은 머잖아 진압됐고, 투팍 아마루 2세는 1781년 잔혹하게 처형당하고 말았어.

투팍 아마루 2세의 페루 봉기는 중남부 아메리카 해방운동의 신호탄이 되었어. 이때부터 곳곳에서 저항투쟁이 일어났고, 19세기로 접어든 후 거의 모든 중남부 아메리카 국가들이 해방을 쟁취했어.

남아메리카 해방 영웅 볼리바르

17세기 이후 중남부 아메리카에 정착한 에스파냐인들은 적어도 식민지에서만큼은 가장 높은 신분이 됐어. 시간이 흘러 결혼해 아이들을 낳았고, 그 아이들이 성장했지. 아이들도 아버지의 신분을 물려받아 식민지에서 가장 높은 신분을 유지했어. 그러나 본국인 에스파냐에서는 대접을 받지 못했어. 본국의 귀족들은 그들을 2등 시민으로 대우했어. 중남부 아메리카 식민지에서 태어난 이런 백인들을 크리올이라고 한단다.

크리올은 에스파냐 본국이 자신들을 낮춰 보는 태도가 못마땅했어. 그런 푸대접을 받을 바에야 에스파냐로부터 독립하는 게 낫다고 생각하는 크리올이 늘어났어. 이 무렵 북아메리카 이주민들 사이에서도 영국으로부터 독립하자는 목소리가 높아지고 있었지. 아메리카 대륙 전체에 같은 움직임이 있었던 거야.

해방자 볼리바르 베네수엘라의 독립운동가로 에스파냐계 크리올이다. 남아메리카 국가들이 에스파냐로부터 독립하는 데 큰 역할을 했다.

19세기 초반, 에스파냐는 나폴레옹전쟁으로 프랑스에게 정복당했어. 에스파냐가 중남부 아메리카에 신경을 쓸 겨를이 없었겠지? 에스파냐가 약해졌으니 식민지 민중에게는 독립하기에 좋은 기회였어. 크리올도 지금이 기회라고 생각했지.

시몬 볼리바르는 베네수엘라에서 태어난 크리올이었어. 일찍이 계몽주의를 접했고, 에스파냐로부터 독립해야 한다는 신념을 가지고 있었어. 10대 중반의 나이에 사관학교에 들어가 군인이 됐고, 어른이 된 후에는 유럽을 돌아다니면서 독립의 꿈을 키웠어.

미영전쟁이 터지기 1년 전인 1811년이었어. 바로 이때 볼리바르를 비롯한 독립운동가들이 베네수엘라 공화국을 선포했어. 흑인 노예들이 혁명을 일으켜 프랑스로부터 독립한 아이티를 빼면 중남부 아메리카에서 가장 먼저 독립을 이룬 거지. 물론 모든 사람들이 독립운동에 동참한 건 아니었어. 에스파냐에 의지하려는 왕당파王黨派들은 독립을 반대했어. 그들은 현재 상태를 그대로 유지하는 게 훨씬 좋았던 거야. 두 파벌 사이에 내전이 시작됐지.

이 내전은 왕당파의 승리로 끝났어. 독립파들은 모두 해외로 피신해야 했지. 볼리바르도 이때 네덜란드령 퀴라소 섬으로 망명을 떠났어. 에스파냐 군대가 추격해오자 볼리바르는 다시 콜롬비아의 항구 도시 카르타헤나로 달아났어. 그는 그곳에서 군대를 조직했어. 볼리바르는 죽을 때까지 독립을 위해 싸우겠다고 마음을 다잡았지. 1813년 8월, 볼리바르의 군대가 마침내 베네수엘라의 수도 카라카스를 되찾았어! 민중들은 볼리바르를 '해방자'라고 불렀지. 볼리바르는 베네수엘라공화국의 대통령이 됐어.

그러나 독립의 길은 멀고 험난했어. 에스파냐 군대가 다시 쳐들어온 거야. 볼리바르는 전투에서 패해 아이티로 달아나야 했어. 그 후 볼리바르는 한동안 에스파냐와 싸울 때마다 패했단다. 볼리바르는 작전상 후퇴를 결심하고는 베네수엘라를 떠났어. 우선 다른 지역을 해방시킨 후 베네수엘라로 돌아오겠다는 작전이었어.

1819년 볼리바르가 부하 2,500여 명을 이끌고 콜롬비아_{누에바 그라나다}로 넘어갔어. 그는 콜롬비아를 해방시켰고, 그해 12월에는 콜롬비아공화국을 선포했어. 베네수엘라에 이어 콜롬비아도 독립을 얻은 거지.

볼리바르는 콜롬비아에서 다시 군대를 훈련시켰어. 베네수엘라를 되찾기 위해서였지. 2년 뒤인 1821년 11월, 볼리바르는 베네수엘라의 수도 카라카스를 탈환하는 데 성공했어. 그다음 해에는 키토, 즉 오늘날의 에콰도르까지 해방시키는 데 성공했단다. 볼리바르는 베네수엘라, 콜롬비아공화국, 키토 등 세 나라를 합쳐 대콜롬비아공화국을 선포했어. 공화국 의회는 그에게 종신 대통령 지위를 줬단다.

볼리바르의 활약은 이것으로 끝나지 않았어. 먼로독트린이 발표되고 1년이 지난 1824년 12월, 또 한 명의 독립 영웅인 호세 데 산 마르틴과 함께 페루도 해방시켰어. 이 전투가 남아메리카의 마지막 해방전쟁이었단다. 산 마르틴에 대한 얘기는 곧 해줄게.

에스파냐는 이 전투를 끝으로 사실상 남아메리카에서 손을 뗐어. 페루 북부에 남아 있던 에스파냐 군대와 왕당파가 끝까지 저항했지. 볼리바르는 자신의 오른

팔인 수크레에게 명령해 그 지역을 평정하고 나라를 세우도록 했어. 수크레는 전쟁에서 승리를 이끌어냈어. 1825년 볼리바르의 이름을 따 새로운 나라의 이름을 '볼리비아'로 지었고, 그 자신이 초대 대통령이 됐단다.

볼리바르는 에스파냐로부터 해방된 중남부 아메리카 국가들이 단합하려면 공동의 기구가 필요하다고 생각했어. 국적을 초월해 라틴아메리카 전체에서 추앙받는 해방 영웅다운 발상이지? 볼리바르는 1826년, 이런 목적에서 파나마회의를 열었어. 하지만 파나마회의는 큰 성과를 거두지 못했어. 콜롬비아와 멕시코를 비롯해 몇몇 국가들만 참여했기 때문이야. 파나마회의는 채 5년을 넘기지 못하고 1830년 해체됐어. 바로 그해, 볼리바르도 세상을 떠났어. 훗날 파나마회의는 라틴아메리카 국가들의 협력과 연대의 기초가 되었어.

아르헨티나의 해방자 산 마르틴

부에노스아이레스 일대가 무역이 발달했기 때문에 에스파냐는 이 지역을 라플라타 부왕령으로 정했어. 앞장에서 얘기했는데, 기억하고 있지? 이 부왕령의 중심지는 단연 부에노스아이레스였어. 이 도시의 상인들은 무역으로 막대한 돈을 벌었단다. 권력을 쥔 거상들이 중심이 돼 1800년대 초반부터 독립을 시도하기 시작했어. 그들은 스스로 자치위원회를 만든 후, 이래라저래라 간섭하는 에스파냐 군대를 몰아내기도 했지.

이 무렵 중남부 아메리카 대부분의 지역에서 그랬듯이 이곳에서도 새 나라를 세우려는 독립파와 기존 체제를 유지하려는 왕당파 사이에 갈등이 컸단다. 왕당파들은 독립과 자치를 요구하는 모든 목소리를 억눌렀어.

1811년 볼리바르가 베네수엘라의 독립을 선언했지? 페루의 해방 영웅인 산 마르틴이 독립운동에 뛰어든 것은 1812년이었어. 볼리바르와 거의 비슷한 시기에 또 다른 남아메리카 해방 영웅의 삶이 시작된 거야.

산 마르틴도 볼리바르와 같은 크리올이었어. 산 마르틴의 활약도 볼리바르 못지않아. 그는 아르헨티나와 칠레를 해방시켰고, 페루 해방에도 크게 기여했어. 아르헨티나에는 그의 이름을 딴 '해방자 산 마르틴 장군 훈장'이 있어. 아르헨티나 사람

보호자 산 마르틴 아르헨티나, 칠레, 페루의 독립을 이끈 지도자로 라틴아메리카 해방의 영웅으로 추앙받고 있다.

들은 오늘날까지도 이 훈장을 받는 것을 큰 영광으로 여기고 있단다.

산 마르틴도 군인 출신이었어. 그는 아르헨티나의 해방군을 훈련시켰고, 그의 노력으로 군대는 강해졌어. 많은 전투에서 두드러진 활약을 보인 그는 곧 사령관 자리까지 올랐어.

볼리바르가 베네수엘라에서 작전상 후퇴를 결정할 시점인 1816년, 라플라타 부왕령에 소속된 여러 지역의 대표들이 한자리에 모였어. 그들은 미국의 연방국가 모델을 본따 라플라타 연합을 만들고 독립을 선포했어. 미국의 대륙회의를 보는 것 같지 않니? 산 마르틴은 그동안의 공로를 인정받아 그 가운데 한 주의 지사가 됐어.

그러나 산 마르틴은 편안한 길을 택하지 않았어. 그는 아직도 에스파냐 지배자의 폭정에 시달리는 칠레와 페루 사람들을 끌어모아 안데스군을 창설했어. 안데

스군은 금세 5,000여 명으로 불어났지. 군대는 곧 안데스 산맥을 넘어 칠레로 진격했어. 에스파냐 군대와 치열한 전투가 벌어졌어. 볼리바르가 콜롬비아를 해방시키기 1년 전인 1818년, 산 마르틴은 마침내 칠레를 해방시키는 데 성공했어.

이제 중앙아메리카와 남아메리카 대부분의 지역이 에스파냐로부터 해방을 쟁취했어. 남은 곳이라고는 페루 정도였지. 산 마르틴이 다음 해방지로 정한 곳이 바로 페루야. 칠레를 해방시키고 3년이 지난 1821년, 그는 페루의 수도 리마로 진격했어. 곧 리마를 점령했고, 페루의 독립을 선언했지. 바로 이때 산 마르틴은 페루의 '보호자'라는 칭호를 얻었고, 페루의 최고 지도자가 됐어. 같은 해, 중앙아메리카에서는 멕시코가 독립하는 데 성공했지.

페루의 수도는 점령했지만, 남은 보수파의 저항도 만만찮았어. 산 마르틴은 볼리바르에게 도움을 요청했어. 남아메리카의 두 해방 영웅이 1822년 처음으로 만났고, 두 군대의 합동작전으로 페루의 보수파까지 완전 소탕됐어. 그 결과 1824년 12월 페루의 전 지역이 에스파냐로부터 독립할 수 있었지. 이 전투가 남아메리카의 마지막 해방전쟁이었단다.

멕시코의 독립과 혼란

이제 중앙아메리카 멕시코로 가볼까? 이 지역은 미국과 가까운 곳이니 아무래도 미국과 자주 엮이지.

미영전쟁이 터지기 2년 전인 1810년, 돌로레스라는 작은 마을에서 가톨릭 성직자였던 미구엘 이달고가 독립혁명을 선포하며 봉기를 일으켰어. 이달고는 원주민 인디언과 메스티소 5만여 명으로 군대를 만들었어. 그들이 갖고 있는 무기는 고작 낡은 총기나 농기 정도였지. 그러나 독립을 향한 열망은 아주 강했단다.

이달고의 군대는 순식간에 여러 도시를 점령했어. 이달고는 가톨릭의 상징인 과달루페 성모 그림을 군대 깃발로 내세웠어. 과달루페 성모는 이때부터 멕시코의 국가적 상징이 됐지. 그 후로 멕시코 독립전쟁이 끝날 때까지 독립군들은 과달루페 성모가 그려진 깃발을 항상 앞세워 진군했단다.

과달루페 성모화 멕시코 독립운동의 아버지인 이달고가 이끈 군대가 깃발에 그렸던 과달루페 성모. 과달루페 성모는 멕시코의 상징물이 되었다.

그러나 이달고의 봉기는 실패로 끝났어. 이달고가 독립혁명을 철저하게 준비하지 않았기 때문이야. 그러다 보니 내부 분열이 생겼고, 결국 봉기한 지 1년 만에 에스파냐 군대에게 진압되고 말았지. 그러나 이달고의 봉기가 아무런 의미가 없는 것은 아니야. 이 봉기를 시작으로 멕시코 독립투쟁의 열기가 확 달아올랐거든. 이 때문에 오늘날 멕시코는 이달고의 봉기가 있었던 9월 16일을 독립기념일로 삼고 있단다.

이달고의 제자 가운데 호세 마리아 모렐로스란 인물이 있었어. 이달고가 처형되자 모렐로스가 독립운동의 바통을 넘겨받았어. 스승의 모습을 잘 보고 배운 덕분에 모렐로스의 군대는 에스파냐 군대와 싸워 밀리지 않을 만큼 강했단다. 그의 군대는 1812년부터 멕시코의 남부 지방을 하나씩 점령하기 시작했어. 1813년에는 멕시코에서 가장 중요한 항구 도시인 아카풀코까지 점령했지. 멕시코 남부 지역

혁명가가 된 신부 모렐로스 이달고에 이어 멕시코의 독립운동을 지휘한 영웅이다.

이 오롯이 독립군의 수중에 떨어졌어.

모렐로스는 곧 독립을 선언했고, 미국이 그랬던 것처럼 삼권분립三權分立 원칙에 따라 정부를 만들었어. 의회는 이듬해 10월 헌법을 공포했어. 멕시코의 독립이 눈앞에 보이지? 그러나 아직 완전히 무르익지는 않았나봐. 모렐로스의 꿈은 이뤄지지 않았어. 1815년, 그는 에스파냐 군대에 붙잡혀 처형됐어. 이 군대의 사령관은 아구스틴 데 이투르비데라는 크리올이었단다.

모렐로스는 비록 독립의 꿈을 이루지 못했지만 오늘날까지도 멕시코 최고의 영웅으로 추앙받고 있어. 이달고, 모렐로스에 이어 독립운동을 지휘한 영웅은 누굴까? 놀라지 마. 바로 이투르비데야. 어? 그는 에스파냐 군대의 사령관이었잖아! 맞아. 그런데 어느 날 갑자기 마음을 바꿨어. 그도 크리올이었고, 에스파냐 본국을 싫어하고 있었던 거지.

그는 타고난 군인이었어. 그의 지휘 아래 멕시코 독립군은 더욱 거세게 투쟁했어. 마침내 1821년 8월 24일 에스파냐는 멕시코의 코르도바, 즉 오늘날 베라크루스에서 멕시코의 독립을 인정하는 협정에 도장을 찍었단다. 이 코르도바협정으로 멕시코는 마침내 독립을 쟁취했어. 멕시코의 영웅 이투르비데가 아구스틴 1세 황제로 등극했지.

독립 후의 멕시코의 역사는 한동안 혼란 그 자체였어. 1860년까지 약 40년간

40회에 가까운 쿠데타가 일어났다는구나. 얼마나 혼란스러웠는지 충분히 짐작할 수 있지?

이투르비데, 즉 아구스틴 1세는 광대한 제국을 꿈꿨어. 중앙아메리카의 다른 지역에서 일어나는 독립운동을 지원하고, 그 구실로 1823년에는 중앙아메리카 전체를 차지하려고 했단다. 그러나 이 시도는 실패했어. 그가 노렸던 과테말라, 엘살바도르, 온두라스, 니카라과, 코스타리카는 각각 독립국으로 탄생했지. 이투르비데의 처지가 말이 아니었어. 결국 안토니오 로페스 데 산타 안나라는 인물이 다시 혁명을 일으켜 그를 몰아냈단다. 이투르비데의 황제 노릇도 채 3년을 넘기지 못하고 끝난 셈이지. 산타 안나는 곧 멕시코 공화국을 세웠고, 대통령에 올랐어.

이런 혼란 중에 정치를 잘할 수 있겠니? 산타 안나 대통령의 정책은 텍사스 사람들의 반발을 불렀어. 텍사스는 급기야 멕시코에서 독립해버렸고, 멕시코는 이 일로 미국과 전쟁을 벌이게 됐지. 그 결과는 앞서 얘기했던 대로야. 멕시코 영토의 절반 이상을 미국에 넘겨줬지. 산타 안나 대통령의 신세가 처량하게 됐지? 그 후 멕시코는 내전과 쿠데타가 한동안 반복됐단다. 아주 혼란스러웠지.

그러던 중 1854년, 자유주의자들이 일으킨 혁명으로 산타 안나 대통령이 쫓겨났어. 이 자유주의 혁명^{아유트라혁명}의 중심인물은 베니토 후아레스였어. 멕시코 원주민 인디언 출신으로 독립운동을 했던 후아레스는 자유주의 혁명정부의 사법장관이 됐어. 그러나 1858년 보수파의 쿠데타가 일어나 물러났다가 다시 권력을 잡고 대통령에 선출돼. 그 후 또다시 쿠데타로 물러났지. 너무 복잡하니까 간단하게만 살펴볼까?

그가 대통령이 된 1861년, 프랑스에서는 나폴레옹의 조카인 나폴레옹 3세가 권력을 잡고 있었어. 나폴레옹 3세는 멕시코를 차지하려고 1862년 군대를 보냈지.

후아레스는 대통령 자리에서 쫓겨났고, 나폴레옹 3세는 합스부르크 가문의 막시밀리안을 멕시코 황제에 앉혔어. 합스부르크 가문의 사람이 중앙아메리카의 황제가 된 거야! 그러나 후아레스는 미국의 도움을 받아 1867년 프랑스를 몰아냈고, 다시 대통령이 됐어. 막시밀리안은 총살시켰지.

후아레스는 10년이 채 지나지 않아 다시 포르피리오 디아스란 군인이 일으킨 쿠데타로 대통령 자리에서 물러나야 했어. 정권을 잡은 디아스는 철저히 민중을 억눌렀어. 이로써 35년에 걸친 디아스의 독재 시대가 시작됐단다. 20세기의 멕시코 역사는 뒤에서 살펴볼게.

통박사의 역사 읽기

🔍 훈장이 바꾼 운명

오늘날 아르헨티나에서 최고의 훈장은 '해방자 산 마르틴 장군 훈장'이라고 했지? 최고의 훈장을 받는 것은 개인을 떠나 가문의 영광이기도 하지. 바로 이 훈장 때문에 인생이 뒤바뀐 사람이 이투르비데였단다.

이투르비데는 매우 정치적이고 기회적이며 탐욕스런 인물이었어. 이달고와 모렐로스의 반란을 진압한 것은 에스파냐 왕실로부터 인정받기 위해서였지. 많은 공을 세웠지만 에스파냐 왕실은 그에게 군인들이 가장 받고 싶어 하는 특별 훈장인 '산페르난도 훈장'을 주지 않았어. 그가 크리올이었기 때문이지.

바로 이 훈장이 이투르비데의 운명을 바꿔놨어. 화가 난 그는 에스파냐에 대한 충성을 거두고, 독립투사로 변신했단다.

멕시코의 독립을 이끈 이투르비데 크리올 출신으로 에스파냐 군 사령관에서 멕시코 독립전쟁의 지도자로 변신해 멕시코 제국의 초대 황제가 됐다.

브라질이 탄생하다

　　　　　오늘날 남아메리카의 최고 강대국을 뽑으라면 아마 브라질이 아닐까?
이제 그 브라질의 19세기 역사를 살펴볼 차례야.

　브라질은 라틴아메리카에서 유일한 포르투갈 식민지였어. 16세기 초반 브라질
북동부 살바도르에 정착한 포르투갈인들은 곧 내륙 지방으로 영토를 넓혀나갔어.
남아메리카 원주민들을 쫓아내고, 거의 전멸시켰지. 포르투갈인들은 사탕수수를
재배할 땅이 필요했어. 그들은 원주민을 쫓아낸 땅에 거대한 농지를 만들었고, 그
곳에서 사탕수수 플랜테이션 농업을 했어. 물론 모든 농사일은 원주민과 아프리
카에서 끌려온 흑인들이 해야 했지.

　사탕수수의 재배와 설탕 생산은 17세기까지 식민지 브라질의 가장 중요한 산업
이었어. 네덜란드, 영국 같은 유럽의 무역상들이 군침을 흘리며 달려들었지. 그 후
금과 다이아몬드가 곳곳에서 발견되면서 브라질의 가장 중요한 산업은 사탕수수
에서 금과 다이아몬드로 바뀌었어. 18세기 중반에는 브라질이 세계에서 가장 많
은 금을 수출하는 나라가 됐단다.

　경제적으로 번영하자 브라질에서도 다른 중남부 아메리카 국가들처럼 돈 많은
상인과 대지주 등 포르투갈 이주민들이 본국으로부터 독립하기를 소망했어. 중남
부 아메리카 해방의 주체 대부분이 왜 원주민이 아닌 이주민이나 크리올이냐고?
이 무렵 중남부 아메리카에는 원주민이 거의 남아 있지 않았어. 구세계에서 들어
온 천연두 같은 전염병, 유럽 열강과의 전투, 강제 노동 등으로 원주민이 크게 줄
었지. 그 자리에 아프리카 흑인 노예들이 들어왔고, 유럽 이주민이 자리를 잡았지.
중남부 아메리카 해방운동의 지도자들 중에 원주민이 많지 않은 건 이런 이유 때
문이야.

어쨌든 포르투갈 이주민들의 꿈은 쉽게 이뤄지지 않았단다. 1807년에 포르투갈의 왕 주앙 6세가 나폴레옹전쟁을 피해 브라질로 가족을 이끌고 도망쳐왔기 때문이야. 그들은 리오데자이네를 포르투갈의 수도로 정하고, 무려 13년간 브라질에서 살았단다. 이러니 친포르투갈파들이 권력을 쥐지 않았겠어?

그래도 브라질은 독립을 얻을 수 있었어. 그런데 그 방식이 좀 특이해. 다른 나라와는 많이 다르지.

포르투갈이 어느 정도 안정을 되찾자 멕시코가 독립을 얻은 해인 1821년, 주앙 6세는 본국으로 돌아갔어. 그에게는 페드루라는 아들이 있었어. 페드루는 아버지를 따라 본국으로 돌아가지 않았어. 그 대신 브라질에 남아 새로운 국가를 세우기로 했어. 먼로독트린이 발표되기 1년 전인 1822년, 페드루는 브라질^{브라질 제국}의 독립을 선언하고, 초대 황제인 페드루 1세가 됐단다.

페드루 1세는 황제의 권력을 강화하기 위해 자신에게 유리한 헌법을 만들었어. 그전부터 브라질에서 살아왔던 지배층이 가만히 있겠니? 생각해 봐. 페드루 1세가 오기 전까지만 해도 그 사람들이 브라질의 최고 권력자였어. 그런데 어느 날 포르투갈 왕자가 나타나 "내가 황제니까 내 지배를 받아라!"라고 하는 거야. 기분이 좋을 리 없겠지?

입헌군주제^{立憲君主制}를 반대하는 공화파가 즉각 봉기했어. 그러나 페드루 1세의 무자비한 진압 작

포르투갈 왕자 페드루 1세 브라질은 포르투갈의 왕족인 페드루 1세의 지휘 아래 독립을 얻었다. 그러나 페드루 1세의 전제 정치는 대규모 폭동을 일으켰고, 황제 자리에서 결국 물러나야 했다.

전으로 봉기는 실패로 끝나고 말았지. 비록 황제 자리는 유지했지만 페드루 1세는 국민의 신임을 모두 잃어버렸어. 게다가 1825년에는 우루과이 문제를 놓고 아르헨티나와 전쟁을 벌였는데, 이 전쟁에서 패하고 말았단다. 3년 후 우루과이는 독립했지.

갈수록 브라질의 힘이 약해지는 것 같지? 브라질 국민들도 그렇게 생각했나봐. 황제를 몰아내기 위한 폭동이 다시 일어났어. 페드루 1세도 이번에는 어쩔 수 없었어. 1831년, 그는 아들인 페드루 2세에게 황제 자리를 넘겨주고 포르투갈 본국으로 돌아갔단다.

페드루 2세가 황제로 있을 때 브라질은 본격적으로 자본주의 경제 발전에 박차를 가했어. 우선 인구를 늘리기 위해 유럽의 이민자들을 적극 받아들였어. 한물간 설탕 산업을 정리하고, 새로이 커피 재배 산업을 시작했지. 정부가 주도해 커피 산업을 꽉꽉 민 결과, 1840년대 무렵에는 브라질이 세계에서 커피를 가장 많이 생산하는 나라의 반열에 올랐단다.

사탕수수도 그렇지만 커피도 대규모 플랜테이션이었어. 당연히 노예가 많이 필요하겠지? 그러나 언제까지 노예 제도를 유지할 수도 없는 노릇이었어. 브라질에 가장 많이 투자한 영국이 노예무역을 폐지

마지막 황제 페드루 2세 브라질 제국의 황제 페드루 2세는 브라질의 자본주의 경제의 기틀을 닦고, 노예 제도를 폐지했다.

하라고 압력을 넣었거든. 시대의 흐름을 역행할 수는 없는 법. 브라질도 1888년, 마침내 노예 제도를 완전히 폐지했어. 그러자 이에 반발하는 농장주와 군부 세력들이 1889년 쿠데타를 일으켰어. 페드루 2세는 물러났고, 쿠데타 세력은 군주제를 폐지하고 공화국을 세웠단다.

아이티 혁명과 중남부 아메리카의 독립

중앙아메리카와 남아메리카의 다른 지역은 어떻게 됐는지 살펴볼게. 우선 중앙아메리카부터 볼까?

이 무렵 꼭 기억해야 할 나라가 있어. 바로 히스파니올라로 불렸던 아이티야. 아이티는 오늘날 중남부 아메리카에서는 물론, 세계에서도 가장 가난한 나라 중 하나지. 2010년에는 대지진으로 나라 전체가 풍비박산 나기도 했어. 이런 나라를 왜 기억해야 하느냐고? 세계에서 처음으로 흑인 노예가 들고 일어나 세운 독립국이 바로 아이티이기 때문이야.

아이티의 원주민은 16세기 초반에 모두 사라졌어. 에스파냐가 정복하면서 원주민을 대학살한 데다 전염병이 걷잡을 수 없이 퍼지는 바람에 모두 죽어버린 거야. 오늘날 아이티 국민의 조상은 아프리카에서 건너온 흑인 노예란다.

에스파냐는 17세기 초반 프랑스 해적들에게 아이티를 사실상 빼앗겼어. 그러다가 17세기 후반 프랑스 왕실과 맺은 리스위크조약으로 '법적으로' 완전히 아이티를 빼앗겼어. 이때부터 아이티는 프랑스의 식민지가 됐단다.

그로부터 100여 년이 지난 1791년 8월, 아이티의 흑인들이 생도맹그에서 무장봉기를 일으켰어. 흑인 군대는 에스파냐, 영국, 프랑스 등 강대국들의 군대를 모두 격파했단다. 해방전쟁아이티 혁명은 무려 5년 가까이 계속됐어. 1804년 1월, 해방전

미국

멕시코

쿠바
아이티
푸에르토리코
온두라스
자메이카
중앙아메리카연방

파나마
베네수엘라
콜롬비아
기아나
에콰도르

페루
브라질

볼리비아
태평양
수크레

파라과이
리오데자네이루

아르헨티나
우루과이
칠레

1811　1822
1816　1825
1818　1828
1819　1830
1821

중남부 아메리카의 해방 중남부 아메리카는 1811년부터 1830년 사이에 포르투갈과 에스파냐의 식민통치로부터 대부분 해방을 쟁취한다. 이후 국가 간 전쟁, 내전 등을 겪으며 영토 경계선이 변화되고, 새로운 국가가 탄생하기도 했다.

아이티 혁명 아이티는 흑인 노예들이 1791년 8월 생도맹그에서 일으킨 무장봉기를 시작으로 해방전쟁을 일으켜 5년 만에 프랑스로부터 해방을 쟁취했다. 생도맹그에서의 전투 장면을 묘사한 그림이다.

쟁에서 승리한 흑인들은 마침내 세계 처음으로 흑인만의 공화국을 선포했어. 중남부 아메리카에서 가장 먼저 독립국이 세워지는 순간이기도 해.

아이티는 꽤 강국이었어. 인근에 있는 도미니카가 아이티의 지배를 받을 정도였지. 내친 김에 도미니카공화국의 역사를 살펴볼까?

도미니카도 에스파냐 식민지였다가 프랑스 식민지로 바뀐 경우야. 아이티가 독립한 후에는 아이티의 식민지가 됐다가 1809년에 아이티 지배자를 몰아냈어. 그 다음에는 공화국을 세웠을까? 아니야. 도미니카 지배층은 에스파냐 통치자를 받아들였어. 그래, 다시 에스파냐 식민지로 복귀한 거야. 지배층은 에스파냐를 좋아했지만 민중들은 싫어했어. 1821년, 도미니카 민중들은 봉기를 일으켜 에스파냐 통치자를 몰아냈어. 이번에는 독립했을까? 아냐. 아이티인들이 다시 쳐들어왔어. 도미니카는 다시 아이티의 식민지가 됐단다.

도미니카는 1844년 아이티로부터 다시 독립했고, 마침내 공화국이 됐어. 그러나 혼란은 여전했고, 도미니카 지배층은 또다시 에스파냐 지배자를 불러들였단다. 이번에도 민중들이 그를 몰아냈어. 반란과 독재, 쿠데타가 이어졌지. 정말 복잡하지? 이처럼 혼란했던 19세기 말의 정국은 훗날 미국이 도미니카에 개입할 빌미가 됐단다.

다른 중앙아메리카 지역으로 가볼까?

멕시코가 1821년 독립한 데 이어 1822년까지 중앙아메리카의 거의 모든 국가들이 독립을 선언했어. 나아가 과테말라, 니카라과, 엘살바도르, 온두라스, 코스타리카 등 중앙아메리카에 있는 다섯 나라는 1823년 6월 중앙아메리카연방을 결성하기도 했지. 이 다섯 나라는 강력한 미국을 염두에 뒀던 것 같아. 중앙아메리카연방은 미국과 같은, 연방공화국 체제를 표방했단다. 아마 미국처럼 강해지고 싶었던 것이겠지?

그러나 이 연방은 25년 만에 와해됐어. 가톨릭 교권을 지지하는 보수당과 반대하는 자유당 사이에 알력 다툼이 일어났거든. 1838년 11월, 가장 먼저 니카라과가 연방 탈퇴를 선언했어. 이 선언을 계기로 내전이 시작됐지. 실망한 나라들의 연방 탈퇴 선언이 이어졌어.

내전은 1840년 끝났고, 1년 후 마지막까지 연방에 남아 있던 엘살바도르가 독립을 선언했어. 중앙아메리카연방이 해체되고 5개의 독립국가가 탄생한 거야. 그러나 과테말라와 코스타리카 등 일부 국가들은 그 후 제대로 된 정부를 구성하지 못했어. 이 나라들은 1840년대 후반에 가서야 공화국을 정식으로 출범시킬 수 있었단다.

중앙아메리카연방을 다시 세워야 한다는 사람들도 꽤 있었어. 그들은 연방을 재건하기 위해 동분서주했지. 그러나 이런 노력도 19세기 후반으로 가면서 완전히 사라져버렸단다. 모두 각자 갈 길로 가게 된 거야. 이때의 앙금이 남은 것일까? 이 나라들 가운데 일부는 20세기로 접어든 뒤에도 영토 때문에 자주 싸웠어.

남쪽으로 내려가서 파라과이와 우루과이의 역사도 마저 살펴보도록 할게.

두 나라는 주변에 있는 브라질, 아르헨티나 등 큰 나라 틈바구니에 끼어 힘을 쓰지 못했어. 파라과이는 19세기 중반 이 나라들과 전쟁을 벌였는데, 남성의 90퍼센트가 목숨을 잃었다는구나.

우루과이는 브라질이 독립할 때 브라질 영토로 흡수됐다가 훗날 독립했지. 그러나 20세기로 접어든 후에도 아르헨티나와 가깝게 지내자는 파벌과, 브라질과 친하게 지내자는 파벌이 싸우는 바람에 정치는 극도로 어수선했어. 볼리비아와도 차코 지방을 놓고 전쟁을 벌였단다. 이 전쟁에서 승리하기는 했지만 무려 5만 명 이상이 목숨을 잃었지.

'떡잎'이 중요하다

북아메리카와 중남부 아메리카는 똑같이 유럽 국가들의 식민지로 출발했지만, 그 후 역사가 너무 다른 까닭은 뭘까? 적지 않은 학자들이 '떡잎론'을 주장한단다. 북아메리카는 영국, 중남부 아메리카는 에스파냐가 차지했지? 바로 영국과 에스파냐의 차이가 북아메리카와 중남부 아메리카의 차이를 만들었다는 거야.

영국은 일찌감치 의회 제도가 발달했고, 민주적 전통이 강했지. 미국 식민지도 그 영향을 받아 자치 전통이 강했어. 반면 에스파냐는 절대군주가 권력을 쥐고 있었고, 민주적 전통은 거의 없었어. 이런 풍토는 중남부 아메리카의 식민지에도 고스란히 이어졌지.

떡잎, 즉 식민지를 개척한 사람들이 다르기 때문에 미국은 민주주의 국가로, 중남부 아메리카는 독재자들의 국가로 발전했다는 거지. 물론 이 이론을 반대하는 학자도 많아. 최근 중남부 아메리카의 여러 국가에서 민주 정부가 들어서고 있거든. 그래도 아직까지는 떡잎론이 여전히 우세하단다.

미국을 뒤흔든 노예 제도와 남북전쟁

다시 미국으로 돌아가 볼까?

그전에 살짝 캐나다의 역사를 살펴보고 넘어갈게.

식민지 캐나다의 본국인 영국은 미영전쟁 이후, 미국의 무서운 성장에 긴장하고 있었어. 미국이 끊임없이 캐나다를 노렸거든. 1867년 영국은 캐나다를 영국의 자치령으로 만드는 조례를 통과시켰단다. 미국에 얽이지 않도록 캐나다를 자치령으로 떼어놓은 거야. 캐나다 자치령은 처음에는 퀘벡을 포함해 4개의 주로 구성돼 있었어. 그 후 주는 계속 늘어나 1949년 캐나다가 완전한 독립국가가 될 무렵에는 10개가 됐단다. 캐나다의 이야기는 이쯤에서 줄일게.

이 무렵 미국에서는 남북전쟁이 터졌어. 이 전쟁은 에이브러햄 링컨이 대통령에 취임한 직후 시작됐단다. 전쟁은 이때 시작됐지만, 전쟁의 불씨는 이미 오래전부터 타오르고 있었어. 그 불씨를 찾으려면 미국이 탄생한 시점까지 거슬러 올라가야 해. 바로 노예 제도가 전쟁의 불씨였단다.

당시 연방파와 공화파가 대립할 때 농업이 발달한 남부 지역은 노예 제도를 옹호했고, 상공업이 발달한 북동부 지역은 노예 제도를 반대했어. 이때 시작된 갈등이 건국 100여 년을 넘기지 못하고 결국 폭발한 거야. 이미 많은 사람들이 전쟁이 터질 거라고 예상했다니, 갈등이 정말 심각했었나봐. 노예 제도를 둘러싸고 벌어진 19세기 초반과 중반의 상황, 그리고 남북전쟁에 대해 살펴볼게.

노예 제도를 둘러싼 남북 대립

일찍부터 상공업이 발달한 미국 북부에는 새롭게 성장한 자본가들이 많았어. 자본가들은 이런저런 신경 쓸 것이 많은 노예를 부리는 것보다 자유민에게 싼값을 주고 노동력을 사서 공장에 투입하는 것이 훨씬 속 편하다

노예 매매 루이지애나 주 뉴올리언스의 경매장에서 노예를 사고파는 모습을 그린 그림. 노예는 경매시장에서 그림이나 토지 등과 함께 매매됐다.

고 생각했어. 이런 생각을 하는 자본가들을 주축으로 북부는 1804년 노예 제도를 폐지했어. 노예 제도가 폐지된 후, 자본가들은 자유노동을 하게 된 흑인들을 공장으로 끌어들일 수 있었지. 그러나 주업이 면화 재배인 남부의 대지주들은 농장에 고정적으로 투입할 노동력이 많이 필요했어. 남부의 백인들은 흑인 노예들로 그 노동력을 충당했지. 그리고 자신들은 귀족처럼 호사스런 생활을 했어. 백인들은 노예 제도를 폐지하겠다는 마음이 손톱만큼도 없었어. 노예 제도를 폐지하면 대농장이 한순간에 멈춰버리게 되거든. 미국 남부 경제도 와르르 무너지겠지. 바로 이 점 때문에 남부 사람들은 노예 제도를 고수하려 했던 거야.

북부에서는 이런 남부를 이해하려 들지 않았어. 게다가 노예 제도 자체가 전근대적 유물이니까 무조건 없애야 한다고 생각했지. 이처럼 생각이 다르니 갈등이 생길 수밖에 없겠지?

노예 문제를 이해하려면 미국의 탄생 시점부터 살펴야 해. 자, 미국 헌법 작업이 한창 진행 중인 1787년으로 돌아가 볼까? 당시 크게 부각되지는 않았지만 남부와 북부 사이에 작은 갈등이 있었어. 흑인 인구를 전체 인구에 포함시키느냐 마느냐 하는 문제였어. 논란 끝에 남부와 북부 정치인들은 '흑인 1명＝백인 3/5명'으로 정하기로 했단다. 이 말은, 흑인 50명이 있으면 백인 30명의 인구로

노예 가족 1862년경 미국 남부 사우스캐롤라이나 플랜테이션 농장에 사는 노예 가족의 모습.

친다는 뜻이야.

북부의 정치인들이 끝까지 '흑인 1명=백인 1명'을 고집하지 않은 걸 보면 북부 백인들이라고 해서 노예 제도를 완강하게 반대한 것은 아닌 것 같아. 사실 먼 남쪽의 이야기라고 생각한 사람들도 꽤 있었을 거야.

시간이 흐르면서 노예 제도 문제를 놓고 남부와 북부의 갈등은 커져갔어. 그러다가 먼로 대통령의 재임 시절, 결국 미국 정계가 들썩이는 사건이 터졌단다.

이때까지 미국 연방에 가입한 주는 총 22개 주였어. 공교롭게 노예 소유가 합법적으로 인정되는 노예주_{奴隷州}가 남부 11개, 노예 제도를 반대하는 자유주_{自由州}가 북부 11개로 같았단다. 이런 상황에서 준주_{準州}였던 미주리가 연방 가입을 신청했어. 그리고 미주리는 노예주가 되기를 원했지. 이 사건이 왜 미국 정계를 들썩이게 할 만큼 큰 사건이냐고? 남과 북의 세력 균형을 깨뜨릴 수 있었기 때문이야.

연방의회의 상원은 각 주별로 2명씩 뽑았지? 미주리가 노예주가 된다면 노예주가 12대 11로 많아지고, 당연히 노예 제도를 옹호하는 상원의 수도 많아지겠지? 남부는 미주리의 연방 가입을 쌍수 들고 환영했어. 반면 북부는 빨리 대책을 찾아야 했어.

북부 정치인들이 보니 미주리는 북부에 가까웠어. 또 같은 위도 상에 있는 오하이오, 인디애나, 일리노이가 모두 자유주였어. 옳거니! 북부 정치인들은 이 점을 내세우며 미주리가 노예주가 되는 걸 받아들일 수 없다고 맞섰어.

남과 북의 팽팽한 대립은 1819년 내내 계속됐어. 그러던 중 매사추세츠 주에 붙어 있던 메인_{Maine}이 연방에 가입하겠다는 신청서를 냈어. 비로소 미주리 문제의 실마리가 보이기 시작했어. 만약 메인을 독립시켜 자유주로 인정한다면 미주리를 노예주로 인정해도 다시 12대 12로 세력 균형이 이뤄지겠지? 1820년, 극적인 타협이 이뤄졌어. 메인은 자유주, 미주리는 노예주로 연방에 가입했어. 또 앞으로는 미주리 주의 남쪽 경계선^{북위} 36도 30분 위쪽으로는 노예주로 연방에 가입하는 것을 허락하지 않기로 했지. 이 타협을 미주리협정이라고 불러.

사실 협정이라 부르긴 하지만, 타협일 뿐이야. 결코 본질적인 해결책이 아니지. 당연히 그 후 노예 제도를 둘러싼 갈등은 더욱 커졌어. 북부에서는 1830년대 초부터 노예 제도를 반대하는 기구가 속속 생겨났지만 남부는 마이동풍, 아무런 변화도 없었단다.

아메리카-멕시코 전쟁에서 이긴 미국은 1848년 멕시코로부터 캘리포니아를 포함해 넓은 땅을 얻었어. 자, 캘리포니아는 자유주로 해야 할까? 아니면 노예주로 해야 할까? 1850년 이 문제가 다시 미국 전역을 뒤흔들었어. 이번에도 타협이 이뤄졌지. 우선 캘리포니아는 자유주로 연방에 가입시키기로 했어. 나머지 지역, 그러니까 뉴멕시코와 유타는 정식 주로 인정하지 않은 채 준주로 두고, 현지 주민들의 투표로 노예주와 자유주를 선택하도록 했지.

이 합의를 '1850년의 대타협'이라 부른단다. 이 타협으로 만들어진 법령 중에는 수도 워싱턴 디시에서 노예 매매를 금지하는 내용이 들어 있어. 그러나 남부의 반발을 피하기 위해 노예 제도에 대해서는 대부분 건드리지 않았어. 오히려 노예 제도를 보장한 측면도 있어. 남부에서 북부로 도망친 노예는 즉각 남부로 돌려보내기로 했어. 만약 노예를 보호하다 적발되면, 백인이라도 처벌받도록 했지. 도망노예법^{逃亡奴隷法}이 강화된 거야. 이 법령들은 북부의 거센 반발을 불렀어.

결국 이 타협은 북부와 남부 모두로부터 외면당했지. 특히 남부 사람들은 미국이 점점 반+노예제 국가로 변하고 있다며 화를 냈어. 일부에서는 연방에서 아예 탈퇴하자고 선동하기까지 했지. 뭔가 큰일이 터져도 터질 것 같지 않니?

남부와 북부를 구분하는 법

미주리 주의 남쪽 경계선은 북위 36도 30분이야. 이곳을 기준으로 북쪽은 자유주, 남쪽은 노예주를 허용하기로 했지? 남과 북으로 나누는 이 경계선은 메이슨·딕슨선을 토대로 해서 나왔어. 메이슨·딕슨선이 무엇인지 알아볼까?

펜실베이니아는 펜 가문이, 메릴랜드는 볼티모어 가문이 개척한

메이슨 · 딕슨선 메이슨 · 딕슨선을 보여주는 1861년의 지도. 어둡게 나타낸 부분은 북부, 밝게 나타낸 부분은 남부다.

식민지였지? 그런데 두 식민지 사이에 약간 겹치는 땅이 있었나봐. 두 가문 사이에 영토 분쟁이 벌어졌고, 이 갈등을 해결하기 위해 영국인 측량사인 찰스 메이슨과 제레미아 딕슨이 투입됐어. 두 측량사는 1763년부터 약 4년간 정교하게 토지를 측량했고, 그 결과 북위 39도 43분을 메릴랜드와 펜실베이니아의 경계선으로 정했어. 이 경계선이 메이슨·딕슨선이 됐지. 메이슨·딕슨선은 오늘날까지도 미국의 북부와 남부를 정치적·사회적으로 구분하는 상징적인 경계선으로 사용되고 있단다.

드레드 스콧 사건과 링컨의 등장

1852년 소설가 헤리엇 비처 스토가 《톰 아저씨의 오두막》이란 책을 출간했어. 이 소설은 흑인 노예들이 얼마나 비참하게 살고 있는지를 미국 전국에 알렸어. 1년 동안 무려 30만 부가 팔렸지. 나중에 링컨 대통령도 "이 책이 노예 해방에 가장 큰 공헌을 했다"라고 말했다고 하니, 얼마나 위력이 컸는

지 짐작할 수 있겠지?

북부에서는 노예 제도에 대한 반대가 더욱 격렬해졌어. 이때 캔자스와 네브래스카가 연방 가입을 신청했어. 1854년 연방정부는 캔자스 · 네브래스카법을 제정해 두 지역이 주민 투표를 통해 자유주와 노예주 가운데 하나를 선택하도록 했어. 그런데 이곳이 북위 36도 30분 위쪽에 있다는 게 문제가 됐어. 북부 사람들은 미주리협정에 따라 두 지역은 자유주가 돼야 한다고 주장했어. 그러나 정치가들의 타협으로 캔자스는 노예주가 됐지. 노예 반대론자들이 폭동을 일으켰고, 결국 200여 명이 목숨을 잃는 참변이 발생했단다.

노예 제도의 찬반을 놓고 정치인들도 헤쳐 모이기 시작했어. 휘그당이

노예주와 자유주 캔자스 · 네브래스카법 제정 후, 미국의 노예주와 자유주 현황. 준주 지역에서는 주민들이 노예제 허용 여부를 결정토록 했다.

드레드 스콧 자유인 신분을 확인하기 위해 연방대법 원에 소송을 제기했던 흑인 노예다. 드레드 스콧의 소 송에 대한 대법원의 판결은 남부와 북부 분리의 도화선 이 되었다.

노예 제도를 둘러싸고 두 개의 당으로 쪼개졌어. 노예 제도를 반대하는 당원 들, 즉 양심적인 휘그당원들이 공화당 을 만들었어. 이때 북부 상공업자들을 기반으로 한 공화당, 남부 농장주를 기 반으로 한 민주당 체제가 확립된 거야. 앞에서 살펴봤지?

1857년 3월, 드레드 스콧 사건이 터 졌어. 이 사건을 계기로 미국은 걷잡을 수 없는 소용돌이에 빠져든단다.

드레드 스콧은 원래 미주리 주에 살 던 노예였어. 그의 주인은 육군 군의관 이었지. 군인이다 보니 아무래도 근무지가 자주 바뀌었어. 노예인 스콧도 주인을 따라 이동하다 보니 당연히 여러 곳에 가게 됐지. 주인의 근무지 중에는 일리노이 와 위스콘신 주도 있었어. 그곳은 자유주였지. 노예를 인정하지 않는 곳이니 스콧 은 자유인 신분을 인정받았어.

그러나 그 후 주인이 미주리로 돌아갔어. 스콧도 그를 따라 미주리로 돌아갔지. 미주리에서 스콧은 자유인 신분을 박탈당했어. 노예주이기 때문에 다시 노예로 돌아간 거야. 스콧은 법원에 소송을 제기했어. 이미 자유인 신분을 인정받았으니 노예로 돌아가는 것은 부당하다는 거야. 이 소송은 남부와 북부, 모두의 관심을 끌 었고 대법원까지 올라갔어. 대법원에서 판결이 어떻게 나왔을까?

"미국 헌법에 따르면 흑인은 시민이 아니다. 따라서 설령 자유주에 살았다 해도 소송을 제기할 권리가 없다. 스콧은 자유인이 아니다."

쉽게 말해 스콧이 패소한 거야. 물론 이 헌법 조항은 나중에 고쳐진단다. 이 판결은 당장 전국에 큰 파장을 일으켰어. 판결을 놓고 찬반 논쟁이 붙었고, 곧 폭동이 일어날 것 같은 험악한 분위기가 됐어.

1860년 대통령 선거가 치러졌어. 아무래도 노예 제도가 가장 큰 정치 이슈였겠지? 이 선거에서 공화당의 에이브러햄 링컨이 16대 대통령에 당선됐어. 노예 반대론자인 링컨이 대통령에 당선됐으니 남부 사람들의 발등에 불이 떨어졌어. 그들은 더 이상 아메리카합중국에 남아 있을 이유가 없다고 생각했어.

링컨의 대통령 취임식은 1861년 3월 4일이었어. 그러나 그가 대통령에 취임하기도 전인 1860년 말, 남부의 사우스캐롤라이나 주가 연방 탈퇴를 선언했어. 이어 조지아, 플로리다, 앨라배마, 미시시피, 루이지애나, 텍사스 등 6개 주가 링컨이 대통령에 취임하는 꼴을 못 보겠다며 연방에서 탈퇴했지. 이 7개 주는 1861년 2월 아메리카남부연합을 결성하고, 앨라배마 주의 몽고메리를 수도로 정했어. 물론 대통령도 새로 뽑았어. 미시시피 주 상원의원인 제퍼슨 데이비스가 바로 그 인물이지. 그래, 아메리카합중국이 두 개의 국가로 쪼개진 거야!

사실 링컨은 과격한 노예 제도 반대론자는 아니었어. 물론 노예 제도를 지

미국의 16대 대통령 링컨의 동상 링컨이 대통령으로 취임하기도 전, 미국은 노예 제도 폐지를 둘러싼 갈등으로 남부와 북부로 나뉘었다.

지하진 않았지. 그러나 노예 제도를 꼭 없애야 한다고 생각하지도 않았단다. 링컨은 남과 북의 분열을 막고 미국이 더 단단해지기를 바랐어. 그렇게만 된다면 노예 제도 따위는 있든 말든 별 상관이 없었던 거야. 대통령 선거 운동 때도 "노예 제도를 절대로 없애야 한다!"라는 식의 극단적인 발언은 하지 않았다는구나.

3월 4일, 대통령 취임식에서 링컨은 "미국을 분열시키는 어떤 행동도 용납하지 않겠다!"라고 연설했어. 남부의 독립을 절대 허용할 수 없다고 선언한 거야. 그러나 아메리카남부연합은 링컨의 경고를 무시하고 남부 지역 안에 있는 연방정부의 재산을 모두 몰수했어. 이 과정에서 충돌이 생기는 건 불 보듯 뻔한 일이었어. 이제 남과 북의 전쟁은 피할 수 없게 된 거야.

남북전쟁과 노예 해방

1861년 4월 12일, 아메리카남부연합의 군대가 연방군이 있는 사우스 캐롤라이나 주 섬터 요새에 포격을 개시했어. 집중 포탄 공격에 요새는 단 하루 만에 아메리카남부연합의 손으로 넘어갔지. 이 전투를 신호탄으로 본격적인 남북전쟁이 시작됐단다.

섬터 요새 아메리카남부연합군이 연방군을 공격하기 위해 세웠던 섬터 요새. 이 공격을 시작으로 남북전쟁이 벌어졌다.

남북전쟁이 터지자 연방을 탈퇴하는 주가 늘어났어. 당연히 노스캐롤라이나, 버지니아, 아칸소, 테네시 같은 남부 지역의 주들이었어. 그러나 모든 노예 주가 아메리카남부연합에 가입한 것은 아니야. 켄터키, 미주리,

메릴랜드, 델라웨어 등 4개 주는 연방을 탈퇴하지 않았단다. 이로써 아메리카남부연합에 가입한 주는 11개로 확정됐어.

아메리카남부연합은 몽고메리에서 버지니아의 리치먼드로 수도를 옮겼어. 북부의 수도인 워싱턴 디시와 금방이라도 닿을 거리지? 북부나 남부나 상대방의 수도를 빨리 점령하면 전쟁도 빨리 끝날 거라고 생각했던 거야. 물론 이 생각은 틀려도 단단히 틀렸지. 전쟁이 무려 5년이나 계속됐잖아?

먼저 북군이 남군의 수도를 공격했어. 7월 21일 양 군대가 버지니아의 매너서스에서 대대적으로 맞붙었어. 이 전투를 매너서스 전투라고 불러. 이 지역이 불런강을 끼고 있기 때문에 불런 전투라고도 부르지. 북군이 승리했을까? 아니

남북의 분열 남북전쟁이 터지자 남부 주들이 연방을 탈퇴했다. 버지니아 주가 아메리카남부연합에 가입하자 웨스트버지니아가 버지니아로부터 분리를 선언했다.

야. 북군은 남군을 너무 얕봤어. 전투는 남군의 승리로 끝났어. 이듬해인 1862년 8월, 이곳에서 다시 전투가 벌어졌는데, 그때도 남군이 이겼지. 이 두 전투뿐만 아니라 남북전쟁 초기에는 남군이 대체적으로 우세했단다. 링컨 대통령이 많이 초조했겠지?

한 달 후인 9월 17일, 메릴랜드의 샤프스버그에서 전투가 벌어졌어. 이곳이 앤티텀 강을 끼고 있기 때문에 이 전투를 앤티텀 전투 또는 샤프스버그 전투라고 부른단다. 바로 이 전투를 기점으로 북군이 전세를 역전시켰어.

북군은 격렬한 전투 끝에 남군을 격파했어. 이 전투가 얼마나 격렬했는지 양쪽을 합쳐 모두 2만 명이 넘는 병사가 목숨을 잃었다는구나. 양쪽 모두에게 피해가 컸던 이 전투가 남북전쟁에서 가장 중요한 전투로 꼽히는 데는 이유가 있어. 이 전투의 승리로 자신감을 얻은 링컨이 마침내 비장의 무기를 꺼낸 거야.

링컨 기념관에 전시된 연설문 링컨이 게티즈버그에서 했던 연설문을 전시한 기념물이다. 게티즈버그 연설은 박수갈채로 연설이 중단될 만큼 매우 설득력과 감화력이 있었던 것으로 전해진다.

1863년 1월 1일, 링컨은 "미국의 모든 지역에서 노예를 해방하고, 그들에게 영원한 자유를 준다!"며 노예 해방을 선언했어. 이 선언은 미국 국내는 물론 해외에도 큰 파장을 불러 일으켰어. 사실 그전까지 영국과 프랑스는 미국 남부에서 생산되는 면화가 필요했기에 은근히 남군을 지원했단다. 그러나 노예 해방 선언이 나오자 그 지원을 슬그머니 철회할 수밖에 없었어. 생각해봐. 강대국의 자존심이 있지, 인간을 노예로 부리는 야만 국가를 지원할 수 없잖아? 미국 내 여론도 링컨에게 우호적으로 돌아갔어.

이윽고 7월이 됐어. 북부의 펜실베이니아 주 게티즈버그에서 전투가 벌어졌어. 이 전투를 이끈 북군의 사령관은 율리시스 그랜트야. 그랜트 장군은 훗날 아메리카남부연합의 항복을 받아낸 명장으로, 대통령이 됐어. 남군 사령관은 명장 로버트 리 장군이었지. 그랜트 장군의 군대가 더 용맹했나봐. 이 전투의 승리는 북군이 거머쥐었단다.

11월, 게티즈버그에 전사자를 기리기 위한 국립묘지가 만들어졌어. 링컨이 기념식에 참석하기 위해 그곳을 찾았지. 바로 이때 '국민의, 국민에 의한, 국민을 위한 정부'라는 유명한 연설게티즈버그 연설이 나왔단다. 이 연설은 전체를 합쳐도 단어가 300개도 되지 않는다고 해. 아주 짧은 연설이었지만 오늘날까지도 자주 인용되는 걸 보면 영향력이 큰 것 같지?

그 후 북군은 맹렬하게 남군을 몰아붙였어. 1865년 4월, 북군은 아메리카남부연합의 수도인 리치먼드를 함락시켰어. 그랜트 장군은 리 장군과 만나 담판을 지었고, 결국 리 장군은 항복을 선언했어. 5월 10일, 아메리카남부연합의 대통령이었던 데이비스가 북군에게 사로잡혔어. 이로써 4년 넘게 끌었던 남북전쟁이 완전히 끝났단다.

하지만 정작 링컨은 데이비스가 사로잡히는 장면을 보지 못했어. 4월 14일 저녁, 연극 관람차 워싱턴의 한 공연장포드 극장을 찾았다가 그만 암살되고 만 거야. 암살범은 남부를 지지하며 링컨을 저주한 배우 존 월크스 부스였어. 링컨의 뒤를 이어서는 부통령인 앤드루 존슨이 17대 대통령에 올랐어.

백인 우월주의의 대명사, KKK

케이케이케이(KKK)단의 정식 명칭은 큐클럭스클랜(Ku Klux Klan)이야. 총의 방아쇠를 당길 때 나는 소리를 흉내내 만든 이름이지.

케이케이케이는 남북전쟁이 끝난 후인 1886년, 공화당이 흑인들을 의회로 끌어들이려 하자 이를 막기 위해 생긴 지하 단체였어. 주로 흑인과 흑인 해방에 동조하는 백인을 대상으로 테러 행위를 벌였지. 폭력이 갈수록

1928년 거리 행진하는 KKK 케이케이케이는 흑인뿐만 아니라 유대인, 동성애자 등을 싸잡아 공격하고 테러를 저지른다.

심해지자 1870년 연방정부는 법을 제정해 이 단체를 해체시켰단다.

그러나 케이케이케이는 끈질기게도 사라지지 않았어. 1915년 남부의 조지아 주에서 부활한 거야. 이번에는 흑인은 물론이고 유대인, 동성애자, 외국인, 기독교인 등이 테러의 대상이 됐지. 아직까지도 케이케이케이는 이어지고 있다는구나. 정말 지독하고 끔찍한 일이 아닐 수 없어.

자유의 상징에서 제국주의의 상징으로

　남북전쟁에서 아메리카남부연합이 승리했다면 오늘날의 미국은 많이 다른 모습일지도 몰라. 남부의 대지주에게 유리한 법이 만들어졌을 테고, 미국은 농업 국가가 됐을 테니까 말이야. 그러나 전쟁은 북부의 승리로 끝났어. 따라서 북부에 유리한 법이 더 많이 제정됐지. 북부는 공업이 발달한 곳이었지? 자연스럽게 기업에 유리한 환경이 조성됐어. 그 결과 19세기 중반 이후 미국은 산업이 급속도로 발전했단다.

　영국과 프랑스 등 유럽 국가들이 100여 년에 걸쳐 이룩한 경제 발전을 단 몇십년 만에 이룩했으니, 그다음은 팽창 단계겠지? 마침 이 무렵은 미국이 영토를 거의 개척한 뒤였어. 그렇다면 해외로 눈을 돌려야겠지? 미국은 해외 식민지 확보를 위해 제국주의적인 모습을 보이기 시작했단다.

'명백한 운명'과 인디언의 수난

　　미국이 텍사스를 병합한 다음 해인 1845년,《데모크래틱 리뷰Democratic Review》7·8월호에는 선동적인 논설이 실렸어. 요약하자면 이런 내용이었어. "아메리카 대륙을 계속 넓혀나가는 것은 신이 우리에게 준 '명백한 운명'이다."

　　멕시코로부터 텍사스를 빼앗은 게 찔렸던 걸까? 미국 사람들은 명백한 운명이란 거창한 말로 자신들의 영토 확장을 꾀하는 팽창 욕망을 포장했어. 이 말은 미국의 팽창 정책을 상징하는 용어가 됐단다.

　　평범한 미국인들, 그러니까 서부를 개척한 사람들도 이 운명을 믿었어. 그들은 서부 개척이 자신들에게 주어진 사명이라고 여겼단다. 오리건 통로를 비롯해 그 동안 개척된 여러 길을 따라 많은 사람들이 서부로 갔어.

　　오늘날 미국을 상징하는 대표적 이미지인 카우보이는 소 떼를 모는 목동이야. 카우보이가 탄생한 고장은 바로 텍사스란다. 텍사스에서 캐나다 국경까지는 대평원이 펼쳐져 있어. 카우보이들은 처음에 이 대평원에서 소 떼를 방목해 키웠단다. 그러나 곧 미국 동부 지역에서 소고기 값이 훨씬 비싸다는 사실을 알게 됐어. 그들은 '소 떼를 몰고 동부로 가서 판다면 훨씬 많은 돈을 벌지 않을

┃ 카우보이 19세기 초의 카우보이 복장을 한 텍사스 주의 카우보이들. 서부 개척에 공헌했으며, 이들은 미국의 개척 정신을 대변한다.

까?'라고 생각했어.

1860년대 중반 이후 카우보이들은 동부로 소 떼를 몰기 시작했어. 도중에 강도를 만나면 싸웠고, 인디언 부족과는 전투를 치렀어. 농민들은 소 떼가 밭을 망친다며 카우보이들을 싫어했지. 카우보이를 다룬 서부영화는 화려하고 낭만적이지만, 실제 그들은 아주 거칠게 살았단다.

어떤 사람은 광부로, 어떤 사람은 카우보이로 서부에 정착했어. 그러나 더 많은 사람들이 농부로서 서부에 정착했단다. 미국 정부도 1862년 자작농지법自作農地法을 만들어 이런 농부들을 도왔지. 서부로 들어가 땅을 개척한 뒤 5년간 살면 6,500제곱킬로미터의 땅을 공짜로 나눠주는 법이었어. 이후 미국 정부는 1880년까지 약 20년간 서부 이주를 지원하는 각종 법을 만들었단다.

이제 미국에서 백인의 손이 닿지 않은 땅은 없어. 개척 정신을 '프런티어The Frontier'라고 부르지. 19세기 후반에 이르면 서부의 끝, 그러니까 태평양 연안까지 모든 땅을 개척하는 데 성공했어. 1890년 미국 정부는 공식 보고서를 통해 "프런티어가 끝났다"라고 선언했어. 그래, 미국의 개척 시대가 끝난 거야.

개척 시대에 가장 고통을 받은 이들은 바로 인디언이었어. 백인들은 인디언을 몰아내거나 학살해

인디언 종족 북아메리카의 인디언 30여 종족을 소개하고 있는 《스웨덴 백과사전》에 실린 그림.

개척지를 만들어나갔고, 인디언은 보호구역에 갇혀 살아야 했지. 그러나 인디언의 수난은 그것으로 끝이 아니었어. 1860년대 초반까지 살아남은 인디언은 약 30만 명이었단다. 그 가운데 약 20만 명이 서부의 대평원 지역에서 살고 있었어. 이런 상황에서 남북전쟁이 끝났고, 백인들은 본격적으로 서부로 진출했어. 인디언과 백인의 충돌은 불 보듯 뻔한 일이지?

백인들은 심지어 인디언 보호구역으로 정해진 곳까지도 침입했어. 백인들은 인디언을 고용해 쥐꼬리만 한 임금을 주면서 온갖 착취를 일삼았지. 지렁이도 밟으면 꿈틀거리는 법. 마침내 인디언들이 반란을 일으켰어.

남북전쟁이 터지고 1년이 지난 1862년, 미네소타의 인디언 보호구역에 있던 샌티족이 봉기해 악랄한 백인 700여 명을 죽였어. 미국 군대가 출동했고, 봉기는 곧 진압됐지. 봉기의 주도자들은 모두 처형됐고 남은 샌티족은 다른 곳으로 쫓겨났어. 그리고 몇 년 후, 와이오밍에 있던 테톤족과 얀크톤족도 들고 일어났어. 그들의 공격으로 80여 명이 넘는 미군이 납치되거나 살해됐어. 인디언의 반란이 이어지자 미국 정부는 평화위원회를 만드는 등 화해의 손길을 내밀었어. 그러나 평화는 잠시뿐이었어.

1870년대 중반 사우스다코타 주의 인디언 보호구역에서 금광이 발견됐어. 일확천금을 노린 백인들이 보호구역으로 우르르 몰려들었고, 리틀빅혼에서 전투가 벌어졌어. 이 전투를 지휘한 헝크파파족 출신의 추장 시팅 불은 오늘날까지도 인디언 사이에 전설로 남아 있는 인물이야. 그의 탁월한 전술 덕분에 이 전투는 인디언의 승리로 끝났단다. 그러나 모든 전투에서 미국 군대를 이길 수는 없겠지? 1890년, 인디언들은 다시 미국 정부가 정한 보호구역으로 돌아가야 했어.

최후까지 백인에 저항한 인디언 부족은 아파치족이야. 아파치족 전사 제로니모의 이야기는 영화로도 많이 만들어졌지. 그의 전사들은 1860년대부터 20년간 미국 군대와 싸웠어. 그들은 잔인하고 용맹했어. 그러나 미국 군대가 더 잔인했지. 결국 아파치족 전사들은 항복했고, 보호구역으로 순순히 들어갈 수밖에 없었어.

1887년 미국 정부는 도스법이란 것을 만들었어. 인디언 보호구역 안의 땅을 쪼개 각각에게 나눠주는 법이었지. 이 정책은 인디언의 정신을 심각하게 훼손했어. 땅을 주는데 좋은 것 아니냐고? 아니, 그렇지

전설의 인디언 추장 시팅 불 리틀빅혼 전투를 지휘해 인디언의 승리를 이끌어낸 장본인이다. 백인 침입에 대해 인디언 정신으로 저항한 시팅 불은 오늘날까지도 전설적인 인물로 남아 있다.

않아. 이 정책은 "모든 땅은 자연의 것이며 인간은 다만 빌려 쓸 뿐이다"라고 믿는 인디언의 가치관을 완전히 깨버렸어. 인디언들에게 무조건 '미국인'이 되기를 강요당했던 거야.

민주주의 국가인 미국이 인디언에게 희생을 강요하며 성장했다는 것은 정말 아이러니야. 미국이 탄생할 무렵에는 노예 제도도 버젓이 존재했지? 이런 점들 때문에 어떤 학자들은 미국이야말로 민주주의의 탈을 쓰고 온갖 악행을 저지르며 탄생한 국가라고 말하기도 한단다.

🔍 체로키족의 '눈물의 길'

1860년대 대평원 지역에 20만 명인 인디언이 살고 있다고 했지? 그들 가운데 상당수는 원래 동부에 살았단다. 1830년 앤드루 잭슨 대통령 시절 만들어진 인디언 이주법에 따라 강제로 서부의 인디언 보호구역으로 끌려간 거지.

이런 부족 가운데 체로키족이 있었어. 〈우리는 모두 형제들이다〉라는 연설문으로 유명한 시애틀 추장의 부족이야. 체로키족은 원래 애팔래치아 산맥 남부에 살던 인디언이었단다. 미국 정부는 그들에게 서부의 오클라호마로 가라고 명령했어. 체로키족은 저항했지만 아무런 소용이 없었어. 1838년, 1만 2,000여 명의 체로키족이 울면서 고향을 떠났어. 무려 1년에 걸친 이동이었어. 그새 5,000여 명이 목숨을 잃기도 했어. 이 때문에 이 길을 '눈물의 길'이라고 불러. 오늘날에는 유적지로 지정돼 있단다.

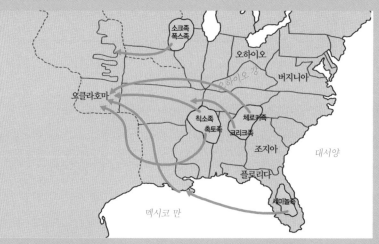

눈물의 길 인디언 이주법에 따라 동남부 지역의 많은 인디언 부족들이 서부로 끌려갔다. 이 '눈물의 길'은 오늘날 국립 유적지로 지정돼 있다.

대륙횡단철도의 건설

　　　　19세기 중반, 미국에서도 산업이 급속하게 발달했어. 그래, 산업혁명
　　　　이 시작된 거야. 미국의 발전 속도는 아주 빨랐어. 미국은 금세 산업
선진국인 영국을 따라잡을 수 있었단다.

　산업이 발전하려면 여러 요소가 갖춰져 있어야 해. 자원이 풍부해야 하고, 일을
할 수 있는 노동자도 넉넉해야 해. 제품을 생산하는 공장도 많이 있어야 하고, 만
들어진 제품을 살 수 있는 소비자도 필요하지. 그러나 이 모든 요소를 갖췄다 해도
교통이 불편하면 산업은 빨리 성장할 수 없어. 교통이 발달해야 원료와 제품을 원
하는 곳까지 빠른 시간 안에 옮길 수 있겠지?

　특히 땅덩어리가 큰 미국은 다른 어느 나라보다 교통이 중요했어. 정치인들도
이런 점을 잘 알고 있었나봐. 미국 대륙을 횡단하는 철도가 필요하다는 주장이 19
세기 초반부터 조금씩 나오기 시작했지. 남북전쟁이 터진 이듬해인 1862년, 마침
내 미국 의회가 움직였어. 의회는 대륙횡단철도를 건설하기 위해 유니언퍼시픽철

도회사와 센트럴퍼시픽철
도회사를 설립하는 법안
을 통과시켰단다. 이 두 회
사가 만들어졌고, 곧 철도
공사가 시작됐어.

　이 무렵 중남부 아메리
카는 혼란의 시대였어. 기
억하지? 많은 나라들이 해
방됐지만, 독재자들이 정

철도 공사의 현장 1869년 네브래스카에서 캘리포니아까지 3,000여
킬로미터를 잇는 대륙횡단철도의 완공 이후 미국 산업혁명이 본격화됐다.

권을 잡았어. 그 때문에 혁명과 쿠데타가 반복적으로 일어나는 굴곡진 역사를 겪고 있었지. 그사이 북아메리카의 미국은 놀라운 속도로 발전하고 있었던 거야.

대륙횡단철도는 동부 네브래스카 주의 오마하에서 서부 캘리포니아 주의 새크라멘토까지 2,826킬로미터를 잇는 철도란다. 철도가 워낙 길다 보니 두 회사가 양쪽에서 동시에 착공했지. 유니언퍼시픽은 오마하에서 새크라멘토 방향으로, 센트럴퍼시픽은 새크라멘토에서 오마하 방향으로 철도 공사를 벌여나간 거야.

공사는 쉽지 않았어. 때로는 산맥_{로키 산맥}을 뚫어야 했고, 보호구역의 인디언들과 충돌하기도 했지. 수많은 사람들이 목숨을 잃으며 산맥을 뚫었고, 정부가 나서서 보호구역 땅을 몰수함으로써 이런 문제들을 해결했어. 그러자 이번에는 일이 힘들다며 인부들이 공사장을 떠나버렸어. 이때 부족한 노동력을 메우기 위해 부랴부랴 충원한 사람들이 중국인이었지. 이 부분은 이미 살펴봤지?

1869년 봄이 되자 두 회사의 인부들이 서로 얼굴을 알아볼 만큼 공사 거리가 가까워졌단다. 마지막 속도를 올렸어. 5월 10일, 마침내 그들은 오늘날 유타 주의 브리검 시 프로먼토리에서 만났어. 완공을 기념해 마지막 철도 레일은 금과 은으로 된 못으로 박았지. 역사적인 현장을 기념하기 위해 정부는 이곳을 골든 스파이크라는 유적지로 정해놓았단다.

대륙횡단철도가 완공되자 각지에 철도가 우후죽순처럼 만들어졌어. 하긴 그 어려운 철도를 만들었으니 나머지 철도 공사는 식은 죽 먹기 아니겠어? 어쨌든, 이제 미국은 산업이 발달하는 데 필요한 모든 여건을 완벽하게 갖췄어. 더불어 제품을 생산하는 기술도 다양해졌고, 첨단 기술도 속속 개발됐어. 기발한 발명품도 쏟아졌지. 19세기 중반과 후반에 쏟아진 발명품들을 살펴볼까?

아직 대륙횡단철도가 개통되기 전의 일이었어. 1866년 전화 케이블이 미국과 유럽 사이에 설치됐단다. 대서양을 건너 미국과 유럽 국가들 간에 통신이 가능해진 거야.

발명왕 에디슨 토머스 에디슨은 19세기 후반 전구, 축음기, 발전기 등을 발명하고 1,000종이 넘는 특허를 낸 발명왕이다.

9년 후인 1875년에는 더 획기적인 발명품이 나왔어. 알렉산더 그레이엄 벨이 일반 가정에서도 쓸 수 있는 전화기를 처음으로 발명한 거지. 벨은 2년 후 벨 전화 회사를 설립했어. 벨은 회사가 커지자 1885년 전화 설비만 전문으로 하는 자회사를 만들었어. 그 회사가 바로 오늘날 미국 최대의 통신 회사인 미국전신전화회사AT&T란다. 19세기 후반에는 이처럼 오늘날 세계를 좌우하는 글로벌 기업이 많이 탄생했단다.

벨이 전화기를 발명하고 3년이 지난 1878년, 토머스 에디슨은 전기 회사를 설립했어. 그는 이 무렵 백열등을 발명하는 데 몰두하고 있었어. 그리고 다음 해 10월, 마침내 40시간이 지나도록 꺼지지 않는 백열전구를 발명했지.

19세기 후반이 되자 미국은 산업국가로 확실히 변신했어. 교통, 통신, 전기 등 산업 기반을 탄탄하게 갖췄고, 산업 활동을 하기에 좋은 조건이 만들어지자 더 많은 신기술이 개발됐지. 오늘날 우리가 쓰고 있는 여러 생활용품, 가령 계산기나 재봉틀, 축음기 같은 게 이때 발명된 거야.

독점 기업의 탄생

　　오늘날까지도 교통, 통신, 전기, 석유, 철강鐵鋼 등은 나라의 경제를 좌
우하는 핵심 기반이야. 19세기 후반 미국은 산업 기반을 매우 빠른 속
도로, 그것도 성공적으로 구축했어. 그러나 부작용도 있었어. 한 개의 기업이 산업
시장 전체를 싹쓸이한 거야. 이런 기업 형태를 독점 기업이라 부르지. 존 록펠러,
앤드류 카네기, 제이피 모건 등 오늘날까지도 경영인의 신화로 불리는 인물들이
이때 활약했단다.

　기반 산업 가운데 미국에서 가장 먼저 발달한 분야는 철도야. 대륙횡단철도를
만든 후 미국 전역에 철도를 건설했기 때문이지. 당연히 회사의 수도 늘어나지 않
았겠니? 그러나 19세기 후반, 작은 철도 회사들이 하나씩 하나씩 큰 철도 회사에
흡수됐어. 제임스 힐, 콜리스 헌팅턴, 코넬리어스 밴더빌트 등 몇 명의 철도 부자
들이 철도 산업을 독점한 거야.

　한 분야의 산업을 90퍼센트 이상 독점한 사람도 있었어. 바로 록펠러지. 그는

존 록펠러, 앤드류 카네기, 제이피 모건 19세기 후반 산업 기반인 석유, 철강, 금융 분야에서 독점 기업을 세운
미국의 경영인들이다. 록펠러는 석유 산업을 장악했으며, 카네기는 철강 산업에서 독점 기업을 구축했고, 모건은 은행
가로서 금융 시장을 좌지우지했다.

1860년 무렵 석유 산업에 뛰어들었고, 1870년에는 스탠더드 오일이란 굵직한 석유 회사를 만들었어. 스탠더드 오일은 전국의 석유 회사들을 하나씩 집어삼키기 시작했어. 가격 인하와 사업 방해 등 정당하지 못한 방법도 서슴지 않았어. 경쟁사들은 울며 겨자 먹기로 사업을 접고 스탠더드 오일의 계열사가 됐지. 스탠더드 오일에 맞서 싸우면 되는 것 아니냐고? 그랬다가는 당장 록펠러에게 짓밟히지 않았을까? 석유 회사들은 살아남기 위해서라도 어쩔 수 없이 스탠더드 오일의 계열사가 돼야 했던 거야. 이런 방식을 통해 스탠더드 오일은 석유 산업을 독점했단다.

1882년 록펠러는 전국의 석유 회사들과 함께 스탠더드 오일 트러스트를 만들었어. 여기에 속한 회사들은 겉으로는 독립적으로 운영되는 것처럼 보였어. 그러나 실제로는 록펠러의 지휘와 감시를 받았단다. 작은 회사들은 트러스트를 박차고 나가고 싶어도 그럴 수 없었어.

1889년 록펠러는 지주 회사를 선보이기도 했어. 록펠러는 이 지주 회사를 통해 트러스트에 속해 있는 여러 회사의 지분을 사들였어. 지주 회사 자체는 큰 회사가 아니지만, 이 회사를 통해 스탠더드 오일 트러스트 전체를 지배할 수 있게 됐어. 록펠러는 큰 수고를 하지 않고도 40여 개의 석유 회사를 소유했단다. 정말 대단하지 않니?

카네기는 철강 분야에서 최고의 독점 기업을 구축했어. 그 때문에 그에게는 '강철 왕'이란 수식어가 늘 따라다니지. 카네기는 산업이 발전하려면 철강이 꼭 필요하며, 따라서 철강 산업이 붐을 이룰 거라고 믿었어. 1873년 카네기는 이런 신념으로 철강 회사를 만들었단다. 스탠더드 오일이 설립되고 3년이 지난 해였지.

예상과 달리 철강은 별로 팔리지 않았어. 회사가 비틀거리기 시작했지. 그러나 카네기는 흔들리지 않았어. 그는 자신의 예측이 틀리지 않을 거라고 확신하고 있었어. 정말 그의 예상대로 됐어. 1875년부터 철강이 불티나게 팔리기 시작한 거야. 뒤늦게 다른 철강 회사들이 투자를 서둘렀지만 카네기의 공장을 따라갈 수는 없었어. 오래전부터 확신을 갖고 있었기에 카네기의 공장은 이미 다른 어떤 공장보다 최신 설비를 갖추고 있었거든.

카네기는 곧 다른 철강 회사들을 사들이기 시작했어. 공장이 늘어났겠지? 그러자 이번에는 철강의 원료를 쉽게 얻기 위해 철광산을 사들였단다. 카네기의 철강 회사는 어느새 공룡처럼 커졌어. 카네기는 미국의 철강 업계를 지배하는 거물이 됐지. 1901년 카네기는 경영에서 물러나면서 회사를 모건에게 팔았어. 모건은 회사 이름을 유에스US 스틸로 바꾸고, 회사를 더욱 성장시켰어. 그 결과 유에스 스틸 회사는 확고한 독점 기업이 됐지.

독점 기업에 대한 평가는 경제학자나 역사학자마다 모두 달라. 어떤 학자는 미국 경제와 산업을 짧은 시간 동안 발전시킨 주역으로 보지만, 또 다른 학자는 돈을 벌기 위해 수단과 방법을 가리지 않은 파렴치 기업이라며 비판한단다. 후자의 의견이 상당히 설득력이 있나봐. 오늘날 미국뿐만 아니라 대부분의 국가들이 하나의 산업 분야를 특정 기업이 독점하지 못하도록 아예 법률로 정해놓고 있단다.

도시와 소비문화의 발달

독점 기업의 도덕성을 문제 삼는 사람들이 많지만, 어쨌든 미국의 산업은 급속도로 발전했어. 산업이 발전하니 자연스럽게 도시도 성장했어. 사실 이런 현상은 동서고금을 막론하고 나타났어. 아무래도 시골보다는 도시가 살기 편하잖아? 미국은 인구가 도시로 몰리는 현상이 특히 심했단다. 그 이유를 하나씩 찾아볼까?

우선 도시 자체가 매우 화려했다는 점을 들 수 있어. 고대나 중세 때는 시골이나 도시나 아주 큰 차이가 없었어. 도시에는 사람들이 많고, 시장에는 다양한 상품이 나온다는 점이 다르다면 다를까? 그러나 이 무렵 미국의 도시와 시골은 하늘과 땅만큼이나 차이가 났단다. 도심 거리를 전차가 누비고 있었어. 시골에서는 감히 상상도 할 수 없는 풍경이지. 도시의 밤은 전등이 환히 밝혀져 대낮 같았어. 멋있게 장식된 백화점이 즐비했고, 고층 빌딩도 속속 들어섰어. 사람들은 도시의 화려함에 흠뻑 빠져들었어. 농촌 사람들도 시골 생활을 청산하고 도시로 왔지.

남북전쟁 이후 남부의 면화를 생산하던 대농장이 하나둘 문을 닫기 시작했어. 노예 출신의 흑인들은 일자리를 찾아 도시로 왔어. 경제의 중심축이 농촌에서 순식간에 도시로 바뀌었어. 게다가 외국에서 이민 온 사람들도 일자리를 찾아 도시로 몰려들었어. 중산층 대열에 끼지 못한 가난한 백인들도 도시 주변을 맴돌면서 궁핍하게 살았어.

19세기 초반까지만 해도 대도시는 북동부 지역 몇 곳밖에 없었어. 그러나 불과 100년 만인 1900년 무렵에는 미국 전역에 수백여 개의 대도시가 생겨났어. 이 가운데 40여 개는 인구가 10만 명을 넘었고, 최대의 대도시로 꼽히는 뉴욕이나 시카고 등은 인구 100만 명을 훌쩍 넘었단다.

도시가 발달하면서 자연스럽게 소비문화가 미국의 새로운 문화로 자리 잡았어. 어떻게 해서 이런 일이 가능한지를 따져볼까?

산업이 발달하면 도시가 발달하고 고층 빌딩이 들어서게 돼. 빌딩은 공장보다는 업무용이 많지. 업무용 빌딩에서 근무하는 직장인을 화이트칼라라고 불러. 근무할 때 흰색 와이셔츠를 주로 입었기 때문에 이런 이름이 붙은 거야. 반면, 공장에서 직접 제품을 생산하는 직장인은 파란색 작업복을 입었어. 그래서 블루칼라라

메이시스 백화점 20세기 초 뉴욕 브로드웨이에 있었던 메이시스 백화점 주변 모습. 1858년 뉴욕 맨하튼에 생긴 미국 최초의 백화점이다.

고 부르지. 화이트칼라든, 블루칼라든 대도시에서는 자신이 원하는 것을 마음껏 살 수 있었어. 물론 자신이 번 돈만큼이겠지만 말이야. 이들의 소득은 곧 소비로 이어졌지.

특히 화이트칼라는 소비문화를 이끈 주역이었어. 물론 처음에는 이 화이트칼라도 원하는 제품을 모두 살 수 없었어. 물건 값이 너무 비싸고, 쉽게 구할 수 없는 것들이 많았기 때문이지. 예를 들어볼까? 새 옷이 필요해. 그런데 옷을 진열해 파는 곳이 없었어. 이 경우 양장점에 가서 맞춰 입어야겠지? 치수를 재고 일일이 재단해 옷을 만들려니 비쌀 수밖에 없어. 바닷가에서 잡은 생선을 상하기 전에 중부 내륙 지방으로 옮기는 것도 어려웠어. 내륙 지방 사람들은 싱싱한 바다 생선을 먹으려면 비싼 값을 치러야 했지.

이런 문제들이 19세기 후반부터 해결되기 시작했단다. 제품 값이 뚝 떨어졌어. 기술 혁신과 대량 생산이 이뤄진 덕분이지.

옷을 빨리 만드는 재봉틀이 발명됐고, 기성복이 대량 생산됐어. 이렇게 만든 옷은 전국 대도시에 있는 백화점으로 배달됐어. 그래, 백화점이 생긴 게 바로 이 무렵이란다. 중부 내륙 지방 사람들도 싱싱한 바다 생선을 먹을 수 있게 됐어. 아이스박스와 통조림이 발명됐기 때문이야.

20세기 직전, 소비문화의 영역이 한층 넓어졌어. 그전까지는 제품만 소비했지? 이제는 서비스를 소비하는 시대로 옮아간 거야. 무슨 뜻이냐고? 이 무렵부터 스포츠 관람이 도시 사람들의 중요한 여가 생활이 됐다는 뜻이야. 주로 농구, 미식축구, 야구

미국 최초의 프로야구단 프로야구단 신시내티 레드 스타킹스에서 1882년에 활약한 선수들의 모습이다. 이 팀은 미국 최초의 프로야구단으로 1869년에 창단됐다.

등을 즐겼어. 미국 사람들은 이 3대 스포츠에 열광하기 시작했단다.

제국주의의 나라, 미국의 본심

북아메리카 대륙 개척을 마무리한 미국인들의 팽창 욕망은 그치지 않았어. 또다시 '명백한 운명'이란 슬로건이 등장했지. 이번에는 해외 편이야! 그래, 해외로 영토를 넓히는 것 또한 미국인의 명백한 운명이라고 포장한 거야. 말은 그럴듯하지만 실제로는 제국주의 국가의 본심을 드러낸 거라고 볼 수 있지.

19세기 중반을 전후로 영국, 프랑스, 독일, 오스트리아 등 유럽 국가들은 제국주의 열강으로 변해 있었어. 그 나라들은 자기 나라에서 생산한 제품을 대량으로 싸게 팔고 제품 원료를 헐값에 구입할 해외 식민지를 확보하는 데 열을 올렸어. 미국이 그들을 따라하기로 작정한 거지.

아직 남북전쟁이 시작되기 전인 1850년대 초반이었어. 미국은 중국을 노렸어. 중국이 아시아에서 가장 큰 시장이었으니 그럴 법도 하지. 그러나 이미 영국이 중국을 장악하고 있다는 사실을 깨달았어. 그렇다고 해서 아시아 시장을 버릴 수는 없지. 미국은 일본으로 눈을 돌렸어. 1853년 미국은 동인도 함대 4척을 보내 일본 정부에게 문호를 개방하라고 요구했어. 일본은 미국을 받아들이고 싶지 않았지만 열강이 얼마나 무서운지 이미 알고 있었기 때문에 1년 후 미일화친조약을 맺고 문호를 개방할 수밖에 없었어. 미국은 1882년에는 조선과 조미수호통상조약도 체결했단다.

미국은 일본을 차지함으로써 아시아에 거점을 만들었어. 미국은 주변을 돌아봤어. 이미 아시아 대부분의 나라들이 다른 제국주의 국가들의 차지가 됐다는 사실을 알게 됐지. 영국과 프랑스는 강하기 때문에 상대하기가 버거워. 그러나 이빨이 다 빠진 에스파냐의 식민지라면 빼앗을 수도 있지 않을까? 더욱이 에스파냐는 쿠바 같은 중앙아메리카 섬나라를 여전히 차지하고 있잖아? 만약 에스파냐를 제압하면 아시아와 중앙아메리카의 식민지를 동시에 얻을 수 있어! 일거양득이었지. 마침내 미국이 에스파냐를 건드렸고, 1898년 터진 전쟁이 바로 아메리카-에스파냐전쟁이란다.

그즈음 1894년 한반도에서는 민중이 지배층의 횡포와 착취에 항거하며 동학혁명을 일으켰지? 혁명은 중국 청나라와 일본의 개입으로 실패했어. 조선에 개입했던 두 나라는 한반도에 대한 영향력 행사를 두고 전쟁을 벌였어. 최종적으로 승리를 거둔 일본은 본격적으로 조선을 침략하기 시작했어. 이와 비슷한 역사가 쿠바에서도 벌어졌단다.

1890년대까지도 쿠바는 에스파냐의 식민지 신세를 벗어나지 못하고 있었어.

이 무렵 많은 미국 기업들이 쿠바의 사탕수수 농장에 돈을 투자하고 있었어. 미국은 에스파냐가 없으면 쿠바를 맘대로 요리할 수 있다고 생각했어. 마침 에스파냐가 쿠바 민중을 가혹하게 착취하고 있었지. 미국 내에서 에스파냐와 전쟁을 벌여야 한다는 목소리가 높아졌어.

1898년 2월 쿠바의 아바나 항구에 파견 갔던 미국 군함 메인 호가 폭발해 침몰했어. 왜 폭발이 일어났는지, 누가 폭파했는지는 몰라. 확실한 것은 이 폭발로 미군 260여 명이 목숨을 잃었고, 에스파냐와의 전쟁은 피할 수 없게 됐다는 거야.

4월 미국은 에스파냐에 대해 선전포고를 했고, 아메리카-에스파냐전쟁이 시작됐어.

전투는 쿠바뿐만 아니라 에스파냐의 식민지였던 필리핀에서도 일어났어. 전쟁은 6개월여 만에 미국의 승리로 끝났어. 두 나라는 파리조약을 체결했어. 이 조약의 결과 쿠바가 에스파냐에서 독립했단다. 쿠바가 독립했으니 미국은 할 일을 다 했어. 그런데도 발을 빼지 않았지. 미국의 속셈을 알겠지? 일본이 한반도를 차지하기 위해 청나라와 전쟁을 벌인 것처럼, 미국은 쿠바를 차지하기 위해 에스파냐와 전쟁을 벌였던 거야. 미국은 에스파냐의 식민지였던 쿠바, 필리핀, 괌, 푸에르토리코 등을 빼

메인 호의 침몰 아메리카-에스파냐전쟁은 1898년 2월 15일 메인 호가 원인 모를 폭발로 침몰한 데서 시작됐다. 쿠바의 아바나 항구에서 메인 호가 침몰하고 있는 모습을 찍은 사진.

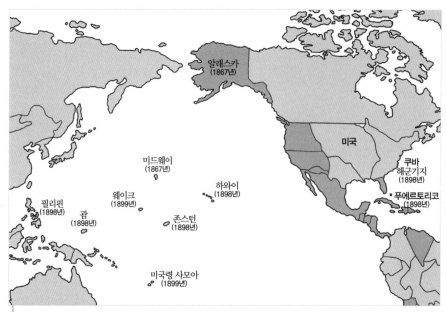

제국주의 국가 미국 서부 개척이 마무리되자 미국은 해외로 눈을 돌려 제국주의의 속성을 드러냈다. 미국은 아시아와 중남부 아메리카에 적극 개입해 식민지를 만들었다.

앗아 미국의 식민지로 만들었단다.

미국의 제국주의적 팽창 정책을 볼 수 있는 사건이 또 하나 있었어. 아메리카-에스파냐전쟁이 한창이던 1898년 7월, 태평양의 하와이 섬을 흡수한 거야. 하와이에는 이미 원주민 국가가 있었고, 여왕이 다스리고 있었지. 그런데도 그곳에 정착해 살던 미국인들이 원주민 국가를 없애고 미국 정부에 합병을 요청한 거란다. 텍사스가 만들어진 역사와 비슷하지? 미국인들의 '명백한 운명'은 이처럼 제국주의 속성을 띠고 있었단다.

🔍 성조기 속 50개의 별, 50개의 주

미국 국기, 즉 성조기는 1777년 만들어졌어. 가로로 13개의 줄이 그어져 있고, 왼쪽 상단에는 50개의 별이 그려져 있지. 미국이 13개 식민지로부터 시작됐고, 오늘날 50개 주로 구성돼 있다는 뜻이란다.

미국의 국기 성조기의 50개의 별은 미국의 50개 주를 상징한다.

원래 성조기는 이렇게 계획되지 않았어. 주가 하나씩 추가될 때마다 별과 줄을 모두 추가하기로 했었지.

1791년 버몬트, 1792년 켄터키가 정식 주로 승격하자 미국의 주는 모두 15개로 늘어났어. 별도 15개, 줄도 15개로 늘어났지. 근데 문제가 생겼어. 앞으로 주가 더 늘어나도 가로 줄을 그려 넣을 공간이 없는 거야. 고민 끝에 가로 줄을 13개로 다시 돌려놓고, 별만 추가하기로 했지. 지금의 국기는 하와이가 50번째 주가 된 후인 1960년 만들어진 거란다.

20세기의 아메리카, 진통을 겪다

1900년경 ~ 1950년경

20세기로 접어들면서 미국의 영향력은 막강해졌어. 미국은 아메리카 대륙의 최고 강자가 된 데 이어, 곧 영국이나 프랑스도 간섭할 수 없을 만큼 성장했어. 그래, 미국이 세계의 강자 반열에 올라선 거야.

20세기 초반 제1차 세계대전이 터졌어. 미국은 먼로독트린에 따라 중립을 선언했지. 그러나 머잖아 연합국의 일원으로 전쟁에 뛰어들었어. 연합국이 제1차 세계대전에서 승리한 후 미국의 지위는 껑충 상승했어.

미국은 제2차 세계대전이 터졌을 때도 똑같았어. 머뭇거리다가 전쟁에 뛰어들었지. 영국, 프랑스 등 전통적인 강대국은 독일의 공격을 견디지 못하고 있었어. 미국의 참전으로 제2차 세계대전도 연합국의 승리로 끝났어. 이제 미국의 위상은 그 누구도 넘볼 수 없을 만큼 높아졌어. 두 차례의 전쟁을 치르면서 미국은 절대 강자가 된 거야. 이제 세계 질서는 미국의 주도하에 만들어지게 됐어.

미국의 개혁운동과 제1차 세계대전

19세기 후반의 미국을 떠올려봐. 산업이 급속도로 발달했지? 그러나 부작용도 있었어. 독점 기업의 횡포가 갈수록 심해진 거야. 기업인들은 정치인들에게 잘 봐 달라며 뇌물을 바쳤어. 심지어 언론까지 이들 부패한 기업인들의 손에 놀아났어.

기업의 부패만 문제가 된 게 아냐. 미국 사람들은 너무 앞만 보고 달려오느라 많은 부분을 챙기지 못했다는 사실을 뒤늦게 깨달았어. 이를테면 빈민은 늘어났고, 흑인은 여전히 차별받고 있었고, 여성은 소외돼 있었지. 미국이 진정한 민주주의 국가가 되려면 개혁해야 할 과제가 많았어. 19세기가 끝나갈 무렵 개혁의 목소리가 높아졌고, 20세기 초반부터는 본격적으로 개혁운동이 불기 시작했어. 이 운동을 혁신주의 운동이라고 불렀단다.

혁신주의 운동이 한창일 때 제1차 세계대전이 터졌어. 전 세계가 한 덩어리가 된 전쟁이긴 하지만 미국은 크게 영향을 받지 않았단다. 이 전쟁에 대해서는 《통세계사》에서 자세히 다뤘으니 미국의 상황에 대해서 살피고 넘어갈게.

루스벨트와 윌슨, 독점 기업에 칼 대다

20세기 벽두부터 미국에서는 큰 사건이 터졌어. 1901년 25대 대통령 윌리엄 매킨리가 무정부주의자에게 암살된 거야. 매킨리는 아메리카-에스파냐전쟁을 일으킨 장본인이지.

매킨리는 기업의 편을 많이 들어줬어. 그런 대통령이 어느 날 갑자기 사라지자 기업인들은 허탈했어. 그러나 부통령인 시어도어 루스벨트가 매킨리의 뒤를 이어 기업에게 우호적인 정치를 할 거라는 생각에 마음을 놓았지. 이 생각은 틀렸어! 루스벨트는 26대 대통령으로 취임하자마자 개혁을 시작했단다. 바로 이때부터 미국의 혁신 시대가 열렸어.

20세기를 전후로 이미 미국 곳곳에서 개혁의 물결이 일고 있었어. 와이오밍 주는 처음으로 여성에게도 참정권을 줬고, 오리건 주는 주민의 정치 참여를 돕기 위한 주민발의제와 주민투표제를 채택했어. 독점 기업의 대명사인 스탠더드 오일 트러스트의 비리를 폭로하는 기사도 신문에 대문짝만하게 보도됐어. 기업의 비도덕성을 비판하는 문학 작품도 많이 나왔어. 부패한 정치 파벌의 우두머리를 고발하는 기사도 실렸지. 개혁을 추진하기에 정말 좋은 분위기지? 게다가 루스벨트는 기업이나 개인의

혁신주의 대통령 루스벨트 미국의 26대 대통령인 시어도어 루스벨트는 혁신 정치를 이끌었고 자연보호 운동에도 앞장섰다. 미국자연사박물관 앞에 세워진 동상.

이익보다 사회 전체의 이익이 더 중요하다는 철학을 가진 사람이었단다. 강력한 개혁이 예상되지 않니?

1902년 광산 노조가 8시간 노동제와 20퍼센트 임금 인상을 요구하며 파업을 벌였어. 오늘날의 기준으로 보면 8시간 노동제는 당연하지만, 당시만 해도 노동환경은 매우 열악했단다. 회사는 노조의 요구가 터무니없다며 대화 자체를 거부했어. 사태가 장기전으로 치달았고, 석탄 공급이 차질을 빚게 됐어.

루스벨트는 더 이상 사태를 방관할 수 없었어. 직접 나서서 협상안을 제시했지. 노조는 협상안을 받아들였어. 그러나 회사는 '정부가 결국에는 우리 편을 들어줄 거야'라고 생각했는지 협상안을 거부했단다. 루스벨트는 즉각 "협상안을 받아들이지 않으면 군대를 광산에 투입하겠다!"라는 경고장을 회사로 보냈어. 회사 경영자들은 깜짝 놀랐어. 루스벨트가 그전의 대통령과는 다른 사람이란 것을 비로소 깨달았어. 결국 회사가 꼬리를 내렸단다. 회사는 노동조합의 존재를 인정했고, 1일 9시간 노동제, 10퍼센트 임금 인상을 제시한 정부 협상안에 도장을 찍었어.

루스벨트는 독점 기업들에도 손을 댔어. 제이피 모건이 만든 북부증권회사는 철도 기업을 독점하기 위해 만든 지주 회사였어. 바로 이 회사가 표적이었어. 정부가 달려들어 북부증권회사의 비리를 조사했지. 1904년 연방대법원은 셔먼독점금지법을 적용해 회사를 해체하라고 명령했단다. 이제 상황이 달라졌어! 독점 기업들은 루스벨트의 눈치를 봐야 했단다. 많은 독점 기업들이 문을 닫거나 해체됐지. 독점 기업의 대명사였던 스탠더드 오일 트러스 역시 이때 해체되었단다.

루스벨트의 또 다른 업적으로는 자연보호 운동을 연방정부 차원에서 시작했다는 점을 들 수 있어. 모두가 개발을 부르짖을 때 그는 후손이 잘살려면 현재의 자연을 보존해야 한다고 주장했어. 전국 곳곳에 국립공원과 야생동물 보호지역이 만들어졌지.

혁신주의를 외치며 개혁을 추진한 루스벨트는 두 번의 대통령 임기를 성공적으로 마쳤어. 세 번째 대통령에 도전하라고 주변에서 권유했지만 그는 같은 공화당 소속의 윌리엄 하워드 태프트를 지지하고는 정계를 은퇴했어. 그 덕분에 태프트는 1908년 27대 대통령에 당선될 수 있었지. 그러나 태프트가 루스벨트를 배신했어! 갑자기 보수주의로 확 노선을 바꿔버린 거야. 심한 배신감을 느낀 루스벨트는 정치 복귀를 선언했고, 혁신당이란 새로운 정당까지 만들었단다. 루스벨트는 그다음 선거에서 혁신당 후보로 출마했어. 결과는 참패였어. 루스벨트는 완전히 정치에서 손을 뗐지.

이 선거의 승리자는 민주당의 우드로 윌슨이었어. 윌슨은 1913년 28대 대통령에 취임했단다.

윌슨 역시 독점 기업은 해체돼야 한다는 생각을 갖고 있었어. 그러나 그건 정부가 나설 것이 아니라 기업 간 완전 자유경쟁을 통해서 독점이 없어지도록 해야 한다고 생각했어. 루스벨트와 접근 방식이 다르지?

윌슨은 기업 간 자유경쟁을 유도하기 위해 관세를 낮췄어. 정부의 세금 수입이 줄어들었겠지? 윌슨은 부족한 세금 수입을 메우기 위해 새로운 세금을 만들었어. 이 세금이 바로 소득세란

이상주의자 윌슨 미국의 28대 대통령인 우드로 윌슨은 신자유주의를 표방한 대통령이다. 행정학자로도 유명하지만, 인종주의자라는 점 때문에 비판받기도 한다.

다. 윌슨은 매년 4,000달러 이상 버는 사람들에게 1~6퍼센트의 세금을 내라고
했어. 소득이 많은 사람이 세금을 더 내는 거야. 오늘날 우리나라도 이런 방식의
세금을 걷고 있지?

1913년 윌슨은 중앙은행의 역할을 할 12개의 연방준비은행을 선정했어. 이윽
고 이 은행들을 감독할 연방준비제도이사회를 만들었지. 바로 이 기구가 오늘날
미국은 물론 전 세계의 경제를 쥐락펴락하는 가장 큰손이란다. 연방준비제도이사
회가 금리를 내리거나 올리는데, 그럴 때마다 세계경제가 요동을 치거든.

🔍 루스벨트와 테디 베어

2001년 제주 서귀포에 테디 베어 박물
관이 들어섰어. 테디 베어는 봉제 곰 인
형을 가리키는 말로, 110여 년간 큰 인
기를 끌고 있지.

어느 날 루스벨트가 곰 사냥을 나갔는
데, 한 마리도 잡지 못했어. 그러다 새
끼 곰을 잡을 기회가 생겼는데 루스벨트
는 "새끼를 죽일 순 없다"며 그냥 보냈
어. 〈워싱턴포스트〉지에 이 이야기가 실
렸어. 이 무렵 독일에서 만든 봉제 곰 인

루스벨트의 곰 사냥 시어도어 루스벨트의 '곰
사냥' 이야기가 보도된 〈워싱턴포스트〉지의 삽화.

형이 수입돼 팔리고 있었어. 뉴스를 본 상인이 인형 옆에 루스벨트의 별명인 '테디'란 이름
이 적힌 꼬리표를 붙였지. 그때부터 이 곰 인형이 테디 베어가 된 거란다. 그런데 정작 루
스벨트는 테디란 별명을 아주 싫어했다는구나.

미국의 제국주의 외교

루스벨트, 태프트, 윌슨…. 이 세 명의 미국 대통령은 이 무렵 한반도에도 큰 영향을 미친 사람들이야. 당시 유럽의 강대국들은 제국주의 경쟁을 벌이고 있었어. 이 세 명의 대통령도 모두 제국주의적인 외교 정책을 펼쳤단다.

이즈음 한반도도 일본, 러시아 등 제국주의 국가들 틈바구니에서 근대 국가로 탈바꿈하기 위한 시도를 하고 있었어. 1894년 말 갑오개혁이 일어나 근대 정부를 세우기 위한 발판을 마련했어. 하지만 일본이 명성황후를 시해하고, 고종 황제가 러시아 공사관으로 피난 가는 등 굴곡이 이어졌어. 그러다가 급기야 1910년에는 일본에 강제로 합병되고 말았지. 바로 이 역사의 배후에 미국이 있었다면 놀랍지 않니?

루스벨트가 대통령으로 있을 때인 1904년, 러일전쟁이 터졌어. 이 전쟁은 이듬해 일본의 승리로 끝났지. 일본과 러시아는 9월 미국 뉴햄프셔 주 포츠머스에서 평화 회담을 가졌어. 이 회담을 주선한 사람이 루스벨트야.

루스벨트는 독점 기업을 해체하고 노동조합을 지원하는 등 민주적인 정치를 했었지? 그러나 그런 정치는 국내용이었어. 미국 밖에서는 제국주의 야심을 그대로 드러냈단다. 포츠머스에서 회담이 열리기 두 달 전이었어. 루스벨트는 태프트를 밀사密使로 보내 일본 총리 가쓰라 다오와 타협하도록 했어. 이게 그 유명한 가쓰라·태프트협정이야. 루스벨트는 이 비밀협정을 통해 일본이 한반도를 집어삼켜도 좋다고 허락했어. 한반도의 운명을 루스벨트가 쥐락펴락한 셈이지. 루스벨트가 이런 비민주적인 밀약을 맺은 이유는 필리핀 때문이었어. 루스벨트는 점점 강해지고 있는 일본이 필리핀까지 집어삼킬까봐 걱정하고 있었거든. 필리핀을 안전하게 확보하기 위해 일본의 조선 합병을 묵인한 셈이지.

일본과 밀약을 맺은 태프트는 한때 루스벨트의 심복이었지만 대통령이 된 후에는 루스벨트를 배신한 인물이지. 그 이야기는 이미 했지?

윌슨 대통령은 한반도와 어떤 관련이 있을까? 윌슨은 제1차 세계대전이 끝나갈 무렵 민족자결주의를 표방했어. 모든 민족은 자기의 운명을 스스로 결정할 수 있다는 이념이야. 이 이념에 영향을 받아 한반도에서 대대적인 항일운동이 일어났단다. 그게 바로 3·1운동이야. 일본은 3·1운동을 진압하면서 조선 민중의 힘을 실감했어. 그 후 무단통치에서 문화통치로 식민통치 방식을 바꿨지.

비단 한반도에만 미국이 개입한 게 아냐. 카리브 해 지역은 점점 미국의 앞바다로 변해가고 있었단다.

미국은 쿠바의 독립을 지원했지만 사실상 쿠바를 식민지로 만들었어. 1902년에는 미국 군대를 아예 쿠바에 주둔시켰어. 미국은 쿠바가 다른 나라와 조약을 맺으려면 그전에 미국의 허락을 받도록 법을 고쳐놓기까지 했단다. 남의 나라를 이렇게 주무르면서도 미국은 아무런 죄책감이 없었어. 바로 먼로독트린 때문이야. 유럽이 아메리카에 간섭해서는 안 된다는 선언을 루스벨트는 "미국이 아메리카 전체를 책임져야 한다"로 확장 해석했어. 식민통

파나마 운하의 선적 파나마 운하는 연간 평균 15,000여 척의 선박이 이용하는 해상 무역 통로다. 미국은 파나마의 독립운동을 지원한 댓가로 파나마 운하를 손에 넣었다.

치를 하는 게 아니라 아메리카의 발전을 위해 보호하고 있다는 논리였지. 이럴 때 아전인수라는 표현을 쓰지?

러일전쟁이 터지기 1년 전인 1903년, 파나마가 콜롬비아로부터 독립을 얻어냈어. 이때도 미국이 개입했어. 미국은 전함을 보내 파나마 독립군을 지원했어. 미국이 도운 이유가 있겠지? 맞아, 파나마 운하 때문이었어. 미국은 남아메리카를 돌아 태평양으로 가는 바닷길에 질려 있었어. 파나마에 운하를 만들면 바로 태평양으로 갈 수 있겠지? 미국은 콜롬비아 정부에게 파나마 운하를 만들 수 있도록 허락해달라고 했지만 거절당했어. 하지만 미국은 파나마 운하에 대한 욕심을 버릴 수 없었어. 파나마를 독립시키면 운하를 건설할 수 있겠지? 바로 이 점 때문에 미국이 파나마 독립군을 지원한 거란다.

드디어 파나마가 미국의 도움으로 독립했어. 미국은 파나마 운하를 영원히 독점으로 빌려 쓸 수 있는 권리를 얻었단다. 이듬해 미국이 파나마 운하 공사에 들어갔어. 5만여 명에 가까운 노동력을 투입하고도 10여 년이나 걸린 대공사였어. 1914년 8월, 마침내 파나마 운하가 완공됐어. 자, 미국 배가 뉴욕에서 출발해 샌프란시스코로 간다고 가정해봐. 그전까지는 남아메리카의 맨 밑까지 내려갔다가, 태평양으로 나가서 다시 위로 항해해야 해. 이 경우 항해 거리는 약 2만 2,000킬로미터가

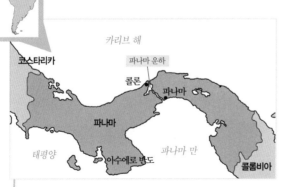

파나마 운하의 건설 태평양과 대서양을 잇는 64킬로미터의 운하. 파나마 운하의 건설로 태평양과 대서양 사이의 항해 거리는 짧아졌다.

되지. 그러나 이제는 파나마 운하로 바로 갈 수 있어. 항해 거리는 9,500킬로미터로 절반 이상이나 줄어들었지. 미국이 왜 파나마 운하에 목숨을 걸었는지 알겠지? 미국은 평생 파나마 운하를 독차지할 것처럼 굴다가 1999년 12월 31일 파나마에게 돌려줬단다.

미국은 다른 중남부 아메리카 국가들에 대해서도 사사건건 간섭했어. 아메리카의 큰형님으로서 그 나라들을 책임진다는 명분을 내세웠겠지? 미국은 니카라과, 도미니카 등에도 군대를 파견했어. 무단으로 그 나라 영토를 점령했지. 중남부 아메리카 민중들 사이에 반미反美 감정이 고조되기 시작했어. 무장 게릴라 투쟁도 벌어졌단다.

제1차 세계대전과 미국

1914년 6월 28일, 유럽 발칸 반도에서 보스니아의 수도 사라예보를 방문 중이던 오스트리아의 황태자 프란츠 페르디난트 부부가 암살당하는 사건이 일어났어. 이 사라예보 사건을 도화선으로 유럽의 여러 나라들이 독일을 중심으로 뭉친 동맹국과 프랑스, 영국 등이 뭉친 연합국으로 편을 나눠 전쟁에 돌입했어. 8월 13일, 가장 먼저 독일이 프랑스를 상대로 선전포고를 함으로써 제1차 세계대전이 터졌지.

미국은 먼로독트린에 따라 중립을 선언했어. 유럽의 일에 간섭하지 않을 테니, 유럽 국가들도 아메리카의 일에 간섭하지 말라는 뜻이었지. 사실 이 전쟁은 미국과 별 상관이 없는 유럽의 전쟁이었어. 더욱이 미국이란 나라 자체가 유럽의 여러 나라에서 건너온 사람들이 세웠잖아? 100여 년이 흘렀지만 그들은 자기 부모들의 고향에 대해 잊지 않고 있었어. 그러니까 미국 정부가 어느 한편을 들기가 쉽지 않았겠지? 중립 선언이 차라리 속이 편한 셈이지. 물론 도덕적으로는 독일을 비판하는 사람들이 많았어. 전쟁을 일으킨 주범이 바로 독일이었으니까 그랬겠지?

미국의 입장에서는 중립을 지키는 게 경제적으로도 이익이 훨씬 컸어. 연합국에 판매하는 군수물자가 어마어마하게 많았거든. 무기 수출로 미국 경제는 사상 최대의 호황을 누렸어. 강 건너 불구경하면서 돈도 버는데, 굳이 세계대전에 끼어들 필요가 없겠지? 그러나 돌발 상황이 터지면서 미국은 전쟁에 끼어들 수밖에 없었단다.

당시 연합군의 최강국은 영국이었어. 독일은 영국을 어떻게든 고립시켜야 했어. 독일의 최신 잠수함들이 영국 주변에 나타나는 배들을 모조리 격침시켰어. 그렇게 하면 영국을 고립시킬 수 있을 거라 생각한 거지. 그러나 독일의 고립 정책은 미국을 전쟁터로 끌어들이는 결과를 가져왔단다.

1915년 5월 뉴욕을 떠나 영국으로 향하던 호화 여객선 루시타니아 호가 아일랜드 남쪽 해안에서 독일 잠수함에게 격침됐어. 1,200여 명이 목숨을 잃었어. 사망자 명단에는 미국인도 100여 명 들어 있었지. 사실 이 배에는 연합군에 팔 탄약과 무기가 실려 있었기 때문에 순수한 여객선이라고는 할 수 없어. 그러나 어쨌든 무고한 민간인이 목숨을 잃었잖아? 미국 내에서 참전을 주장하는 목소리가 높아지기 시작했어. 그 후로도 여러 척의 배가 침몰됐어. 그때마다 미국인의 희생도 늘어갔지. 이런 상황에서 미국의 화를 돋운 결정적인 사건이 터졌어.

1917년 2월, 영국 정보당국이 독일에서 멕시코의 독일 공사관으로 전송된 통신문을 입수했어. 영국이 암호를 해독해보니 이런 내용이었지. "멕시코가 독일의 편에서 미국과 싸워준다면 1848년 당시 미국에게 빼앗긴 땅을 찾을 수 있도록 돕겠다고 멕시코 정부를 설득해라!"

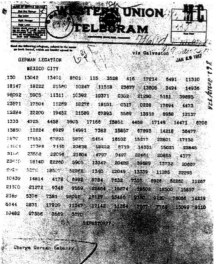
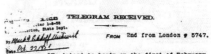

치머만 전보 왼쪽은 그 원문이며 오른쪽은 영국이 암호를 해독한 뒤 미국으로 보낸 통신문이다. 치머만 전보 사건은 미국이 제1차 세계대전에 뛰어드는 데 결정적 계기가 됐다.

통신문을 보낸 사람은 독일 외무장관 아르투르 치머만이었어. 그의 이름을 따 치머만 전보 사건이라고 한단다. 영국은 치머만 전보를 미국에 전달했어.

미국의 대통령 윌슨은 1917년 3월 1일, 이 사실을 공개했어. 미국인들의 분노가 폭발했어. 이제 먼로독트린은 더 이상 설 땅이 없었어. 1917년 4월 6일, 윌슨은 독일에 대해 선전포고를 했어. 이로써 미국도 제1차 세계대전에 참전하게 된 거야.

미국은 즉각 전시 체제로 바꾸었어. 모든 성인 남성은 의무적으로 국가에 신고를 해야 했고, 이 가운데 약 5,000만 명이 군인으로 선발됐어. 남자들이 모두 군대로 가버리자 여자들이 그 자리를 메우기 시작했지. 많은 여성들이 공장으로 출근했어. 이 무렵에 여성 노동자들이 폭발적으로 증가했단다.

미국의 참전으로 연합군은 든든한 후원자를 얻었어. 전세도 연합군 쪽으로 기

윌슨 대통령의 연설 1917년 4월 미국에서 열린 의회에서 윌슨이 제1차 세계대전의 참전을 촉구하는 연설을 하고 있다.

울 조짐이 보였어. 윌슨은 국제 질서를 새로 짤 필요가 있다고 판단했고, 1918년 1월 8일에 14개 조항을 발표했어. 미국이 이제는 세계 질서를 쥐락펴락하려고 하지?

14개 조항은 모든 연합국들로부터 환영받았어. 이 조항 가운데 가장 대표적인 게 민족자결주의야. 훗날 이 원칙에 따라 폴란드가 독립했고, 오스만 제국의 영토였던 서아시아^{중동}가 여러 나라로 쪼개졌지. 그러나 이 원칙은 제1차 세계대전 패전국에게만 적용됐어. 승전국의 식민지는 그대로 유지됐어. 그 때문에 반쪽짜리 민족자결주의라는 비판을 받았어. 이밖에도 자유무역과 군비 축소 등이 14개 조항에 들어 있었어. 또 국제분쟁을 조정할 기구인 국제연맹을 만드는 조항도 들어 있었단다. 자세한 내용은 《통세계사》를 참고해.

이즈음 전쟁을 주도한 독일에서 11월 혁명이 일어나 황제가 물러났어. 독일 제국은 붕괴되고, 임시정부가 나서서 연합국과 휴전협정을 체결했어. 이로써 제1차 세계대전이 끝났어. 연합국 대표들이 파리에 모였어. 윌슨도 파리로 넘어가 베르사유조약을 체결하는 데 크게 기여했어. 그러나 정작 미국 연방의회가 이 조약을 비준하지 않아 미국은 국제연맹에 가입하지 못했단다. 윌슨은 의원들을 설득하기 위해 열심히 뛰어다녔지만 오히려 병만 얻어 드러눕고 말았어. 결국 미국은 실컷 떠들기만 하고, 아무것도 얻지 못한 셈이지.

1920년대, 자동차 시대가 열리다

전쟁이 끝난 후의 미국을 마저 살펴볼까?

19세기 후반을 마지막 개척 시대, 1900년대와 1910년대를 혁신주의 시대라고 한다면 1920년대는 번영의 시대라고 할 수 있을 거야. 이 무렵 미국은 놀라운 속도로 경제 성장을 이뤘단다. 마천루라 불리는 고층 빌딩이 우후죽순으로 늘어났고, 영화나 스포츠 산업이 발달하면서 많은 스타들이 탄생했지. 이 모든 변화 가운데 가장 미국적인 것을 찾으라면 아마도 자동차가 대중화됐다는 점일 거야. 그래, 1920년대의 미국은 자동차의 시대였단다.

물론 미국에서 자동차가 발명된 것은 아니야. 자동차는 18세기 후반 프랑스에서 발명됐지. 그 후 자동차의 생산 기술은 꾸준히 발전했어. 그러나 20세기가 되도록 자동차는 상당히 비쌌단다. 일반 서민이 소유하는 것은 사실상 불가능했어. 자동차는 부富의 상징이었지.

그랬던 자동차가 1920년대 들어 미국의 일반 서민에게도 보급되기 시작했어. 1930년대 초에는 거의 모든 가구가 자동차 한 대씩 가질 수 있게 됐단다. 과거에는 자동차를 갖고 있느냐가 부자와 가난뱅이를 결정하는 기준이었지만, 이제는 얼마나 비싼 자동차를 갖고 있느냐로 기준이 바뀌었지.

미국의 1920년대를 자동차 시대로 만든 주역은 바로 헨리 포드야. 그래, 포드 자동차 회사를 설립한 바로 그 인물이란다. 포드는 에디슨전기회사의 직원으로 일하고 있었어. 그는 자동차가 머잖아 생활필수품처럼 꼭 필요한 물건이 될 거라고 생각했지. 그렇게 되려면 우선 자동차 가격이 더 떨어져야 할 거야. 당연히 대량 생산 시스템이 필요하겠지?

1896년 포드는 처음으로 자신이 개발한 가솔린 엔진으로 자동차를 만들었어.

대중용 자동차를 생산한 포드 자동차 시대를 연 주역으로 꼽히는 헨리 포드. 그는 일의 생산성을 높인 포드시스템을 개발한 것으로도 유명하다.

이게 포드의 첫 작품이었지. 포드는 대규모 공장만 있다면 자동차 대량 생산도 문제없다는 자신감을 갖게 됐어. 그러나 공장을 세울 돈이 없었지.

포드는 자신이 주목을 받아야 투자를 이끌어낼 수 있다고 생각했어. 모두가 놀랄 만한 사건이 필요했지. 그는 자신이 개발한 경주용 자동차를 타고 대회에 나갔어. 만약 이 대회에서 그의 자동차가 사람들을 감동시킨다면 많은 투자자들이 나설 거라고 판단했던 거야. 그의 판단은 적중했어. 포드는 이 대회에서 시속 70킬로미터를 넘기며 최고 기록을 냈고, 우승했어. 여러 투자자들이 그에게 돈을 댔고, 마침내 1902년 포드는 회사를 설립했어.

하지만 첫 사업에서 포드는 안타깝게도 고배를 마셨단다. 그래, 쫄딱 망한 거야. 그러나 포드는 성능이 더 뛰어난 경주용 자동차를 만드는 데 성공했고, 투자자들이 다시 돈을 들고 그를 찾아왔어. 1903년 포드는 자본금 10만 달러로 포드자동차회사를 미시건 주 디트로이트에 설립했단다. 포드 자동차의 신화가 바로 이곳에서 시작됐어.

그러나 대량 생산이 아직 이뤄지지 않았기에 자동차 가격은 만만찮았어. 포드는 연구에 몰두했어. 5년이 더 걸렸어. 마침내 1908년 10월, 포드는 대량 생산 방식으로 만들어진 포드 티를 출시했단다. 첫 해에 6,800여 대를 생산했고, 다음 해에는 1만 대를 생산했어. 당시의 기술 수준을 감안하면 엄청난 물량을 한꺼번에

생산한 셈이야. 바로 이 포
드 티가 세계 최초의 서민
을 위한 자동차였단다.

포드 T　포드자동차회사가 대량 생산 방식으로 만든 첫 번째 자동차다.
1908년부터 생산됐으며 사진 속 차종은 1911년식이다.

　포드는 여기에서 멈추
지 않았어. 1913년에는 포
드시스템을 개발했어. 컨
베이어 벨트에 부속품이
실려 움직이면 노동자가
조립하는 방식이지. 오늘
날 많은 공장들이 이런 방
식으로 물품을 생산한단다. 포드시스템은 대량 생산 시스템을 나타내는 대표적인
말이 되었단다.

　포드는 이듬해 하루 노동시간을 8시간으로 제한하고, 최저임금을 하루 5달러로
정했단다. 그전까지 최저임금은 채 3달러가 되지 않았어. 포드는 왜 임금을 이렇
게 높였을까? 그는 돈을 더 주는 대신 생산성을 높일 것을 원했어. 그렇게 해야 짧
은 시간에 더 많은 제품을 생산할 수 있고, 그래야 소비자에게 싸게 공급할 수 있
지. 당연히 이익은 더 커지겠지?

　이처럼 포드는 처음으로 자동차를 대량 생산하고 값싸게 서민에게 공급하고 합
리적인 경영 시스템을 갖추는 등 많은 업적을 남겼어. 그 때문에 포드를 오늘날까
지도 '자동차 왕'이라고 부른단다.

　포드 티가 출시되던 해, 디트로이트에 또 하나의 자동차 회사가 설립됐어. 이 회
사가 바로 제너럴모터스, 즉 지엠GM이란다. 지엠은 공격적인 경영으로 포드를 추

격했어. 그러나 하루가 멀다 하고 신기술을 선보이는 포드를 따라잡을 수는 없었어. 포드는 1920년대 초반 미국 전체 자동차 시장의 60퍼센트, 세계 자동차 시장의 50퍼센트를 생산했단다. 그야말로 포드의 시대가 활짝 열린 셈이지.

이렇게 되자 지엠을 설립한 윌리엄 듀랜트는 사업 실패의 책임을 지고 쓸쓸히 회사를 떠났어. 그리고 금융 왕 모건과 뒤퐁이 지엠을 개혁했어. 그 결과 1928년에는 지엠이 자동차 업계 선두로 올라섰어. 자동차 시대를 열었던 주역인 포드는 2위로 밀려났고, 그 후 지엠이 전 세계 자동차 시장을 이끌었단다.

포디즘 vs 테일러리즘

미국은 자본주의가 가장 빨리 발전한 나라답게 노동자를 관리하는 기법도 가장 먼저 등장했단다. 포디즘Fordism과 테일러리즘Taylorism이 대표적이지.

포디즘의 가장 큰 특징은 생산성을 높이기 위해 노동자에게 동일한 작업만 시켰다는 거야. 이를테면 타이어를 자동차에 부착하는 노동자는 하루 종일 그 일만 하지. 이렇게 해야 다른 작업장으로

포디즘에 의한 노동 노동자가 각자 맡은 일만 한자리에서 하루 종일 반복하도록 하는 포디즘은 생산 효율성은 크지만 비인간적이라는 비판을 받는다.

이동하는 시간이 줄고, 같은 동작을 반복하니 일의 속도도 빨라지겠지?

테일러리즘의 가장 큰 특징은 생산성을 높이기 위해 노동자의 작업 시간과 동작을 과학적으로 연구했다는 데 있어. 그래서 과학적 관리법이라고 일컬어져. 정해진 시간에 목표량을 달성해야 하고, 목표량에 미치지 못하면 불이익을, 넘으면 추가 수당과 같은 당근을 주지. 좀 비인간적이란 생각이 들지 않니? 이런 점들 때문에 포디즘과 테일러리즘 모두 인간을 기계와 돈의 부속물로 만들어 비인간적이라는 비판도 많이 받는단다.

대중문화와 '광란의 시대'

이제 1920년대가 왜 번영의 시대였는지를 살펴볼 거야. 결론부터 말하자면, 첫째 제1차 세계대전이 끝나면서 그 어느 때보다 평화로운 시기가 시작됐어. 둘째 전쟁 기간에 미국이 군수물자 판매로 꽤 짭짤한 재미를 봤고, 그 덕분에 경제가 살아났어. 셋째 미국 국민의 소비가 폭발적으로 증가했어. 이미 살펴봤던 대로 자동차가 생활필수품이 될 정도로 소비가 살아났지. 넷째 문화산업이 급속하게 성장하기 시작했어.

이 가운데 특히 문화산업의 성장은 따로 살펴봐도 좋을 만큼 중요하단다. 오늘날 할리우드 영화는 전 세계를 지배하고 있고, 팝과 재즈는 전 세계의 음악팬을 사로잡고 있지. 또 야구를 비롯한 스포츠도 전 세계에 많은 팬을 확보하고 있어. 1920년대 미국에서는 대중문화가 폭발적으로 성장했어. 이 때문에 어떤 학자들은 이런 문화적 현상에 주목하면서 미국의 1920년대를 '광란의 시대The Roaring Age'라고 부르기도 한단다.

우선 영화부터 살펴볼까?

1911년 캘리포니아 주 로스앤젤레스 외곽의 한 시골에 영화촬영소가 만들어졌어. 여기가 바로 오늘날의 할리우드란다. 이 할리우드가 탄생함으로써 비로소 미국 영화의 시대가 열렸어. 19세기 말 에디슨이 영사기키네토스코프를 발명한 이후 많은 영화가 만들어졌어. 물론 영화관에서 상영되기도 했지. 그러나 그때까지의 영화는 장면을 찍은 후 편집 과정 없이 그대로 상영하는 방식이었어. 영화를 찍을 때 다양한 기법을 도입하거나 필름을 편집할 수 있는 기술이 없었지. 할리우드가 생기면서 이런 기술도 발달하기 시작한 거야.

제1차 세계대전이 끝난 후 많은 영화들이 만들어졌어. 더불어 스타도 탄생했지.

대표적인 인물이 바로 찰리 채플린이야. 그는 〈가짜 목사〉, 〈황금광 시대〉 등 히트작을 발표했어. 이 영화들은 모두 소리가 나지 않았어. 1920년대 중반까지는 이런 무성영화가 주로 만들어졌단다.

그러던 중 1927년 할리우드의 영화사 워너브라더스가 최초로 소리를 동시에 녹음한 유성영화 〈재즈 싱어〉를 발표했어. 영화를 보던 관객들의 표정이 어리둥절해졌어. 그전까지만 해도 영화에서 소리가 나오지 않았잖아? 워너브라더스는 이 영화 하나로 순식간에 유명한 회사로 떠올랐단다. 많은 영화 팬들이 유성영화를 반겼지. 덕분에 영화 산업이 제2의 전성기를 맞았단다.

〈재즈 싱어〉가 발표되던 해 미국영화예술과학아카데미라는 기구가 출범했어. 이 기구는 2년 후인 1929년부터 미국에서 상영된 영화 가운데 우수작을 선정해 상을

부랑자 캐릭터로 사랑받은 채플린 무성영화와 유성영화를 넘나들며 위대한 걸작을 만들어낸 영국 태생의 미국 배우 겸 감독. 사회적 풍자와 비판이 곁들여진 다수의 영화를 제작했다.

줬어. 이 시상식이 오늘날까지도 미국 영화제의 대명사로 통하는 아카데미 시상식이란다. 처음에는 총 11개 부문에서 상을 줬는데, 오늘날에는 25개 부문에서 상을 주고 있지.

영화 〈재즈 싱어〉는 재즈 가수의 삶을 담고 있어. 이런 영화가 만들어졌다는 사실에서도 알 수 있듯이 1920년대에는 재즈가 폭발적으로 성장했단다. 오늘날까지 재즈 가수의 영원한 우상으로 추앙받고 있는 루이 암스트롱이 이때 활동했어.

미국이 자랑하는 트럼펫 연주자 암스트롱 미국의 재즈 음악가로 트럼펫 연주와 개성 있는 창법의 노래로 큰 인기를 끌었다. 1925년 발표한 〈핫 파이브 & 세븐〉은 재즈 사상 가장 위대한 명반으로 평가받고 있다.

재즈는 흑인들이 주로 즐기던 음악이야. 뿌리를 거슬러 올라가면 흑인들이 고된 노예 생활을 하면서 불렀던 노동요에 이르게 돼. 이 노동요가 흑인 교회의 성가로 발전했고 클래식, 행진곡 등의 요소가 결합되면서 재즈가 생겨난 거지. 흑인 음악이 폭발적인 인기를 얻은 걸 보면 흑인들의 인권도 좀 향상된 것 같지? 실제로 이 무렵부터 흑인 민권운동이 크게 늘어났단다.

영화, 음악, 스포츠 분야에서 스타가 탄생하기 시작했어. 연예계나 스포츠계가 아닌데도 이 무렵 미국 최고의 스타는 따로 있었어. 바로 찰스 린드버그란 인물이야. 그는 1927년 5월 '세인트루이스의 정신'이란 비행기를 타고 뉴욕을 이륙했어. 33시간 30분 후 이 비행기는 프랑스 파리에 착륙했지. 처음으로 대서양을 비행기로 횡단한 거야! 린드버그는 1900년 처음으로 비행에 성공한 라이트 형제의 뒤를 이어 항공 역사를 새로 쓴 인물로 오늘날까지도 기억되고 있지.

1920년대는 이처럼 번영의 시대였고, 화려한 시대였어. 사람들은 흥청망청 요

최초로 대서양 횡단 무착륙 단독 비행에 성공한 린드버그
미국의 비행사 찰스 린드버그는 1927년 뉴욕에서 파리까지 33시간 30분의 비행을 성공적으로 마쳐 미국인의 영웅이 됐다. 1931년 북태평양 횡단 비행에도 성공했다.

지경 세상 속으로 빠져들었어. 정부도 걱정이 됐던 것일까? 정부가 칼을 빼들었어. 1921년 정부는 술의 판매를 금지하는 금주법을 실시했단다. 술이 없어지니 술꾼도 없어졌을까? 아니야. 정반대였어. 은밀하게 술을 만들어 파는 범죄 조직이 기승을 부렸단다. 시카고에 근거지를 둔 대표적인 범죄 조직이 바로 마피아였어. 범죄와의 전쟁이 벌어졌지. 결과는? 글쎄, 누가 이겼다고 결론 내리긴 쉽지 않아. 어쨌든 정부는 1933년 금주법을 폐지했단다. 강제로 술을 못 팔게 한다고 해서 세상이 맑아지는 것은 아니란 사실을 깨달은 거지.

미국 대공황과 제2차 세계대전

　1928년 미국 대통령 선거가 치러졌어. 공화당의 후보 허버트 후버는 "현재 미국은 그 어느 때보다 풍요롭다. 빈곤은 미국에서 사라졌다"라고 선언했어. 아마 미국인들도 같은 생각이었나봐? 후버는 민주당 후보^{앨프레드 스미스}를 가볍게 누르고 미국의 31대 대통령이 됐단다.

　그렇지만 이 무렵에는 이미 경제 거품 논란이 일고 있었어. 전반적으로 산업이 크게 발달하긴 했지만 전기, 철도, 정유 등 기반 산업을 빼면 나머지 산업은 불황에 빠져 있다는 분석이 나왔지. 산업이 고르게 발전하지 않기 때문에 경제의 토대가 부실하다는 뜻이야. 쉽게 말해 겉모양만 번지르르했단 얘기지.

　새로 대통령이 된 후버나 그의 전임 대통령인 존 캘빈 쿨리지는 모두 이런 분석을 믿지 않아어. 두 대통령은 미국의 번영이 계속될 것이라고 믿었지. 그러나 그 예측은 틀렸어. 미국은 사상 최악의 대공황에 빠지게 되고, 이 대공황이 발단이 돼 제2차 세계대전도 일어난단다.

후버가 대통령에 취임한 1929년, 공황의 조짐이 보이기 시작했어. 빈부 격차가 커지면서 돈이 없는 빈곤층은 시장에서 물건을 사고 싶어도 살 수가 없었어. 아무리 부자들이 소비를 늘린다고 해도 중산층 이하에서 소비가 확 줄었으니, 전체 소비는 급격한 하강곡선을 그리기 시작했지.

소비가 줄어들면 팔리지 않은 물건들이 재고품이 돼버려. 그런데도 기업들은 제품 생산을 멈출 수 없었어. 만약 생산을 멈추면 공장 문을 닫아야 하잖아? 그 결과 물건은 넘쳐나는데 팔리지 않는 현상이 전국 곳곳에서 나타나기 시작했어. 제조업 분야에서만 이런 현상이 나타난 게 아니야. 첨단 설비를 갖춘 농부들도 농작물을 너무 많이 수확하고 있었어.

소비는 줄어들고 있지만 생산은 오히려 점점 늘어나고 있었어. 이런 상황에서

구제에 실패한 대통령 후버 허버트 후버는 무책임한 낙관주의자로, 오늘날 미국인이 가장 싫어하는 대통령 가운데 한 명이다.

아직 돈이 있는 사람들은 주식 시장으로 몰렸어. 그래, 건전한 경제 활동에 쓰여야 할 돈이 모두 주식 시장에 풀린 거야. 연일 주가株價가 치솟았어. 기업들은 주가를 더 띄우기 위한 묘책을 짜내느라 정신이 없었어. 머잖아 주가 총액이 기업의 실제 가치를 훨씬 넘어서는 현상이 나타났어. 이를테면 100만 달러의 가치밖에 안 되는 회사의 주식 총액이 100배가 넘는 1억 달러로 치솟는 식이야. 주식 거품이 나타난 거지.

주식 시장이 활활 타오르니 돈이 없는 사람들도 기웃거리기 시작했어. 주식 투자는 원래 가지고 있는 돈, 그러니까 여유 자금으로 하는 게 상식이야. 그러나 중산층 이하의 사람들은 그럴 여유가 없었어. 투자할 돈이 있어야 돈을 벌든지 할 것 아니야? 이런 사람들은 대출을 받아 투자할 돈을 마련했어. 농민들은 금싸라기 같은 땅을 저당 잡히고 돈을 빌렸지. 어떤 사람들은 빌린 돈으로 주식을 산 뒤, 그 주식을 담보로 돈을 대출해 또 다른 주식을 샀단다. 이런 빚쟁이 투자자들의 결말은 비슷했어. 그래, 모두 홀라당 돈을 날린 거야. 1920년대 후반, 이와 같은 주식 투기 열풍으로 미국 전체가 몸살을 앓고 있었단다.

비극은 1929년 9월부터 시작됐어. 주식 시장에 주식을 한꺼번에 내다 파는 사람들이 생기기 시작했어. 그래도 아직까지는 주식을 사려는 사람들이 있었기 때문에 주가가 급격하게 하락하지는 않았어. 주가가 매일 오르락내리락 요동치는 상황이 한 달간 계속됐어.

10월 23일, 주식 시장이 문을 열자 주식을 팔겠다는 사람들이 폭증했어. 주가가 떨어질 것을 알고 발을 빼려는 거였지. 다른 날보다 상황이 심각했기에 언론들도 이 사실을 대서특필했어. 폭풍 전야 같은 하루가 지나고 10월 24일이 됐어.

그날은 목요일이었어. 모든 사람이 주식을 팔겠다고 아우성이었어. 주식을 사겠다는 사람은 거의 없었지. 주가는 하루 동안 몇 차례나 폭락을 거듭했어. 주가가 다시 오르는 기적은 일어나지 않았지. 이 사건을 '암흑의 목요일'이라고 부른단다. 긴급 자금이 투입됨으로써 암흑의 목요일이 주식 시장의 붕괴로 이어지는 것은 간신히 막을 수 있었지.

그러나 이미 미국의 주식 시장은 회복할 수 없을 만큼 악화돼 있었어. 게다가 암흑의 목요일 사건이 전국에 알려지면서 불안감은 더욱 커졌지. 5일 후인 10월 29

대공황의 참상 미국 대공황의 비참함이 드러나는 사진으로 도로시 랭의 1936년 작품이다. 캘리포니아에 사는 이주민 여성으로, 세 아이를 데리고 배급을 기다리는 30대 엄마의 슬픈 표정이 대공황으로 인한 참사를 여실히 보여준다.

일, 또다시 주가가 폭락했어. 암흑의 목요일보다 더 심각했어. 이번에는 긴급 자금을 투입할 엄두가 나지 않았어. 속수무책으로 주식 시장은 붕괴되고 말았단다. 이때부터 11월까지 약 한 달간 주가는 절반 가까이 떨어졌고, 약 300억 달러의 돈이 공중으로 사라졌어. 주식들은 휴지 조각이 돼버렸고, 미국 대공황이 시작됐단다.

기업들이 하루에도 수백수천 개씩 파산했어. 실직자는 불과 몇 년 사이에 4배로 늘었고, 수백만 명이 직장을 구하지 못했어. 농촌도 비참하기는 마찬가지였어. 수확량은 계속 늘어나는데, 가격은 계속 떨어졌지. 열심히 농사를 지어봤자 원가도 건지지 못하는 상황이 된 거야. 게다가 땅을 담보로 돈을 빌린 농민들은 빚을 갚지 못해 땅을 내놓아야 했어. 돈이 돌지 못하자 이번에는 은행이 무너졌어. 1929년부터 1931년까지 약 5,000개의 은행이 문을 닫았단다. 많은 미국인이 굶어죽을 위기에 처했어. 곳곳에 무료 식량 배급소가 운영됐지. 그러나 식량을 얻으려 해도 긴 줄에서 한참 동안 기다려야 했단다.

매일매일 최악의 상황이 속출하고 있었어. 후버는 뭘 하고 있었을까? 그는 "일시적인 위기다. 곧 미국 경제는 정상을 회복할 것이다!"라고 선언했대. 참으로 한

심하지? 당연히 그의 예측은 빗나갔어. 미국 경제는 더 깊은 수렁으로 빠지는 듯
했어. 후버는 오늘날까지도 미국인이 가장 싫어하는 대통령 중 한 명이라는구나.

루스벨트와 뉴딜

1932년 무렵 실직자는 1,300만 명을 훌쩍 넘어섰어. 국민은 더 이상
후버 대통령을 믿지 않았지. 마침 그해에 대통령 선거가 치러졌어. 당
연히 대통령이 바뀌었겠지?

백악관의 새 주인이 된 인물은 민주당 상원의원 출신으로, 당시 뉴욕 주지사였
던 프랭클린 루스벨트였어. 그는 선거공약으로 뉴딜 정책을 제시했어. 이 뉴딜 정
책에 대해서는 오늘날까지 알맹이가 없었다는 비판이 따라붙고 있단다. 그러나
당시에는 알맹이가 있고 없고를 따질 상황이 아니었어. 국민들은 후버의 무책임
한 낙관주의에 진절머리가 났고, 추상적으
로 보이지만 뭔가 해결책이 들어 있을 것
같은 뉴딜 정책에 매력을 느꼈지. 루스벨
트는 압도적인 지지를 받으며 32대 미국
대통령에 당선됐단다.

이듬해 3월 4일 대통령 취임 연설에서
루스벨트는 "우리가 두려워해야 할 것은
두려움 그 자체다"라고 말했어. 아무리 힘
든 상황이라도 두려움만 없앤다면 이겨낼
수 있다는 뜻이야. 이 말은 요즘에도 상황
이 어려울 때 종종 인용되는 유명한 문구

대공황과 제2차 세계대전을 모두 경험한 대
통령 루스벨트 미국 역사상 유일하게 4선 대통
령을 지낸 인물이다. 뉴딜 정책으로 대공황을 극
복하려 했다.

란다.

바로 다음 날, 그는 전국 은행에 휴업령을 선포했어. 모든 은행이 이때부터 4일간 문을 닫았어. 연방의회는 루스벨트의 요청에 따라 긴급은행법을 통과시켰고, 재무부는 부실한 은행과 튼튼한 은행을 선별했어. 25퍼센트 정도의 은행이 문을 닫았지.

루스벨트가 가장 먼저 은행에 손을 댄 것은 그만큼 금융에 대한 국민의 불신이 컸기 때문이야. 건전한 국민들은 돈을 고스란히 집안 장롱에 모셔두고 있었어. 돈놀이에 열중하는 은행에 맡겼다가는 돈을 날릴 수도 있잖아? 루스벨트는 은행이 신뢰를 회복해야 돈이 시중에 풀릴 거라고 생각한 거야.

3월 15일, 루스벨트는 라디오를 통해 대국민 호소문을 발표했어. 동네 아저씨가 화롯가에 앉아 얘기하듯 친절한 목소리로 "이제 은행을 믿어도 됩니다!"라고 선언했지. 국민들은 그의 호소를 받아들였어. 아침이 밝아오자 많은 사람들이 돈을 들고 은행으로 간 거야. 뉴딜 호의 조짐이 좋아 보이지?

뉴딜 정책의 가장 큰 특징은 정부가 그 어느 때보다 경제에 적극 개입했다는 거야. 그전까지는 경제 활동에 정부가 적극 개입하지 않았어. 이런 경제를 자유주의 경제라고 부르지. 루스벨트 정부는 경제를 주도했고, 위기에 처했을 때는 즉각 개입했어. 이 때문에 뉴딜 정책을 정부가 경제를 좌우하는 최초의 경제 정책이라고 평가하는 학자들도 있단다.

루스벨트는 뉴딜 정책으로 우선 침체된 경제를 구하고, 이어 경제를 부흥시킨 다음 미국 경제 전체를 개혁하겠다는 세 가지 목표를 세웠어. 이를 위해 20여 개에 가까운 개혁 법안을 만들었단다. 그중 중요한 정책 몇 가지만 살펴볼까?

우선 긴급구호법을 만들어 실업자들의 생계를 지원했어. 또 사회보장법을 제정해 노인들에게는 연금을, 실직자에게는 수당을 지급하도록 했지. 이 법의 시행으로 미국도 유럽 국가들처럼 노후 생활을 보장하는 나라로 발돋움했단다.

산업을 발전시키고 건전한 노사관계를 정착시키기 위한 법률도 만들어졌어. 국가산업부흥법이 바로 그 법이야. 이 법에는 노동자 최저임금을 보장하고, 노동조합을 자유롭게 만들 수 있도록 하는 내용이 담겨 있었는데 대법원에서 위헌 판결을 받았단다. 루스벨트는 물러서지 않았어. 2년 후 국가노동관계법와그너법이란 더 강력한 법을 내놓았고, 마침내 이 법이 시행됐지. 노동조합이 활기를 띠기 시작했어. 오늘날 미국에서 노조의 힘이 강한 게 루스벨트 덕분이라고 할 수 있지.

루스벨트는 대규모 공공사업을 벌여 실직자들에게 일자리를 줬어. 테네시강유역개발공사TVA를 세워 앨라배마의 테네시 강에 댐과 발전소를 건설한 사업이 대표적이야. 대규모 공공사업을 벌여 실업률을 줄이겠다는 루스벨트의 시도는 성공적이었다는 평가를 받고 있단다.

농업 부분도 개혁했어. 농업 수확량이 지나치게 많았다고 했지? 루스벨트는 농업조정법을 제정해 강제로 수확량을 줄이도록 했어. 수확량이 줄어들면 수요와 공급이 비슷해지기 때문에 농산물 가격이 오를 것이고, 그렇게 되

노리스 댐 미국 테네시 주 동쪽 테네시 강 지류에 있는 다목적댐으로 1936년에 완공됐다. 테네시강유역개발공사에 의해 건설된 30여 개 댐 중 가장 먼저 시공됐다.

면 불황도 사라질 거라고 판단한 거야. 이를 위해 정부는 살아 있는 가축들까지 죽였단다. 처음에 반발했던 농민들도 점차 농산물 가격이 오르자 뉴딜 정책을 긍정적으로 보기 시작했지.

4선 대통령이 더 이상 탄생하지 않는 까닭은?

미국 대통령의 임기는 4년이야. 그러나 1933년 미국 대통령에 취임한 루스벨트는 12년을 넘게 집권했어. 그는 1944년 11월 당선됨으로써 미국 역사상 전무후무한 4선 대통령이라는 기록을 남겼어. 하지만 네 번째 임기를 마치지 못하고 1945년 4월 세상을 떠났단다. 그가 끝까지 대통령 직을 수행했더라면 집권 기간은 무려 16년이 되겠지?

이상한 점이 있어. 루스벨트 이후 오늘날까지 4선 대통령이 더 이상 등장하지 않고 있다는 거야. 1951년 2월 헌법을 고쳐 대통령의 임기를 8년까지 제한했기 때문이란다. 혹시 모를 독재를 막기 위한 조치였지. 그러니까 요즘 미국 대통령은 한 번 연임하는 것으로 만족해야 해. 3선, 4선을 노리는 정치인들이야 아쉽겠지만 국민의 관점에서 보면 현명한 조치가 아닐까?

제2차 세계대전에 참전한 미국

1936년 루스벨트는 재선했어. 국민의 지지를 확인한 루스벨트는 뉴딜 정책을 더욱 강력하게 추진했지. 경제가 좋아졌을까? 실업자는 줄어들었을까? 글쎄. 이 점에 대한 평가는 학자들마다 크게 달라. 어떤 학자들은 루스벨트의 임기 후반에 터진 제2차 세계대전이 미국을 구했다고 주장하지. 무슨 뜻이냐고?

루스벨트가 대통령에 재선될 무렵에는 미국 경제가 정말로 좋아진 것처럼 보였어. 그러나 이런 분위기는 이듬해 바로 역전됐지. 실업자는 다시 증가했고 1,000만 명을 넘는 실직자가 거리를 배회하기 시작했어. 그래, 또다시 최악의 사태를 맞은 거야. 정부는 막대한 예산을 투입해 실업자를 지원했지만, 경제가 살아날 기미가 보이지 않았어.

이런 상황에서 제2차 세계대전이 터졌단다. 공교롭게도 미국 경제는 그 후 되살아났어. 루스벨트를 지지하는 사람들은 뉴딜 정책이 뒤늦게 효과를 발휘한 것이라고 주장하겠지? 그러나 비판론자들은 전쟁이 터진 후 엄청난 양의 무기를 수출했기 때문에 경제가 좋아진 것이라고 주장한다. 어느 쪽이 옳은 걸까? 그 판단은 각자에게 맡길게.

이제 제2차 세계대전이 왜 터졌는지, 미국과는 어떤 관계가 있는지 살펴볼까?

이 무렵 전 세계는 이미 한 몸처럼 돌아가고 있었어. 1929년 미국 대공황이 터지자 그 파장이 곧바로 유럽으로 번졌단다. 미국 기업인들은 당장 발등에 떨어진 불을 끄려는 요량으로 유럽에 투자했던 돈을 회수했어. 그러자 유럽에서 돈이 말라버렸고, 유럽 경제가 급속도로 악화되기 시작했지. 그래, 미국 대공황이 세계 대공황으로 이어진 거야!

세계 대공황은 제1차 세계대전의 폐허를 복구하려고 노력하던 독일 국민을 절망에 빠뜨렸어. 가까스로 살아나던 경제가 다시 곤두박질쳤으니 모든 희망이 사라졌겠지? 독일인들은 절망스런 현실을 벗어나기 위한 탈출구를 찾기 시작했어. 이때 아돌프 히틀러가 등장했지. 히틀러는 게르만족의 부활을 내세우며 독일 국민을 선동했어. 루스벨트가 미국 대통령에 취임한 바로 그해, 히틀러는 독일의 수상이 됐단다.

히틀러는 즉각 전쟁 준비에 돌입했어. 국제연맹을 탈퇴한 후 베르사유 조약을 깨고 1936년 라인란트를 무력으로 점령했어. 1938년에는 오스트리아를 합병했고, 1939년 9월 폴란드를 침공했어. 일본은 이보다 앞선 1933년 중국 동북부에 만주국을 세웠어. 1936년에는 중일전쟁이 일어났지. 이렇게 해서 제2차 세계대전은 시작됐어.

미국은 또 중립을 선언했어. 제1차 세계대전 때와 비슷한 풍경이지? 미국 연방의회는 1935년, 전쟁 중인 나라에게는 무기를 팔지 않는다는 중립법을 제정했어. 다만 그 나라들이 직접 배를 이끌고 미국에 와서 무기를 사가는 것은 허용했어. 돈을 벌면서도 전쟁에는 끼어들지 않겠다는 뜻이지.

미국의 선전포고 1941년 진주만 공격 이후 제2차 세계대전 참전을 결정하고 선전포고 명령에 서명하는 프랭클린 루스벨트 대통령.

루스벨트는 이 법이 맘에 들지 않았어. 그는 일본이 중국을 침략한 행위나 독일이 유럽 대륙을 전쟁터로 만드는 행위를 증오하는 국제주의자였단다. 그는 인류의 적인 독일과 일본을 응징하기 위해 전쟁에 뛰어들고 싶었어. 그러나 연방의회가 완강하게 고립주의먼로독트린를 내세우니 어쩔 수가 없었지.

루스벨트는 우회 전략을 쓰기로 했어. 경제적 조치를 동원한 거야. 1940년 9월, 미국은 중국을 침략한 일본에 대해 부분적으로 무역을 중단했어. 전면적인 무역 중단은 아니었지만 이미 미국과의 무역량이 상당히 많았던 일본은 이 조치만으로도 큰 타격을 입었어. 일반 미국인들도 가세해 일본 상품 불매운동을 벌였지.

미국 의회는 중립을 선언해놓고도 국방 예산을 대대적으로 늘렸어. 어쩌면 이때부터 참전을 준비하고 있었던 게 아닐까? 어느덧 1940년이 다가

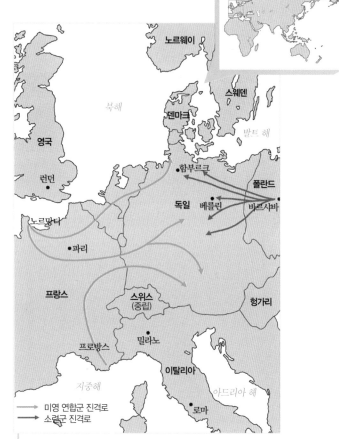

오고 있었어. 또다시 대통령 선거가 치러졌지. 루스벨트는 뉴딜 정책을 계속 추진하겠지만 전쟁에 관해서는 중립을 지키겠다고 공약했어. 루스벨트는 대통령에 재선됐고, 이듬해 세 번째 임기를 시작했단다.

선거가 치러지기 직전, 미국은 뉴펀들랜드, 버뮤다, 카리브 해 연안에 있는 영국의 해군 기지를 사용하는 대가로 미국의 낡은 구축함 50척을 영국에 빌려준 적이 있어. 이 사건을 계기로 1941년 3월에는

→ 미영 연합군 진격로
→ 소련군 진격로

연합군의 유럽 탈환 미국과 영국 연합군은 아프리카와 대서양 방향으로 독일을 압박했다. 아이젠하워 장군은 노르망디 상륙 작전을 지휘했다.

반일 포스터 일본의 진주만 공격을 계기로 미국은 제2차 세계대전에 참전한다. 진주만 공격 직후 나온 "12월 7일을 잊지 말자" "12월 7일에 대한 복수" 등 반일 감정을 자극하는 미국 포스터들이다.

연합국에게 무기를 빌려주는 무기 대여 정책인 랜드리스 법안을 연방의회가 통과시켰어. 이 무렵 독일은 유럽 대륙 전체를 점령하고 있었어. 미국 의회도 팔짱만 끼고 앉아 있을 수 없다는 생각이 들었던 거야.

미국이 사실상 참전하자 히틀러는 화가 났어. 독일 잠수함이 미국 상선을 격침시켰고, 얼마 후에는 미국 구축함까지 공격을 개시했어. 10월, 루스벨트는 독일 잠수함을 격침시키라는 지시를 내렸지. 그러나 아직도 미국에는 먼로독트린을 신봉하는 정치인들이 더 많았어. 미국은 본격적인 참전을 망설였어. 그런 미국을 전쟁에 끌어들인 나라가 일본이란다.

1941년 12월 7일 오전 7시 53분, 180여 대의 일본 폭격기가 하와이 진주만에 있는 미국의 태평양 함대를 기습 폭격했어. 이 폭격으로 미국은 8척의 전함과 18척의 함선, 180여 대의 항공기를 잃었어. 2,300여 명의 병사가 목숨을 잃었고 1,100여 명의 병사가 중상을 입었어. 태평양 함대가 완전히 박살이 난 거야.

진주만 공격 1941년 12월 7일 일요일 새벽, 일본은 하와이의 미군 기지를 공습해 제2차 세계대전을 태평양까지 확대시켰다. 사진은 일본군에게 격추된 미국 전함 애리조나가 침몰하는 장면.

　미국이 벌집을 쑤신 것처럼 어수선해졌어. 반일 감정이 극도로 높아졌지. 루스벨트는 마침내 8일, 일본에 대해 선전포고를 했어. 이제 태평양에서도 제2차 세계대전이 본격화한 거야.

　진주만 공격 이후 한동안 일본이 태평양 일대를 장악했어. 미국 태평양 함대가 크게 상했으니 그럴 수 있었겠지? 그러나 이듬해 4월부터 상황이 달라졌어. 미국 공군이 도쿄 공습을 시작으로 대대적인 반격에 나섰기 때문이야. 5월에는 산호해 전투, 6월에는 미드웨이 해전에서 잇달아 미국이 승리를 거뒀어.

미국, 세계 질서를 수립하다

　　　이제 제2차 세계대전의 마지막 장면을 볼 차례야. 이 시점부터 미국의 활약이 두드러진단다. 우선 유럽 전선부터 볼까?

　1942년 10월과 11월, 독일은 최고의 절정기를 맞고 있었어. 유럽 16개 나라를 정복했거든. 그러나 독일은 점점 하향 곡선을 탔단다. 미군이 투입돼 승리를 거두기 시작한 것도 이때부터야.

10월, 미군이 북아프리카에 주둔해 있는 영국 부대에 배치됐어. 이 지역에는 '사막의 여우'로 유명한 독일 에르빈 로멜 장군의 부대가 있었는데, 영국 군대가 고전하고 있었단다. 로멜 부대는 이집트의 수에즈 운하를 확보해 지중해 일대를 장악하려고 했지. 미국과 영국 연합군이 로멜 부대와 맞섰어. 영국의 버너드 로 몽고메리 장군이 이끄는 연합군은 마침내 로멜 부대를 격파했어.

연합군은 11월 말까지 모로코와 알제리를 점령했고, 이듬해 5월에는 아프리카 전체를 되찾았어. 7월에는 이탈리아의 시칠리아에 상륙했고, 9월에는 독일과 이탈리아 군대를 지중해 일대에서 몰아냈단다. 이제 전세는 연합군 쪽으로 기울기 시작했어.

1944년 6월, 미국의 드와이트 아이젠하워 장군이 이끄는 미영 연합군이 노르망디 상륙 작전을 감행했어. 이 과감한 작전의 성공으로 8월에는 프랑스 파리를 탈환했어. 1945년 3월에는 라인 강을 넘었고, 4월에는 소련군이 합세했지. 마침내 5월 7일, 독일이 무조건 항복을 선언했어.

이제 세계대전에서 남은 추축국樞軸國은 일본뿐이었지. 일본의 저항은 그 후로도 계속됐어. 그러나 이미 기울기 시작한 일본은 재기하지 못했어. 더글러스 맥아더 장군이 이끄는 미군은 태평양의 모든

가미카제 일본은 패망하기 직전, 항공기를 통째로 미국 함대에 자폭하는 가미카제 공격을 감행했지만 전세를 뒤집을 수는 없었다.

지역에서 일본군을 격파했어. 일본은 가미카제 특공대를 투입하면서 최후의 발악을 했지.

일본의 저항이 거세지자 미국은 중대한 결정을 내렸어. 미군의 희생을 최소화하면서 일본이 꼼짝하지 못하고 항복하게 만드는 강력한 무기를 쓰기로 한 거지. 그래, '리틀 보이'와 '팻 맨'라는 암호명의

원자폭탄 리틀 보이 미국이 일본 히로시마에 떨어뜨린 원자폭탄인 리틀 보이. 이 원자폭탄의 투하로 일본은 초토화됐고, 연합국에 항복할 수밖에 없었다.

원자폭탄을 투하하는 작전이었어. 1945년 8월 6일, 히로시마에 원자폭탄이 떨어졌어. 그 파괴력은 폭탄을 떨어뜨린 미국도 놀랄 정도였지. 폭탄이 떨어진 지점으로부터 사방 6.5제곱킬로미터가 잿더미가 돼버렸어. 10만 명의 민간인이 목숨을 잃었단다. 3일 후 또 다른 원자폭탄을 나가사키에 떨어뜨렸어. 8월 15일, 결국 일본은 항복을 선언했어. 이로써 제2차 세계대전은 막을 내렸지.

미국은 전쟁이 끝날 징후가 보이기 시작한 1942년 무렵부터 바삐 움직였어. 제1차 세계대전 때 미국의 윌슨 대통령이 주도권을 잡았지? 이번에는 루스벨트가 주도권을 장악했단다. 당시 국제회담에서 미국을 뺀다는 것은 상상할 수도 없었어. 당시 미국이 참여한 중요 회담만 살펴볼까?

1942년 1월 루스벨트의 제안으로 연합국의 26개 대표가 워싱턴에 모였어. 루스벨트는 국제연맹을 대신할 국제기구로 국제연합UN을 만들자고 제의했지. 1943년 3월에는 워싱턴에서 영국의 외상앤소니 이든과 회담을 갖고, "한반도를 일정 기간

나가사키 원자폭탄의 버섯구름 나가사키에 투하된 원폭에서 피어오르고 있는 버섯구름. 원폭은 상상을 뛰어넘는 엄청난 피해와 재앙을 가져왔다. 이후 이 원폭 투하에 대한 비판과 논쟁이 이어졌다.

미국, 소련, 중국 등 세 나라의 신탁통치를 받게 한 후 독립시키자"라고 제안했어.

그해 11월에는 이집트 카이로에서 영국의 윈스턴 처칠, 중국의 장제스蔣介石와 회담을 갖고 한반도의 자유와 독립을 보장하기로 약속했어. 이 회담 직후에는 이란의 테헤란으로 건너가 영국의 처칠과 소련의 스탈린을 만났지. 이 테헤란회담에서 노르망디상륙작전이 결정됐단다.

루스벨트는 4선에 성공한 후에도 처칠, 스탈린과 크림 반도의 얄타에서 만났어. 이 얄타회담에서 독일의 분할 통치가 결정됐지. 이 회담이 루스벨트의 마지막 외교 활동이었어. 그는 1945년 4월 세상을 떠났고, 그의 뒤를 이어 해리 트루먼 부통령이 33대 미국 대통령이 됐지.

그 후 트루먼은 루스벨트의 뒤를 이어 포츠담회담, 모스크바삼상회의 등 여러 회담을 진행했어. 전쟁을 종결짓는 강화조약講和條約을 체결하는 것도 미국의 주도로 이뤄졌지. 전쟁이 막 끝나기 전인 1945년 6월에는 샌프란시스코에 연합국 대표들이 모여 국제연합 헌장에 서명했어. 국제연합은 10월 24일 공식 출범했고,

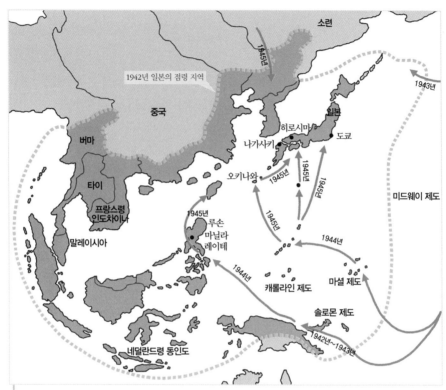

연합군의 아시아 탈환 일본의 진주만 공격은 미국을 전쟁터로 끌어들였다. 1941년 이후 연합군은 일본이 점령한 아시아에 진격해 탈환했다.

뉴욕에 본부를 뒀단다. 이제 확실한 사실은, 제2차 세계대전을 치르면서 미국이 초강대국으로 부상했다는 점이야. 미국에 맞설 나라는 딱 하나밖에 없었어. 바로 소련이지. 이제 제국주의와 파시즘이 사라졌으니 미국과 소련이 싸우기 시작했어. 그 이야기는 조금만 기다려.

○ 미국인은 전쟁 영웅을 좋아한다?

노르망디상륙작전의 총지휘자인 아이젠하워 장군은 트루먼에 이어 미국의 34대 대통령이 된단다. 제2차 세계대전의 영웅으로도 모자라 그 후에는 소련의 공산 진영에 맞서기 위한 군사 조직 북대서양조약기구나토의 총사령관을 지냈고, 컬럼비아 대학의 총장을 지냈어. 정말 화려한 경력이지? 그러나 보통의 미국인들을 매료시킨 건 아마 제2차 세계대전의 영웅이라는 경력이 아닐까 싶어.

미국인들은 유독 전쟁 영웅을 좋아했어. 초대 대통령인 워싱턴은 미국 독립혁명의 전쟁 영웅이었고, 7대 대통령인 잭슨은 미영전쟁의 영웅이었고, 18대 대통령인 그랜트는 남북 전쟁의 영웅이었지. 모두 재선했다는 공통점이 있어. 전쟁 영웅이 앞으로도 통할까?

중남부 아메리카, 질곡의 20세기

　두 차례의 전쟁이 전 세계를 뒤흔든 20세기 초반과 중반, 아메리카 대륙은 그 소용돌이에서 한 발짝 벗어나 있었어. 그 덕분에 국토가 폐허로 변하는 비극은 생기지 않았지. 그러나 북아메리카와 중남부 아메리카의 상황은 크게 달랐어. 이미 살펴본 대로 미국은 두 차례의 세계대전을 치르면서 세계 최고의 강대국으로 성장했지? 반면 중앙아메리카와 남아메리카는 질곡의 20세기를 보내고 있었단다. 어쩌면 이런 결과는 예정돼 있었다고 할 수 있어. 북아메리카는 종교의 자유나 살 곳을 찾아온 일반 시민이 주도해 나라를 세웠지만, 중남부 아메리카는 유럽에서 건너온 귀족과 군인 같은 소수 특권층이 권력을 독차지했잖아? 게다가 미국이 강해지면서 중남부 아메리카에 대한 영향력도 커졌어. 미국과 친한 독재자들이 모든 권력을 장악했지. 그 독재자들은 민중의 삶에는 관심이 없었단다. 많은 중남부 아메리카 국가들이 오늘날 격변의 세기를 맞고 있는 건 20세기를 이처럼 비정상적으로 시작했기 때문이 아닐까? 첫 단추를 잘못 끼운 셔츠처럼 말이야.

멕시코혁명, 민중의 힘을 보여주다

멕시코부터 볼까? 19세기 후반 쿠데타를 일으켜 개혁주의자 대통령 후아레스를 몰아내고 권력을 잡은 인물이 누구였지? 그래, 포르피리오 디아스였어. 그는 독재자였어. 그렇지만 멕시코의 경제를 키운 주역이기도 해.

디아스는 외국 기업들이 멕시코에서 편하게 기업 활동을 하도록 많은 특혜를 줬어. 플랜테이션을 하는 대지주들도 보호해줬지. 농산품은 해외로 쭉쭉 수출됐고, 많은 외국 기업이 들어와 멕시코에 공장을 지었어. 자, 외형적으로는 분명 경제가 발전하고 있는 것처럼 보이지?

물론 경제는 발전하고 있었어. 그러나 경제 발전을 위해 멕시코 민중들은 고통스런 삶을 강요당했단다. 이런 형태의 경제 발전을 추동하는 체제를 개발독재라고 해. 우리나라도 1960년대에서 1970년대에 이런 개발독재를 경험했단다. 이들 국가에서는 경제 발전이 가장 중요한 과제가 돼. 그렇기 때문에 민중들은 묵묵히 일만 해야 한단다. 항상 희생만 강요당하는 민중들이 고통스러움을 호소했겠지? 당연히 민중의 반발도 커졌어. 농민들은 반란을 일으켰고, 노동자들은 파업을 벌였어. 그러나 디아스 정부는 그들의 요구를 묵살했어. 오히려 심하게 탄압했단다.

멕시코를 오랫동안 통치한 디아스 메스티소 출신의 멕시코 대통령으로 개발독재로 경제를 발전시켰다. 35년 동안 장기 집권하며 민중운동을 탄압, 1910년 멕시코혁명으로 쫓겨났다.

1910년 멕시코에서 대통령 선거가 실시됐어. 이번에도 디아스가 대통령에 당선됐어. 물론 부정선거였어. 어쨌든 디아스는 벌써 여섯 번째 임기를 시작했어. 독재자의 장기 집권을 참다못한 민중들이 마침내 봉기했어. 우리나라의 1980년대 정치 상황도 이와 비슷했어. 나라를 정치 후진국으로 만든 독재자들의 끝은 대부분 민중들의 손에 의해 쫓겨나곤 한단다.

멕시코의 민중 봉기를 지휘한 인물은 프란시스코 마데로였어. 마데로는 원래 디아스와 맞서 싸울 대통령 선거 후보였단다. 그의 인기가 높아지자 디아스가 감금해버리는 바람에 선거에 출마하지도 못했지. 부정선거를 규탄하는 그의 목소리를 듣고 민중이 들고일어섰던 거야. 멕시코혁명은 이렇게 해서 시작됐단다.

멕시코혁명의 주역은 농민들이었어. 농민들은 무장 게릴라 투쟁을 벌였지. 농민군의 지도자 가운데 에밀리아노 사파타와 판초 비야, 이 두 명은 전국적으로 큰 인기를 누렸어. 사파타와 비야는 오늘날까지도 멕시코혁명의 영웅으로 추앙받고 있단다.

1911년 5월, 디아스가 마침내 대통령 자리를 내놓고 유럽으로 도망갔어. 혁명이 성공한 거야! 많은 사람들의 예상대로 마데로가 대통령에 취임했어. 이 혁명정부는 국민의 지지를 계속 받았을까? 아니야. 또다시 갈등이 시작됐단다. 민중들은

농지개혁주의자 사파타 가난한 농민과 원주민 등을 이끌고 멕시코혁명에 참가했으며, 전면적인 토지 개혁과 사회 개혁을 주장했다.

마데로 정부가 대지주의 땅을 빼앗은 뒤 토지 개혁을 실시하기를 바랐어. 그러나 마데로는 토지 개혁에 대해 미적지근한 태도를 보였어. 대신 정치적 자유를 확보하고 입헌정치 체계를 세우는 데 열중했어. 마데로는 점진적인 개혁을 원했지. 어쩌면 마데로 자신이 많은 땅을 가진 대지주였기에 개혁을 하지 않은 것인지도 몰라.

혁명가 판초 비야 멕시코혁명에서 농민군을 이끈 게릴라 지도자. 혁명전쟁 중 많은 승리를 이끌어 민중의 영웅으로 떠올랐다.

사파타와 비야는 마데로를 비판하면서 새로운 혁명을 선포했어. 그래, 멕시코혁명이 2차전으로 돌입한 거야. 2차 혁명군은 대지주의 땅을 빼앗아 가난한 농민들에게 나눠줬어. 마데로는 대통령 자리에서 쫓겨났지. 그러나 혁명군은 다시 나눠졌어. 사파타는 가난한 농민을 위해 사회를 뒤엎어야 한다고 주장했어. 혁명적인 사회 개혁을 원하는 사람들이 사파타를 지지했어. 반면 중산층, 지주, 민족주의를 옹호하는 사람들은 혁명적인 방법보다는 점진적으로 법을 고쳐 사회를 개혁하길 바랐어. 이들은 베누스티아노 카란사를 중심으로 뭉쳤어. 이들은 내전을 벌였고, 1915년 카란사 파벌이 승리했단다.

정권을 잡은 카란사는 1917년 2월, 새로운 헌법을 제정했어. 오늘날 멕시코는 이 헌법을 바탕으로 탄생했다고 봐도 무방해. 바로 이 헌법에서 멕시코는 플랜테이션 농장 제도인 아시엔다를 폐지했단다. 이제 농업이 현대화의 길로 접어든 거야. 카란사 정부는 또 외국 기업이 소유한 철도와 석유 산업을 모두 회수했어.

이로써 7년간 계속된 멕시코혁명도 끝을 맺었어. 그 후 한동안 멕시코는 탄탄대로를 달리는 듯 번영했단다. 1968년에는 제3세계 국가로는 처음으로 올림픽을 치르기도 했어.

중앙아메리카의 미국 종속화

멕시코혁명이 일어나는 동안 그밖에 중앙아메리카와 카리브 해 연안 국가들은 어떤 상황이었을까? 이때 대부분의 역사가 비슷하게 흘렀어. 19세기 독립, 쿠데타와 독재, 친미파와 반미파의 대립, 혼란과 내전…. 게다가 중앙아메리카 국가들에 대한 미국의 간섭이 심해지면서 혼란은 더욱 커졌어. 파나마, 쿠바, 니카라과, 온두라스, 과테말라 등이 이런 나라들이었지.

미국 기업들도 속속 중앙아메리카로 진출했어. 대표적인 회사가 유나이티드프루트라는 식품 회사야. 1899년 세워진 이 회사는 오늘날 치키타브랜즈인터내셔널로 이름을 바꿨는데, 매년 약 3억 달러의 매출을 내는 큰 회사란다. 이 회사는 20세기 초반, 중앙아메리카의 여러 나라에서 땅을 사들여 바나나를 생산한 뒤 세계 전역에 판매하면서 큰 회사로 성장했어. 이 때문에 '바나나 재벌'이라고 부르기도 하지. 유나이티드프루트는 처음에는 농업 분야에만 손을 댔어. 그러나 곧 항만, 철도, 도로, 통신 등 모든 산업을 독점했지. 중앙아메리카의 경제는 점점 미국에 의존할 수밖에 없는 구조로 바뀌고 있었어.

미국은 무력을 사용하기도 했어. 쿠바, 니카라과, 아이티, 도미니카 등이 이런 나라였지. 1903년에는 쿠바 영토 안에 미군 기지를 만들기도 했단다. 19세기 초반에 흑인 공화국을 건설한 아이티에 내전이 터졌어. 미국은 내전을 구실로 1915년 미국 해병대를 상륙시켰어. 미국은 아예 아이티를 보호령으로 삼아버렸단다. 아이티에 이미 미국 기업이 많이 진출해 있고, 미국인이 많이 살고 있다는 게 이유였어. 도미니카공화국에도 1917년에 똑같은 이유로 미군이 투입됐어.

이 무렵 유럽 국가들은 제1차 세계대전을 치르느라 정신이 없었지? 미국은 모든 시선이 유럽에 쏠린 틈을 타 중앙아메리카 국가들을 사실상의 식민지로 삼아버렸던 거야. 도덕적으로 비난받아 마땅한 일이지. 미국은 중앙아메리카 국가들을 경제적, 군사적으로 지배했고 제국주의 속성도 여지없이 드러냈단다. 쿠바에서 독재자들에 대한 민중 봉기가 일어났을 때, 미국은 은근슬쩍 독재자 편을 들었어. 독재자가 미국에 우호적이었거든. 가장 심했던 건 니카라과에서야.

니카라과 민중운동의 지도자 산디노 그는 미국과 친미 정부에 저항하는 무장봉기를 일으켜 새 정권을 세웠지만 친미파인 소모사에 의해 암살됐다.

미군은 1912년 니카라과에 상륙했어. 파나마처럼 이곳에도 운하를 만들어볼까 생각했는데, 뜻을 이루지 못하자 군대로 밀어붙인 거야. 미군이 니카라과를 점령한 뒤 친미 정권이 들어섰어. 미국과 친미 정부에 저항하는 무장봉기가 아우구스토 산디노란 인물이 중심이 돼 일어났지. 오랜 투쟁은 결실을 맺었어. 1933년 미군이 철수한 거야! 그러나 미국은 앞에서는 니카라과 새 지도자와 평화 회담을 하면서, 뒤로는 미국에 순종할 만한 인물을 찾고 있었어.

그 인물이 바로 아나스타시오 소모사 가르시아야. 1934년 소모사 가르시아는 부하를 시켜 산디노를 죽여버렸어. 이때부터 40여 년간 소모사 가문의 독재정치가 계속됐어. 미국? 니카라과 민중이야 괴

1950년대 중남부 아메리카의 미국 종속 국가 1950년대 중남부 아메리카 대부분의 국가들은 미국의 간섭과 개입 속에 쿠데타와 내전이 계속되는 등 정치적으로 혼란을 겪었다.

롭든 말든 소모사 정부가 미국의 말을 잘 들으니 불만이 없었겠지.

장소를 옮겨 푸에르토리코로 가볼까? 이 지역도 미국의 영향과 간섭을 많이 받았고, 의존도 심했지.

다만 푸에르토리코는 좀 다른 면이 있어. 이 나라는 1898년 아메리카-에스파냐 전쟁 직후부터 미국의 한 주가 될 것이냐, 독립국가로 남을 것이냐를 놓고 의견이 분분했어. 선거를 치를 때마다 이 문제가 중요한 쟁점이 됐지. 2003년 국민투표에서는 미국의 주가 되기보다 독립국가로 남자는 의견이 약간 더 많았어. 결국 푸에르토리코는 미국과 가장 가까운, 그러나 미국은 아닌 국가로 남았단다.

베네수엘라 또한 미국 기업들의 놀이터였어. 1918년, 미국의 석유 기업 쉘이 베네수엘라에서 석유를 채굴하는 데 성공했어. 쉘은 마구 석유를 캐냈어. 10년 후 베네수엘라는 세계 1위의 석유 수출국이 됐단다. 그러나 석유를 판매한 돈은 고스란히 미국으로 건너갔겠지?

갈등의 씨앗, 관타나모 미군 기지

관타나모 미군 기지 쿠바의 동쪽 끝 관타나모 만에 있는 미군 기지로, 1903년부터 미국이 빌려 쓰고 있다. 쿠바 영토 내에 있는 미군 기지의 철군 문제는 갈등의 씨앗이 되고 있다.

1903년 미국은 매년 4,000달러를 지급하는 조건으로 쿠바 관타나모 지역 160제곱킬로 미터 땅을 쿠바 정부로부터 빌린 후 그곳에 미군 기지를 만들었어. 훗날 쿠바 혁명으로 정권을 잡은 피델 카스트로는 미군 기지를 내치려 했지만 미국은 끝내 거부했지.

1962년 쿠바 핵미사일 사태가 터졌는데, 이때도 관타나모 미군 기지에 군대가 파견됐어. 지금도 이곳에는 미군과 그들의 가족 3,000여 명이 살고 있단다.

물론 쿠바와 미군 기지 사이에는 긴 철조망이 쳐져 있기 때문에 서로 침범할 수는 없어. 그러나 갈등마저 없어진 것은 아니야.

쿠바 안의 '작은 미국'이 앞으로 얼마나 오래 유지될까?

중남부 아메리카의 혼란, 그리고 미국

20세기 초반, 과거 중앙아메리카연방에 소속됐던 여러 나라들이 영토 분쟁을 벌였어. 특히 엘살바도르, 과테말라, 온두라스가 그랬지. 사실 이렇게 된 것도 미국이 장난을 쳤기 때문이야. 그래, 미국의 식민지 정책 때문에 영토는 누더기가 된 거지. 미국은 여러 나라의 전쟁을 중재하겠다고 나섰어. 그 결과 1907년에는 중앙아메리카연방에 소속됐던 5개국의 분쟁을 해결하기 위한 중앙아메리카사법재판소가 만들어지기도 했단다. 미국 때문에 싸움이 생겼는데, 미국이 해결한다고 기관을 만들었으니 좀 웃긴 일이지?

미국에 종속되기 전인 1900년대 이후 중남부 아메리카는 그야말로 혼란의 연속이었어. 우선 중앙아메리카의 해방 영웅 시몬 볼리바르의 조국인 베네수엘라부터 볼까? 베네수엘라는 콜롬비아 연방이 해체된 후, 1830년 독립국으로 재탄생했어. 그 후부터 1940년대까지 독재가 계속됐단다. 혼란의 역사였지.

안데스 지역의 나라들을 살펴볼까? 남아메리카 해방의 두 영웅인 볼리바르와 산 마르틴이 협력해 독립을 쟁취한 페루는 어땠을까? 불행하게 제2차 세계대전이 끝날 무렵까지 군사정권의 독재가 이어졌어. 한 독재자가 물러나면 또 다른 독재자가 나타났어.

페루는 국경선을 마주한 볼리비아와 자주 충돌했어. 이 충돌도 배후에는 미국을 포함해 외국 기업이 있었단다. 초석이란 광물질이 당시 볼리비아 영토였던 아타카마 사막에서 대량으로 발견됐는데, 외국 기업들이 칠레를 부추겨 광산들을 점거하도록 한 거야. 볼리비아는 칠레가 자기 나라까지 넘본다며 반발했어. 칠레는 아타카마 사막을 얻기 위해 1879년 볼리비아를 상대로 전쟁을 일으켰어. 아타카마 사막은 페루와도 붙어 있었기 때문에 페루도 전쟁에 뛰어들었지. 이 전쟁이

태평양전쟁 칠레, 볼리비아, 페루 삼국은 1879년부터 1883년까지 칠레 주변의 광물 자원을 두고 전쟁을 벌였다. 그림은 이키케 해전에서 페루 군함을 공격하는 칠레 군함.

바로 태평양전쟁이야. 칠레는 두 나라를 물리쳤고, 초석 광산이 있는 아타카마 사막을 차지했지. 볼리비아는 독립할 때까지만 하더라도 태평양에 접해 있는 나라였어. 그러나 이 전쟁에서 패하는 바람에 해안 지역을 빼앗겼어. 그 후로 볼리비아는 바닷가와 접하지 않는 내륙 국가가 됐단다.

볼리비아는 그 후로도 수난의 역사가 계속됐어. 20세기 초반에는 동쪽에 있는 아마존 정글 지역을 브라질에게 빼앗겼지. 그걸로 끝이 아니야. 1930년대, 파라과이에 가까운 차코라는 곳에서 석유가 발견됐어. 이곳을 차지하기 위해 파라과이와 차코전쟁1932년~1935년을 벌였지. 이 전쟁에서 볼리비아는 미국 자본의 도움을 받았지만, 패배하고 말았어. 19세기 중반 독립한 후 100여 년간 영토의 절반 가까이를 빼앗긴 셈이야.

내친 김에 볼리비아와 차코전쟁을 벌인 파라과이의 역사를 볼까? 20세기 초반, 파라과이의 역사는 다른 국가들과 거의 비슷해. 주변국과의 관계 때문에 어수선했지. 정치는 아르헨티나와 가깝게 지내자는 파벌과, 브라질과 친하게 지내자는 파벌이 싸우는 바람에 그야말로 난리판이었어. 차코를 개척해 돈을 좀 벌어볼까 했더니 차코전쟁이 터졌어. 다행히 파라과이는 영국의 지원을 얻어 볼리비아를 물리쳤어. 그러나 이 전쟁에서 파라과이는 무려 5만 명 이상이 목숨을 잃었단다.

차코 우표 파라과이와 볼리비아는 차코 지역 영유권을 두고 분쟁을 벌였다. 사진은 차코 지역의 영유권을 주장하는 파라과이와 볼리비아의 우표. 전쟁의 역사가 보인다.

차코 지방을 얻기는 했지만, 인적 피해는 컸던 거야.

우루과이도 파라과이 역사와 판박이라 볼 수 있어. 20세기 들어 아르헨티나와 브라질 파벌로 나뉘었어. 남아메리카의 두 강대국 사이에 낀 약소국이라 눈치를 봐야 했지. 정치는 어수선했고, 쿠데타도 그치지 않았어. 물론 두 나라에서도 다른 나라들처럼 독재자들이 수십 년간 권력을 장악했다는 점은 똑같단다.

5

대륙에서 퍼지는
제국주의와 혁명의 이중주

1950년경 ~ 현재

제2차 세계대전이 끝난 후 평화가 왔을까? 아니
야. 이번에는 세계가 공산 진영과 자유 진영으로 나뉘어 대립했어. 미국이 유럽
국가들의 경제 복구를 지원하겠다고 선언한 게 화근이 됐지. 이 선언이 공산 진
영의 큰형님 소련을 건드린 거야. 냉전이 시작됐어. 때로는 냉전이 뜨겁게 타오
를 때도 있었어. 한반도, 베트남, 독일 등은 냉전의 뜨거운 격전지였어.

20세기 후반 소련이 무너졌어. 공산 진영의 큰형님이 사라졌으니 미국은 맞수가
없는 세계 유일의 초강대국이 됐지. 탄생한 지 불과 200여 년밖에 되지 않는 미
국이 세계의 중심이 된 거야.

그러나 미국에 맞서는 새로운 세력이 나타났어. 중동 지역에 기반을 둔 이슬람
세력이야. 새로운 갈등이 시작됐지. 그 갈등에 대해서도 살펴볼게. 끝으로 아메리
카의 미래를 전망하면서 역사 여행을 끝내도록 할게.

냉전 시대의 미국,
자유 진영의 수호자로 나서다

1947년 3월 12일, 미국의 트루먼 대통령은 유럽 국가들이 제2차 세계대전의 피해를 복구할 수 있도록 경제 원조를 하겠다고 선언했어. 이 선언이 트루먼독트린이야. 미국은 유럽을 지원하지 않으면, 동유럽 국가들을 집어삼킨 소련이 그리스와 터키까지 손을 뻗을 거라고 생각했지. 경제 원조는 그런 사태를 막기 위한 바람막이였던 셈이야.

3개월 후, 트루먼독트린에 따라 미국 국무장관 조지 마셜이 총 130억 달러를 유럽에 투자한다는 계획을 발표했어. 마셜의 계획은 곧 유럽부흥계획^{마셜플랜}으로 입안됐고, 이듬해 3월 미국 의회가 승인했어. 바로 이때부터 자유주의 진영은 미국을, 사회주의 진영은 소련을 중심으로 똘똘 뭉쳐 대립했어. 이것이 바로 냉전의 시작이란다.

미국과 소련의 대립, 얼어붙은 세계

　　미국의 유럽부흥계획이 발표되자 소련은 당황했어. 소련은 동유럽의 위성국가들이 자유주의 진영으로 넘어가지 못하도록 단속해야 했지. 1947년 9월 소련은 위성국가들과 프랑스와 이탈리아 공산당을 끌어들여 코민포름국제공산당정보기관을 만들었어. 서유럽 국가들이 눈살을 찌푸렸겠지?

　마침 독일 처리 문제를 놓고도 소련과 미국은 대립하고 있었어. 원래 독일은 동부는 소련이, 서부는 자유 진영의 3개국 미국, 영국, 프랑스가 각각 나누어 위임통치를 했단다. 그런데 1948년 미국, 영국, 프랑스가 점령지를 하나로 합쳐버렸어. 그리고 통화개혁을 단행해버렸지. 이 통화개혁으로 서부 독일, 즉 서독은 자유 진영의 일원이 됐어. 소련이 위협을 느꼈겠지?

　베를린은 원래 소련이 점령한 동부에 있던 도시야. 그러나 워낙 중요한 곳이라

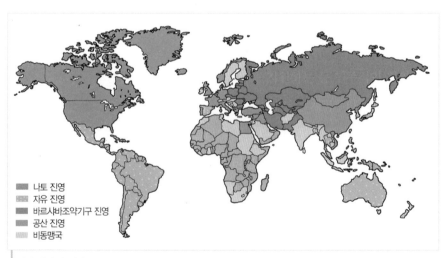

■ 나토 진영
▨ 자유 진영
■ 바르샤바조약기구 진영
■ 공산 진영
▨ 비동맹국

냉전 시대의 세계　미국의 유럽에 대한 경제 원조를 계기로 동서 냉전이 본격화했다. 세계는 이념에 따라 철저하게 양분됐다. 지도는 1959년경 세계 냉전의 현황.

둘로 쪼개 자유 진영과 소련이 각각 위임 통치를 하고 있었어. 소련은 바로 이 점을 이용했어. 그해 7월 서베를린과 서독을 연결한 통로를 막아버린 거야. 그러자 서베를린은 동독 안에 갇힌 섬이 돼버렸어. 이 사건을 '베를린 봉쇄'라고 부른단다. 미국과 자유주의 진영이 즉각 대응에 나섰어. 육지가 막혔으니 하늘을 뚫으면 되겠지? 미국 등은 서베를린에 살고 있는 서독 사람들의 생필품을 비행기로 날랐어. 동유럽 국가들로부터는 모든 수입을 금지했지.

한국전쟁 당시 미국의 대통령 트루먼 미국의 33대 대통령으로 재임 기간 동안 소련, 중국 등 공산주의 세력과 국제적으로 대립했다.

1949년 5월, 소련은 별 이득이 없다는 사실을 깨닫고 봉쇄를 풀었단다.

미국은 그 후 서독에 단독 정부를 세웠고, 소련은 그에 맞서 동독에 공산 정부를 세웠어. 독일이 기어코 둘로 쪼개지고 만 거야. 한반도와 비슷하지? 그래, 한반도는 베트남과 더불어 아시아에서 가장 큰 냉전의 피해자였고, 독일은 유럽에서 가장 큰 냉전의 피해자였던 거야.

소련과 미국은 군사적으로도 대립했단다. 1949년 4월 미국의 주도로 자유주의 진영 12개 국가가 워싱턴에 모여 북대서양조약기구NATO를 결성했어. 사실 미국 내부에서도 나토 결성을 반대하는 목소리가 높았어. 미국이 군사동맹인 나토의 핵심이 되면 전쟁 위험을 피할 수 없을 거라고 생각한 거야. 그러나 당시 대통령 트루먼은 공산주의를 극도로 싫어했어. 트루먼은 소련과 맞서 싸울 군사동맹이 필요하다고 의회를 설득했고, 그 결과 나토 설립안이 의회를 통과했지. 이에 맞

첫 번째 나토 사령관 아이젠하워 미국의 34대 대통령. 제2차 세계대전 때 노르망디상륙작전을 성공시킨 전쟁 영웅이다. 트루먼 대통령 당시 발발한 한국전쟁을 종결시켰다.

서 사회주의 진영도 1955년 5월 폴란드 바르샤바에서 바르샤바조약기구WTO를 만들었단다.

무슨 일이 터져도 터질 것 같지 않니? 정말 그랬어. 1950년, 한반도에서 6·25전쟁한국전쟁이 터졌어! 이제 냉전은 더 이상 소리 없는 전쟁이 아니었어. 실제 전쟁이 터졌잖아? 미국도 긴장하기 시작했어. 곧 살펴보겠지만 이 무렵부터 미국 내에서는 공산주의자를 색출하려는 매카시즘McCarthyism 열풍이 불기 시작했어. 공산주의의 '공'자만 들어도 미국 전체가 신경을 날카롭게 곤두세웠지.

6·25전쟁이 한창이던 1952년, 아이젠하워가 34대 미국 대통령에 당선됐어. 제2차 세계대전의 전쟁 영웅이자 나토의 초대 사령관을 지낸 인물이지. 그는 트루먼보다 더 공산주의를 싫어했어. 아이젠하워 정부는 공산주의를 방어하는 기존 정책에서 공산주의 위협에 대해 적극 대응하는 것으로 정책을 바꿨어. 이에 따라 공산주의자가 활발히 활동하고 있는 베트남과 동남아시아에 대한 지원을 늘렸지. 나토와 비슷한 동남아조약기구SEATO도 이때 만들어졌단다.

미국은 자유주의 진영을 보호하겠다는 명분을 내세웠어. 그러나 세계의 모든 국가를 위성국가인 것처럼 무시하고 간섭한다는 느낌도 들지 않니? 실제 미국은 이런 나라들에게 국방비를 내라, 물건을 사라 등등 요구를 많이 했단다. 이런 점 때

문에 우리나라를 포함해
아시아 국가에서는 반미
감정이 꽤 높았었지.

1958년 니키타 흐루시
초프가 공산당 서기장이
된 후 소련이 변화하는 듯
했어. 소련의 부수상이 미
국을 방문했고, 아이젠하
워는 그 보답으로 부통령
인 리처드 닉슨을 소련으

아이젠하워와 흐루시초프의 만남 1959년 아이젠하워 대통령이 소
련의 흐루시초프 서기장과 저녁 만찬장에서 포즈를 취했다.

로 보냈단다. 그러자 이번에는 흐루시초프가 직접 미국을 찾았어. 아이젠하워와
흐루시초프가 메릴랜드에 있는 대통령 전용 별장캠프데이비드에서 만났단다.

두 정상은 핵실험을 금지하자고 합의했어. 냉전의 벽이 깨지는 소리가 들리니?
그러나 아직은 아니야. 평화는 아주 짧은 시간 지속됐을 뿐이야. 미국 정찰기가 소
련 하늘을 날다 격추되고, 쿠바의 카스트로가 사회주의혁명에 성공하면서 소련과
가까이 지내자 미국과 소련 사이의 관계는 급속히 얼어붙었단다.

미국의 반공산주의와 매카시즘

냉전 끝에 가장 격렬한 폭발이 일어난 곳은 한반도였어. 1950년 6월
25일, 북한과 남한의 3년 간에 걸친 전쟁이 시작됐어. 이 전쟁에 대해
서는 이미 잘 알고 있을 테니 자세히 살펴보지는 않을게.

2년 넘게 끌게 되자 미국에서도 한국에서 벌어지고 있는 이 전쟁을 끝내야 한

베를린 장벽에 간 케네디 1963년 6월 26일 미국의 35대 대통령 케네디가 독일 베를린 장벽 현장에 방문했다. 케네디는 "나는 베를린 사람이다"라고 연설하며 미국의 지원을 약속했다.

다는 여론이 높아졌어. 1952년 치러진 대통령 선거에서는 한국전쟁이 이슈가 되기도 했지.

한반도에서만 냉전이 폭발한 것은 아니야. 이번에는 독일에서 사건이 터졌어.

1950년대 중반부터 많은 동독인들이 서독으로 넘어갔어. 그들은 서베를린을 거쳐 서독으로 들어가는 경로를 주로 이용했단다. 그러자 동독 정부와 소련이 화가 났어. 동독 정부는 1961년 8월, 동베를린과 서베를린의 경계선에 콘크리트 담장을 쌓기 시작했어. 무려 40킬로미터에 이르는 이 담장이 바로 베를린 장벽이야. 이 베를린 장벽은 훗날 철거될 때까지 유럽 냉전의 상징으로 여겨졌단다.

미국과 소련의 냉전은 자칫 핵전쟁으로 번질 뻔하기도 했어. 베를린 장벽이 세워지기 전인 1959년이었어. 쿠바에서 바티스타 독재정권을 몰아내기 위한 혁명이 성공했어. 이 쿠바 혁명을 지휘한 인물이 카스트로였단다. 카스트로는 대대적인 사회 개혁을 실시했어. 미국은 이때까지만 해도 카스트로가 미국과 대립하지는 않을 거라고 판단했나봐. 미국 정부는 정식으로 카스트로를 초청하기까지 했단다. 미국과 카스트로 정권의 쿠바가 계속 우호 관계를 유지할까?

아니야. 카스트로는 미국을 좋아하지 않았어. 그는 쿠바에 있는 미국의 자본을 모두 몰수해버렸어. 미국은 이에 대한 보복으로 쿠바와의 무역을 중단했지. 이 무렵 쿠바는 미국에 꽤 많은 양의 설탕을 수출하고 있었단다. 그런 상황에서 무역을 끊어버리니 쿠바가 경제적으로 타격을 받았겠지? 카스트로도 화가 났어. 그는 1961년 1월 미국과의 국교를 끊어버렸어!

당시 미국 대통령 케네디와 카스트로는 사사건건 대립했어. 케네디는 중남부 아메리카 국가들에 대해 경제 원조를 할 용의가 있다고 말했고, 카스트로는 미국이 경제 원조를 핑계로 라틴아메리카를 지배하려 한다고 비난했어. 나아가 카스트로는 중남부 아메리카가 미국으로부터 해방돼야 한다고 주장했어. 이번엔 케네디가 화가 났어. 케네디는 카스트로를 그냥 둬서는 안 되겠다고 생각했어.

1961년 4월, 무장한 카스트로 반대파들이 카스트로를 제거하기 위해 쿠바의 피그스 만에 상륙했어. 그러나 이들은 순식간에 카스트로 군대에게 진압됐어. 이 작전을 계획하고 재정적으로 지원한 미국의 중앙정보부CIA와 작전을 허용한 케네디는 쥐구멍을 찾아야 했지. 중남부 아메리카 국가들은 작전의 배후에 미국이 있다는 사실을 알고 모두 분노했어.

그런데 의문이 있어. 미국이 아무리 쿠바와 사이가 나쁘다고 해도 굳이 통치자까지 제거하려고 기를 쓸 필요가 있었을까? 물론 미국은 그럴 이유가

피그스 만 사건 1961년 미국의 지원을 받은 반카스트로주의자들이 피그스 만에 상륙했다. 미국이 이들을 배후 조종한 사실이 알려져 국제적 망신을 당했다.

있었단다. 이 작전이 실패로 끝난 다음 달, 카스트로는 쿠바를 사회주의 국가라고 선포했어. 바로 이게 이유였어. 케네디는 미국의 코앞에 사회주의 국가가 탄생한다는 사실을 인정할 수 없었던 거야. 자유주의 진영의 대부인 미국으로서 자존심이 크게 상하는 일이니까 말이야.

그러거나 말거나 카스트로는 자기 갈 길을 갔어. 1962년 9월에는 소련으로부터 무기를 원조받기로 하고, 미사일 기지를 건설하기 시작했지. 10월에는 소련 미사일이 쿠바로 옮겨지기 시작했어. 케네디는 미국이 핵공격의 위협에 놓여 있다고 선포하고, 소련 미사일이 쿠바에 수입되지 못하도록 쿠바 해상을 봉쇄했어. 소련과 미국 사이에 팽팽한 긴장이 흘렀어. 이 사건을 '쿠바 위기'라고 해.

다행히 극적인 타협이 이뤄졌어. 미국은 터키의 미군 기지를 철수하고, 소련은 쿠바의 미사일 기지를 철수하기로 했지. 서로 한 발짝씩 물러난 거야. 소련은 합의에 따라 미사일을 수송 중인 선박을 다시 불러들였어. 이듬해 두 나라는 핵실험을 금지하기로 합의했어. 우발적인 전쟁이 터지지 않도록 두 나라 정상들 사이에 직통 전화, 즉 핫라인도 개설했지.

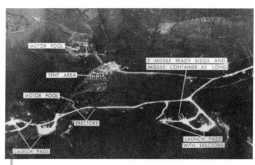

쿠바 미사일 기지 위성사진 미국 첩보기가 촬영한 위성사진으로 소련이 쿠바에서 건설하고 있는 미사일 기지가 포착됐다. 이 일로 미국과 소련이 대립했으나 곧 타협했다.

한국전쟁, 베를린 장벽, 쿠바 위기…. 이 모든 사건들은 냉전에서 비롯된 거야. 이런 사건들이 꼬리를 물자 미국 안에서는 공산주의에 대한 혐오감이 극에 달했어. 1950년대 이후 매카시즘 광풍은 이런 이유로 시작됐지. 물론 전쟁을 반대하는 목소리도 동시에 높아졌어. 아이젠하워와 케네디 대통령이 모두 냉전을 완화하려고 했던 것도 그 때문이야. 그러나 미국은 곧 또 다른 전쟁에 휩싸이게 돼. 바로 베트남전쟁이지.

베트남전쟁, 수렁에 빠진 미국

미국인이 가장 괴로운 전쟁 하면 떠올리는 게 베트남전쟁이야. 미국인에게 베트남전쟁은 악몽으로 남아 있단다. 베트남전쟁만큼 그렇게 오랜 시간 미국 전체를 들쑤신 전쟁이 없었거든.

1945년 8월 일본이 항복하면서 제2차 세계대전이 끝났지? 이 무렵 베트남 북부에서 호치민^{胡志明}이 이끄는 공산주의자들의 베트남독립동맹이 혁명을 일으켰어. 베트남독립동맹은 베트민^{Viet Minh}으로 불렸지. 혁명은 성공했고, 호치민은 베트남민주공화국의 독립을 선포했단다.

그러나 프랑스는 공산 정부인 베트남민주공화국을 용납하지 않았어. 왜 갑자기 프랑스가 등장하냐고? 일본이 점령하기 전, 베트남은 프랑스의 식민지였단다. 일본이 물러나자 프랑스가 다시 베트남을 차지하려고 한 거야. 결국 베트민과 프랑스 간에 치열한 전쟁이 벌어졌

베트남민주공화국의 초대 대통령 호치민 베트남의 해방과 혁명을 주도했다. 호치민은 아시아의 반식민지 운동을 대표하는 공산주의 지도자로 평가받고 있다.

어. 이 전쟁은 약 9년간 계속됐는데, 이를 제1차 베트남전쟁이라고 부른단다.

제1차 전쟁 때 프랑스는 미국으로부터, 베트민은 중국으로부터 군수물자를 지원받았어. 무기는 프랑스 군대가 첨단으로 갖췄겠지? 그러나 프랑스 군대는 베트민의 게릴라 전술을 당해내지 못했어. 1954년 디엔비엔푸 전투의 패배를 끝으로 프랑스는 베트남에서 완전히 발을 뺐단다.

제1차 베트남전쟁도 자유 진영과 공산 진영의 충돌이라고 볼 수 있어. 그러나 6·25전쟁처럼 전면전은 아니었어. 보통 베트남전쟁이라고 하면, 그다음에 벌어진 제2차 베트남전쟁을 말하는 거야. 제2차 전쟁에서 미국이 큰 상처를 입었지.

제1차 전쟁 후 베트남은 남과 북으로 분단됐어. 북위 17도 위쪽은 소련과 중국의 후원을 받는 베트민 정부가, 아래쪽으로는 미국이 후원하는 정부가 들어선 거야. 한반도와 정말 비슷하지 않니?

1955년 베트남 남부에서 반공산주의자 응오딘지엠이 대통령으로 취임했어. 응오딘지엠은 북베트남과의 공동 선거를 거부했어. 그리고 남베트남 내부의 공산당 세력을 제거하기 시작했지. 그러나 공산당 세력은 오히려 더 거세게 저항했어. 1960년 12월에는 남베트남 내부에 공산 혁명을 위한 남베트남민족자유전선NLF까지 만들어졌단다. 이 조직은 북베트남의 지원을 받아 게릴

선거로 당선된 미국의 최연소 대통령 케네디 1961년 베트남에 군대를 파병할 것을 결정한 미국의 35대 대통령. 파병의 목적은 인도차이나 반도의 공산주의 확대를 저지하겠다는 것이었다.

라 활동을 시작했고 베트남을 넘어 라오스, 캄보디아까지 세력을 뻗쳤어.

　미국이 전면에 나선 게 이때부터야. 1961년 케네디 대통령은 베트남을 방치하면 인도차이나 반도 전체가 공산화될 것이라고 생각하고 남베트남에 미군을 파병했어. 1963년까지 1만 6,000여 명의 미군이 베트남 전선에 배치됐어. 내전이 국제전으로 커진 셈이지.

　미국이 개입했지만 공산주의자들의 혁명전쟁은 거침없이 계속됐어. 1963년 11월에는 응오딘지엠 대통령이 공산주의자들에게 암살되기까지 했단다. 부패한 남베트남 정권을 등지고 북베트남으로 투항하는 군인들도 늘었어. 민심도 남베트남 정권에 등을 돌렸지.

　1964년 8월 2일, 북베트남의 경비정과 미국 구축함이 통킹 만에서 충돌한 사건이 발생했어. 북베트남 경비정이 선전포고 없이 미국 구축함을 공격했다는 사실이 미국 본토까지 알려졌어. 베트남을 응징해야 한다는 목소리가 높아졌어. 미국 전투기가 베트남을 폭격했고, 해병대가 작전을 개시했지. 통킹 만 사건을 계기로 미국이 본격적으로 베트남전쟁에 뛰어든 거야. 훗날 이 사건은 미국이 참전 구실을 만들기 위해 조작한 것이라는 폭로가 나왔단다.

미국 신문의 통킹 만 사건 보도　통킹 만에서 미국 구축함이 피격됐다고 전하는 신문. 미국은 이 사건을 계기로 베트남전쟁에 뛰어들었지만, 1995년 미국이 조작했다는 폭로가 나왔다.

　어쨌든 제2차 베트남전쟁이 본격화하기 시작했어.

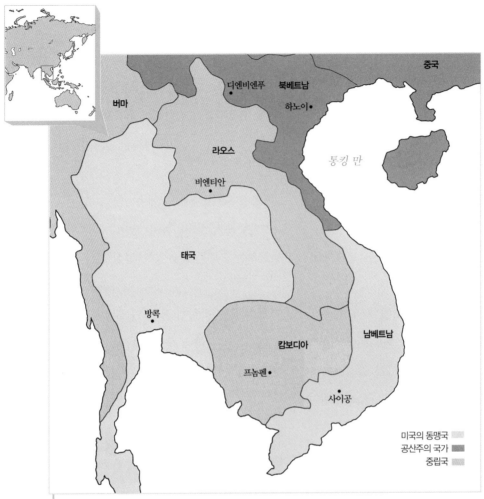

인도차이나 반도의 공산주의 세력 미국은 인도차이나 반도의 공산화를 막기 위해 베트남전쟁에 뛰어들었지만 실패로 끝났다.

1968년 새해 벽두였어. 남베트남의 공산주의자들이 사이공 시내에 있는 미국 대사관을 공격했어. 시내 중심가에 있던 대사관이 쉽게 뚫리는 걸 지켜본 미국인들은 베트남전쟁에서 질 수도 있다는 위기감을 느꼈어. 미국 대통령들도 같은 생각이었나봐. 같은 해 대통령에 당선된 닉슨은 베트남에서 군대를 철수하겠다고 선언했단다. 그러나 이 선언은 곧 무용지물이 되고 말았어. 라오스, 캄보디아와 같은 주변 지역이 공산화될 가능성 때문에 군대를 빼기가 쉽지 않았던 거야.

그래도 더 이상 선택은 없었어. 빨리 북베트남과 정전협정을 체결하고 베트남에서 발을 빼는 것 말고는 말이야. 1973년 1월, 미국은 프랑스 파리에서 북베트남과 전쟁을 끝내기로 하는 협정을 체결했어. 이제 북베트남이 승기를 잡았지? 북베트남은 미국으로부터 버림받은 남베트남을 대대적으로 공격하기 시작했어. 1975년 4월 30일 북베트남 군대가 남베트남의 중심지 사이공을 함락함으로써 베트남전쟁이 끝났단다. 1976년 북베트남과 남베트남은 통일하여 베트남사회주의공화국을 세웠지.

전쟁은 끝났지만 미국이 입은 상처는 너무 컸어. 공산주의 진영과의 싸움에서 대패했잖아? 그것도 작은 나라에 불과한 북베트남에게 말이야. 나아가 인도차이나 반도가 모두 공산화되는 것을 멀뚱히 지켜볼 수밖에 없었어. 수모도 이런 수모가 없었지. 이 베트남전쟁을 끝으로 미국이 주도한 냉전 시대는 서서히 막을 내리기 시작했단다.

🔍 우주에서 벌인 자존심 싸움

1957년 10월 4일, 소련은 사람이 타지 않은 인공위성인 스푸트니크를 우주에 쏘았어. 미국은 충격에 빠졌단다. 그래, 우주에서도 냉전이 벌어지고 있었던 거야.

소련은 우주 전쟁에서 항상 미국을 앞질렀어. 소련은 곧 비행선에 개를 태워 우주로 보냈어. 안전이 확인되자 1961년 4월 12일에는 소련의 우주 비행사 유리 가가린이 탄 유인 우주선인 보스토크 1호가 지구 상공을 여행하고 돌아왔지. 그래, 무인 인공위성에 이어 최초 우주 비행에 성공한 우주인 기록까지 소련이 만들었어.

미국은 자존심이 팍 상했어. 존 에프 케네디 대통령은 90억 달러를 투입해 유인 우주 비행 탐사 계획인 '아폴로계획'에 돌입했지.

마침내 1969년 7월 20일, 미국의 아폴로 11호가 달에 착륙하고 암스트롱과

달에 착륙한 아폴로 11호 소련에 뒤져 있던 우주 전쟁에서 미국은 자존심을 회복했다.

미국 최초의 유인 우주선 아폴로 11호에 탑승한 우주인들. 왼쪽부터 선장 닐 암스트롱, 사령선 조종사 마이클 콜린스, 달 착륙선 조종사 버즈 올드린.

올드린이 달 표면에 처음 발을 디뎠어. 당시 콜린스는 달 궤도를 돌고 있었단다. 미국의 자존심이 비로소 회복됐겠지?

미국의 성장과 고통

제2차 세계대전이 끝나자마자 동서 냉전이 시작됐지? 그 후 미국 국내 상황은 어떻게 변했을까?

요약하자면, 제1차 세계대전이 끝난 후인 1920년대와 비슷하다고 할 수 있어. 경제는 다시 눈부시게 발전했고, 국민의 생활 수준도 비약적으로 높아졌어. 여성운동과 흑인운동도 활기를 띠었지.

그러나 고통도 뒤따랐어. 많은 사람들이 공산주의자로 몰려 일자리에서 쫓겨났어. 흑인운동의 지휘자들은 잇달아 암살당했고, 전쟁을 반대하는 사람들의 시위도 끊이지 않았어. 물질문명을 비판하며 문명을 거부하는 히피hippie도 등장했어.

1950년대 냉전이 시작될 무렵부터 닉슨이 워터게이트 사건으로 대통령직에서 물러나는 순간까지의 미국 역사를 살펴보도록 할게.

공산주의자 마녀사냥, 매카시즘 광풍

먼저 정치 분야부터 볼까?

해리 트루먼은 1948년 대통령 선거에서 승리해 연임에 성공했단다. 그는 루스벨트의 확실한 후계자였어. 자신의 정책을 뉴딜에 빗대 페어딜Fair Deal이라고 불렀을 정도지.

페어딜은 뉴딜과 비슷해. 트루먼은 노동자의 최저임금을 인상하고 빈민 아파트촌을 세우려고 했어. 흑인의 인권도 강화하려 했지. 그러나 그의 노력은 거의 대부분 좌절됐어. 트루먼은 민주당이었지만 연방의회는 공화당 의원들이 장악하고 있었기 때문이야.

공화당은 민주당 출신의 대통령 트루먼이 내놓는 정책마다 반대표를 던졌어. 그러나 여야의 구분 없이 한목소리를 내는 정책도 있었어.

바로 공산주의자를 몰아내자는 거였지. 트루먼도 철저한 반공주의자였지만 반공 운동을 주도한 정당은 공화당이었어. 문제는 너무 지나쳤다는 데 있었지.

반공주의자 매카시 미국 공화당의 상원의원으로 반공주의 선풍을 일으켰다.

1940년대 말, 소련이 원자폭탄을 발명했다는 소리가 들려왔어. 미국인들은 공산주의에 대해 두려움을 느끼기 시작했어. 그리고 곧 아시아에서 중화인민공화국중국이 세워졌어. 미국 기업이 많이 진출해 있던 중국의 공산화는 미국인들의 위기

감과 두려움을 더욱 키웠어. 이 두려움을 악용하는 사람들이 등장했어. 대표적 인물이 공화당 출신의 상원의원 조지프 매카시였단다.

한반도에서 전쟁이 터지기 약 4개월 전이었어. 1950년 2월, 매카시는 웨스트버지니아에서 연설하던 중 폭탄선언을 했어. "국무부에서 205명의 공산주의자가 몰래 활동하고 있으며 그 명단을 갖고 있다!"

이 폭로로 미국 전체가 충격에 휩싸였어. 국무부는 미국의 모든 정책을 담당하는 핵심 기관이야. 그의 말이 사실이라면 미국의 핵심 정보들이 공산주의자들에게 그대로 노출된 거잖아?

미국 상원은 즉시 진상조사위원회를 구성했고, 언론은 연일 대문짝만하게 관련 뉴스를 보도했어. 아무도 매카시가 거짓말을 하고 있다고 생각하지 않았어. 그렇게 말했다가는 공산주의자로 오해받는 분위기였거든. 모두 입을 닫고 납작 엎드렸어. 매카시즘은 갈수록 거세졌어. 매카시가 공산주의자로 지목한 사람은 하루아침에 부와 명예와 지위를 잃었어. 검증? 그런 절차는 당연히 없었지. 심지어 매카시가 영웅 대접을 받았단다. 모두가 이성을 상실한 거야!

한반도가 전쟁 중이던 1952년, 대통령 선거에서 아이젠하위가 34대 대통령에 당선됐어. 그는 공화당 출신이었어. 당연히 매카시즘을 선거운동에 활용했고, 매카시를 두둔하기도 했단다. 초선의원에 불과했던 매카시는 어느새 정치 거물로 부상했어. 그는 공산주의자를 색출하기 위한 특별조사위원회의 위원장을 맡았고, 이 잡듯이 정부 부처를 뒤졌어.

많은 사람들이 공산주의자 혐의로 조사를 받았어. 공산주의자는 나오지 않았어. 그런데도 그들은 직장에서 쫓겨났고, 주변 사람들로부터 배척당했단다. 강압적인 분위기에서 겁에 질려 공산주의자라고 거짓 자백을 하는 사람도 생겨났어.

매카시즘 포스터 반공산주의를 선동하는 1940년대의 만화 책 표지. 매카시즘은 미국 전체에 구석구석 파고들어 큰 영향을 미쳤다.

시간이 흐르면서 매카시를 의심의 눈길로 쳐다보는 사람들이 늘었어. 과연 공산주의자가 있기는 한 것일까? 공화당도 정권을 잡은 이상 매카시즘에 기댈 필요가 없어졌어.

몇몇 공화당 의원들이 매카시를 비난하기 시작했어. 매카시는 사면초가에 놓였어.

1954년 3월, CBS 방송국에서 매카시즘이 허구라는 사실을 폭로하는 프로그램을 내보냈어. 그제야 매카시즘의 진짜 모습이 나타나기 시작했지. 사람들은 매카시가 의원 신분을 이용해 뇌물을 받았고, 경력을 위조했으며, 다른 사람에 대한 명예훼손을 밥 먹듯이 했고, 술만 마시면 추태를 부리는 인물이란 사실을 알게 됐어. 매카시는 추락하기 시작했지.

매카시는 마지막 몸부림을 쳤어. 이번에는 미국 육군 내부에 공산주의자들이 득실거린다고 폭로한 거야. 아뿔싸! 매카시가 주소를 잘못 골랐어. 대통령인 아이젠하워가 전쟁 영웅이잖아? 아이젠하워는 매카시를 완전히 내쳐버렸어. 군인들도 매카시를 강력하게 비판했어. 육군은 그의 비리를 폭로했어.

이제 사태가 역전됐어. 한 달이 지난 후 매카시에 대한 청문회가 열렸단다. 상원의원들은 매카시에게 폭로를 뒷받침할 수 있는 증거를 요구했어. 물론 모두 거짓이었기에 그가 내놓을 수 있는 증거는 없었겠지? 궁색한 변명과 뻔뻔한 해명으로 일관하는 그의 모습이 미국 전역에 방송됐어. 국민은 그제야 확실히 깨달았지. 아, 모두 거짓 선동이었구나!

상원의회는 그해 12월 매카시 비난 결의안을 채택했어. 이로써 매카시즘은 끝을 맺었지. 그러나 많은 사람들이 매카시즘으로 인해 큰 상처를 받았어. 그 후로도 매카시즘은, 이념에 대한 비정상적인 집착은 나라를 휘청거리게 만들 수 있다는 본보기로 종종 인용되고 있단다.

영원한 우상 케네디와 부패한 닉슨

전쟁 영웅이 아닌, 대통령 아이젠하워는 어떤 모습이었을까?

그는 뉴딜과 페어딜을 이어받아 복지 정책을 강화했어. 또 당파를 뛰어넘어 고르게 인재를 등용하려 했지. 이런 점들은 좋은 평가를 받고 있어. 그러나 인디언 보호구역을 폐지한 것은 논란이 되고 있지. 뚜렷한 대책 없이 보호구역만 없애는 바람에 많은 인디언이 도시의 빈민으로 전락했다는 거야.

그럼에도 아이젠하워는 연임에 성공했어. 이윽고 1960년의 선거에서는 부통령이었던 닉슨이 공화당 후보로 출마했지. 민주당에서는 역대 최연소 대통령 후보가 그에 맞섰어. 바로 존 에프 케네디야. 미국인의 영원한 우상으로 남아 있는 바로 그 인물이지.

선거 초반에만 해도 케네디의 승리를 점치는 사람은 별로 없었어. 케네디는 미국 사회의 주류에 속해 있지 않았거든. 오늘날에는 많이 사라진 개념이지만, 당시만 해도 와스프WASP만이 미국 지도자가 될 수 있다는 편견이 강했어. 와스프란 백인White, 앵글로색슨족 계열Anglo-Saxon, 신교Protestant에서 머리글자를 따 만든 신조어야. 메이플라워 호를 타고 넘어온 영국의 청교도가 와스프의 시조라고 할 수 있지. 케네디의 집안은 구교인 가톨릭을 믿는 아일랜드 출신이었어. 그래, 와스프가 아니었어. 게다가 그는 아직 40대 초반이었어. 너무 어리다는 게 약점이었지.

이런 케네디가 현직 부통령인 닉슨을 누를 수 있었던 것은 텔레비전 토론 때문이었단다. 케네디는 패기 넘치게 현 정부의 무능한 경제 운영을 따졌어. 반면 닉슨은 방어하는 데 급급했지. 미국인들은 케네디의 모습에서 그전까지의 대통령과는 다른 자유정신을 발견했어. 케네디의 슬로건인 '뉴 프런티어New frontier'에서도 그 정신을 느낄 수 있었지. 케네디는 서부 개척 시대 때 보여줬던 미국인의 개척 정신을 되살려 미국을 발전시키자고 주장했고, 이 구호가 믹혀들었던 거야. 선거 결과는 놀라웠어. 모두의 예상을 깨고 케네디가 근소한 표차로 닉슨을 물리쳤어!

이듬해, 케네디는 43세의 나이로 35대 대통령에 취임했어. 시어도어 루스벨트가 전임 대통령이 사망하면서 부통령에서 최연소 대통령으로 승격한 이후로 가장 어린 대통령이 탄생했지. 선거를 통해 당선된 대통령으로는 역대 최연소였어.

케네디 대통령은 야심차게 개혁을 준비했어. 노인 무상 의료와 같은 복지 제도를 늘리고 흑인의 인

피격 직전의 케네디 1963년 11월 텍사스 주 댈러스에서 자동차 퍼레이드 중인 케네디 대통령. 케네디는 이 사진이 촬영된 직후 암살됐다.

권을 확대하려고 했지. 그러나 이 모든 개혁은 추진되지 못했어. 사실 엄밀히 따지면 케네디는 대통령으로서 많은 업적을 남겼다고 할 수 없어. 그런데도 케네디가 오늘날까지 미국인의 영원한 우상으로 남는 것은 영화와도 같은, 비극적인 그의 결말 때문이란다.

1963년 11월 22일, 케네디는 다음 해에 있을 선거에 대비하기 위해 텍사스 주의 댈러스를 방문했어. 미리 남부 지역의 민심을 확보하려는 거였지. 케네디 부부는 사람들이 잘 보이도록 천장이 없는 컨버터블 자동차를 타고 있을 때였어. 자동차가 천천히 퍼레이드를 하고 있을 때였어. 그때 갑자기 총성이 울렸어. 총알이 케네디의 머리를 관통했고, 그는 바닥으로 고꾸라졌어. 케네디는 급히 병원으로 옮겨졌지만 숨지고 말았단다.

즉각 진상조사위원회가 만들어졌어. 위원회는 리 하비 오스월드라는 인물을 범인으로 지목했어. 그는 케네디가 너무 싫어 암살했다고 진술했대. 과연 이 진술이 사실일까? 대통령 경호가 철통같이 이뤄지고 있는 상황에서, 홀로 대통령을 암살한다는 게 가능할까? 그러나 추가 조사는 이뤄질 수 없었어. 오스월드가 재판을 받기 위해 이송되던 중 술집을 운영하는 잭 루비란 인물에게 살해됐기 때문이야. 이로써 케네디 암살을 둘러싼 의문은 영원한 미스터리로 남게 됐지.

대통령이 사망하자 부통령인 린든 존슨이 36대 대통령으로 취임했어. 그는 케네디의 정책을 차근차근 추진했어. 존슨은 연임에 성공했고 '위대한 사회'를 슬로건으로 내세우며 적극적인 정치를 펼쳤지. 그러나 당시 미국은 위대하기는커녕 아주 어수선했단다. 베트남전쟁이 한창이었고, 이를 비판하는 세력이 많았거든.

1968년 선거에서는 공화당의 닉슨이 결국 대통령에 당선됐어. 베트남전쟁 때문에 골치를 앓은 것만 뺀다면 닉슨의 첫 4년 임기는 순조롭게 끝났어. 그러나 재

워터게이트 사건으로 불명예를 안은 닉슨
미국의 37대 대통령으로 1972년 재선에 성공했으나 워터게이트 사건으로 2년 후 스스로 사퇴했다.

선 과정에서 닉슨을 오늘날까지 가장 부패한 대통령으로 떠올리게 하는 사건이 터졌단다. 바로 워터게이트 사건이야.

1972년 선거가 치러지기 6개월 전이었어. 민주당은 워싱턴에 있는 워터게이트란 건물에 선거사무소를 꾸렸지. 어느 날 이 건물에서 카메라와 도청 장치를 가지고 있는 괴한들이 붙잡혔어. 문제는 괴한들 가운데 닉슨의 측근들이 있었다는 거야. 민주당은 닉슨이 선거 부정을 저지르고 있다고 비난했어. 그러나 닉슨은 "모르는 일이다"라며 잡아뗐어.

국민들도 크게 개의치 않았어. 닉슨의 말을 믿었던 거지. 닉슨은 재선에 성공했어. 그러나 진실은 밝혀지기 마련인가봐. 닉슨이 직접 이 사건에 개입했다는 사실을 입증하는 녹음테이프가 나중에 공개된 거야. 국민은 닉슨이 거짓말을 했다는 사실에 분노했어. 민주당 의원들은 닉슨을 탄핵하기로 했지. 당시 민주당 의원이 절반 이상이었기에 탄핵은 충분히 가능했거든.

닉슨은 그나마 명예로운 방법을 찾았어. 1974년 8월 닉슨은 스스로 대통령의 자리에서 물러났단다. 미국 역사에서 대통령이 스스로 물러난 것은 처음 있는 일이었지.

케네디와 링컨의 비틀스 코드

미국인들로부터 가장
사랑받는 대통령으로
상위권에 케네디와 링
컨이 나란히 있어. 공
교롭게도 이 두 명의
공통점이 상당히 많아.
둘은 모두 머리에 총을
맞고 죽었어. 두 암살

케네디와 링컨 미국인에게 가장 사랑받은 대통령이었던 두 사람의
정치 인생은 많은 공통점을 갖고 있다.

범 모두 재판을 받기도 전에 죽음을 당했지. 꼬박 100년을 두고 같은 정치 인생이 반복된
것도 흥미로운 대목이야. 링컨이 1860년 대통령에 당선됐고, 100년이 지난 1960년에
는 케네디가 대통령이 됐단다.

그들이 대통령에 있을 때 부통령의 성이 모두 존슨이란 점도 같아. 링컨 때는 앤드루 존
슨, 케네디 때는 린든 존슨이었지. 링컨은 포드 극장에서, 케네디는 포드자동차회사가 만
든 링컨 콘티넨털 차량을 타고 가다가 암살당했어. 굳이 따지자면 이 점도 비슷하지?

베이비 붐과 풍요로운 삶

전쟁은 미국 경제를 살려내는 특효약이었어. 제1차 세계대전 때도 군
수물자를 열심히 팔아 경제가 살아났지? 1929년 대공황이 터진 후 좀
처럼 살아나지 않던 미국 경기도 제2차 세계대전이 터지면서 말끔하게 회복됐단
다. 이번에도 군수물자 수출로 짭짤한 수익을 거뒀지.

전쟁이 끝난 후 유럽 국가들은 폐허를 복구하기 위해 안간힘을 써야 했어. 그러

나 미국은 그럴 필요도 없었지. 냉전 시대에는 자유주의 진영의 미국에 대한 의존도가 커지면서 미국의 경제는 더욱 발전했어.

얼마나 경제가 안정돼 있었는가는 당시 경제 지표를 보면 알 수 있어. 1945년부터 닉슨 대통령이 재임 중이던 1970년까지 경제 성장률은 매년 평균 3.5퍼센트씩 성장했어. 국민총생산은 2,000억 달러에서 1조 달러로 5배가 늘었지. 반면 실업률은 3~6퍼센트로, 비교적 낮은 편이었어. 상당히 건실해 보이지?

보통 전쟁이 끝난 직후부터 인구가 폭발적으로 증가하는데, 이런 현상을 베이비 붐이라고 불러. 우리나라도 6·25전쟁 후 그랬고, 제2차 세계대전 이후 일본도 그랬지. 미국도 마찬가지였어. 1945년부터 1960년대 중반까지 인구가 급증했었어. 이 기간 동안 6,500만 명 정도의 아이가 태어났다는구나.

베이비 붐 현상은 미국 경제가 발전하는 데 큰 도움이 됐어. 인구가 늘었을 뿐인데 왜 그러냐고? 아이가 늘면 집도 늘려야 하고, 먹을거리도 더 사야 하고, 세탁기와 냉장고도 더 큰 것으로 바꿔야 하지? 소비가 늘어나는 거야. 그러면 기업은 더 많은 제품을 만들고, 가격이 떨어지면 소비자는 또다시 물건을 사고…. 어때? 경제가 순조롭게 돌아가겠지? 만약 인구가 감소한다면 이런 선순환이 이뤄지기 어려워. 그 때문에 요즘 많은 나라가 저출산 문제로 고민하는 거란다.

베이비 붐에 따른 미국의 변화를 볼까? 우선 건설 분야가 발전했어. 아이가 늘어났으니 더 많은 주택을 지어야지? 학교도 더 많이 필요했어. 물건을 진열하고 판매하는 백화점도 늘었고, 시민을 위한 공공시설도 늘어났어.

도심에 건물들이 들어서고, 인구가 몰려들면서 혼잡해졌어. 중산층 이상의 사람들은 한갓진 교외로 이사를 갔지. 아침에 일어나면 도심으로 출근해야 하기 때문에 너무 멀지 않은 곳이 적당하겠지? 이때부터 도심 주변에 쾌적한 주택단지가 만들어지기 시작했어. 도심으로 출근하려면 자동차가 필요하겠지? 덩달아 자동차 산업도 발전했단다. 반면 부작용도 있었어. 부유층이 도심을 떠나자 도심이 빈민가로 전락해버린 거야. 이런 빈민가를 슬럼Slum이라고 부르지. 슬럼에는 주로 가난한 흑인들이 살았어. 밤에는 아예 다닐 수 없을 정도로 범죄가 극성을 부렸어.

1960년대 이후 중산층 이상 미국인들의 생활 수준은 훨씬 높아졌어. 기업들은 그들을 겨냥해 다양한 신제품을 쏟아냈어. 기업들의 지상 과제는 "소비자를 잡아라!"였지. 소비 욕구를 자극하기 위해 광고가 발달하기 시작했어. 기업은 광고 공세를 퍼부었고, 사람들은 광고에 현혹돼 새로운 제품을 마구 사들였지. 이제 소비가 미덕인 사회가 됐단다.

문화 산업도 비약적으로 성장했어. 텔레비전이 널리 보급되면서 영화의 인기가 다소 떨어지나 싶더니 곧 쟁쟁한 스타들이 등장하면서 다시 인기를 되찾았지. 1955년 발표된 〈이유 없는 반항Rebel without a cause〉이란 영화는 기성세대에 저항하는 젊은이들의 폭발적인 사랑을 받았단다. 주연을 맡은 배우 제임스 딘은 두 편의 영화를 더 찍은 후 교통사고로 세상을 떠났어. 그는 오늘날까지도 젊은이들의 우상으로 남아 있단다.

음악 분야에서는 엘비스 프레슬리가 단연 최고였어. 프레슬리 또한

로맨틱한 반항아 제임스 딘 미국의 배우. 1955년 영화 〈이유 없는 반항〉에 출연해 주목을 받았으나 자동차 사고로 일찍 세상을 떠났고, 미국 전역의 젊은이들이 그를 애도했다.

로큰롤 제왕 엘비스 프레슬리 1950년대 중반 데뷔해 〈하트브레이크 호텔〉, 〈러브 미 텐더〉 등을 히트시키며 세계적 우상으로 떠올랐다.

기성세대가 보기 싫어하는 민망한 골반 춤을 선보였단다. 물론 젊은이들은 열광했지. 딘과 프레슬리, 이 둘은 대중문화의 대표적인 스타였어.

그러나 대중문화만 발달한 건 아니야. 미국 문화가 지나치게 보수적이고 천박한 상업 문화로 변하고 있다고 비판하는 예술가들도 많았어. 그들에게는 저항을 뜻하는 비트제너레이션beat generation이란 이름이 붙었지. 이런 저항 문화는 베트남전쟁 전후로 급격하게 성장했어. 마약, 긴 머리, 낡은 옷,

록 음악… 이런 것들이 저항의 상징이 됐지. 밥 딜런, 존 바에즈와 같은 가수들이 이때 주로 활동했어. 그들은 가수라기보다는 인권운동가이자 반전反戰운동가에 가까웠지. 반면 사회에 대해 어떤 저항도 하지 않는 사람들도 있었어. 그들은 사회가 어떻게 돌아가든 전혀 상관하지 않았고, 자기들끼리만 어울려 지냈어. 대부분 긴 머리에 덥수룩한 수염, 낡은 옷차림이었지. 특별한 거주지도 없었어. 이들을 히피라고 불렀단다.

1970년대의 미국 사회는 이처럼 다양성을 띠고 있었어. 경기가 침체됐던 때도 있었고, 시위 진압 과정에서 사람이 크게 다치는 불상사도 있었지만 다양성이 유지되는 한 풍요로운 삶이 계속되고 있었어. 실제 많은 학자들이 1945년부터 1970년대까지의 미국을 '풍요로운 성장의 시대'로 규정한단다.

선벨트, 태양이 비치는 지대

동쪽의 노스캐롤라이나에서 서쪽의 남부 캘리포니아까지 직선을 그어봐. 이 선의 밑으로
는 따뜻한 남부 지역이 펼쳐지지. 1940년대 이후 많은 중산층 백인들이 이곳으로 이동했
어. 그때부터 이 지역 15개 주를 통틀어 선벨트Sunbelt라고 불렀지. '태양이 비치는 지대'란
뜻이야. 일조 시간이 길어 기후가 따뜻하기 때문에 붙은 이름이겠지?

선벨트는 원래 농업 지대였어. 그러나 이때부터 첨단산업 지대가 속속 들어섰지. 그 결과
인구는 놀라운 속도로 증가했어. 1940년대부터 20년 동안 50퍼센트 이상의 인구가 증
가했고, 1970년부터 1975년까지는 늘어난 인구의 85퍼센트가 이곳 선벨트에서 이뤄졌
어. 오늘날에도 이 지역은 대체로 물가가 싸고 따뜻해 많은 사람들이 살고 싶어 한단다.

선벨트 북위 약 37도 이남의 따뜻한 지역으로 농업뿐만 아니라 항공기, 전자 산업 등이 발달했다. 선
벨트는 많은 사람들이 살고 싶어 하는 지역으로 꼽힌다.

자유의 나라에서 흑인 인권 찾기

　　오늘날 미국에서 인종차별은 법으로 금지돼 있어. 물론 아직까지도 흑인이나 아시아인을 무시하는 백인들이 있기는 해. 그러나 대부분의 미국 백인들은 피부색 때문에 사람을 차별하지 않는단다.

　1970년대까지만 해도 인종차별은 여전히 존재했어. 흑인뿐만 아니라 여성도 성차별을 받았지. 그러나 흑인과 여성의 인권을 쟁취하려는 투쟁도 많았어. 그래, 모든 차별이 한순간에 사라지지는 않았지만, 서서히 개선되고 있었던 거야.

　흑인운동이 불붙기 시작한 것은 1950년대부터야. 법적으로야 이미 흑백의 차별은 존재하지 않았어. 남북전쟁 때 노예 제도가 전면 폐지됐잖아? 그러나 미국 곳곳, 특히 남부 지역에서는 흑백 차별이 버젓이 자행되고 있었어. 심지어 버스조차도 백인과 흑인의 공간을 분리해놨단다.

아프리카계 미국인 민권운동가 로자 파크스 흑인의 버스 승차와 착석을 금지하는 차별에 맞서 싸운 여성으로 민권운동의 어머니로 불리운다.

　　매카시즘 열풍이 사라진 직후였어. 이때 젊은이들은 영화배우 제임스 딘에게 푹 빠져 있었지. 1955년 12월, 앨라배마 주 몽고메리에서 로자 파크스란 흑인 여성이 버스의 백인 좌석에 앉았어. 백인들이 비켜줄 것을 요구했지만 그녀는 꿈쩍하지 않았어. 그래, 파크스는 시위를 벌이고 있었던 거야. 경찰이 출동했고, 파크스는 체포됐어. 분노한 흑인들은 버스 승차 거부 운동을 벌이기 시작했어.

이 운동을 주도한 인물은 마틴 루서 킹이라는 20대의 젊은 흑인 목사였어. 킹 목사는 그 후 흑인운동의 대표적인 지도자로 유명해졌지. 몽고메리 버스 승차 거부 운동은 결국 법정으로 갔어. 이듬해 연방대법원은 흑인과 백인의 좌석을 구분하는

흑인운동 지도자 마틴 루서 킹 흑인 차별 철폐에 앞장섰으며, 1964년 노벨평화상을 받았다.

것은 위법이라는 판결을 내렸어. 흑인들이 승리한 거야.

몽고메리에서의 승리는 고귀한 승리였어. 그러나 아직도 흑인 차별은 곳곳에서 일어나고 있었단다. 흑인 학생을 아예 받지 않으려는 주도 있었어. 1957년 9월, 9명의 흑인 학생이 아칸소 주의 리틀록에 있는 고등학교에 입학하려 했어. 이 학교는 백인들만 다니는 학교였지. 주 정부와 주 재판소는 흑인의 등교를 저지하려 했어. 당시 대통령이었던 아이젠하워는 1,000여 명의 연방군을 투입해 흑인 학생들이 등교할 수 있도록 보호했단다.

그 후로도 흑백 충돌은 빈번했어. 이런 상황에서 1961년 케네디가 대통령에 취임했어. 앞에서 간략하게 언급했지만 케네디 역시 흑인의 인권을 옹호한 대표적인 대통령이란다. 1962년 9월, 제임스 메러디스라는 흑인이 미시시피 대학교에 입학하려 했어. 미시시피 주지사는 메러디스의 등교를 저지했고, 케네디는 아이젠하워가 그랬던 것처럼 연방군을 투입해 메러디스를 보호했단다. 케네디는 그밖에도 흑인들이 공공장소에서 차별받지 않고, 선거권도 보장받는 법을 만들려고 했

킹 목사와 존슨 대통령 민권운동에 앞장선 킹 목사와 미국 대통령 존슨. 1964년 존슨은 공공장소에서의 차별을 금지하고 선거권을 보장하는 인종차별철폐법을 통과시켰다.

어. 이 인종차별철폐법은 후임 대통령인 존슨에 의해 1964년 통과됐단다.

인종차별철폐법이 의회를 통과하는 데 가장 큰 기여를 한 사람들은 흑인 자신들이었어. 케네디가 처음 법안을 제출했을 때 연방의회는 받아들이려 하지 않았어. 1963년 8월이었지. 킹 목사가 워싱턴 디시의 링컨기념관에서 집회를 열었어. 무려 20만 명이 넘는 사람들이 구름처럼 몰려들었단다. 그들을 향해 킹 목사는 외쳤어. "나에게는 꿈이 있습니다!"

인종차별 없는 세상이 바로 그의 꿈이었단다. 오늘날까지도 유명한 이 연설은 많은 사람들의 마음을 움직이고 있어. 흑인들의 이런 노력이 있었기에 인종차별이 하나씩 사라진 거지. 비폭력주의자였던 킹 목사는 1968년 4월 4일 테네시 주 멤피스에서 백인 암살범 제임스 얼 레이가 쏜 총에 맞아 사망했어. 흑인에 대한 테러였지. 이때는 케네디가 사망한 지 5년이 되는 해였어. 자유를 꿈꾼 두 명의 지도자가 비슷한 시기에 세상을 떠난 셈이야.

킹 목사 후에도 흑인 인권을 위한 투쟁은 계속됐고, 오늘날에 이르렀어. 물론 아직도 흑인이 차별받는다고 지적하는 사람들이 많아. 1992년 로스앤젤레스에서 일어난 로드니 킹 사건이 대표적이지. 당시 무방비 상태의 흑인 운전수 로드니 킹을 경찰이 집단 구타한 사실이 알려지면서 폭동이 일어나기도 했단다.

미국, 세계의 경찰국가가 되다

베트남전쟁이 끝나기 전인 1969년, 미국의 대통령 닉슨은 아시아에서 일어나는 분쟁에 끼어들지 않겠다고 선언했어. 이 닉슨독트린 이후 미국은 베트남전쟁에서 슬슬 발을 뺐지. 이때의 선언은 냉전 분위기를 완화하는 데 큰 도움을 줬단다. 그래, 화해 분위기가 만들어진 거야. 이를 데탕트^{détente}라고 부르지.

물론 데탕트 분위기에 찬물을 끼얹는 사건이 발생하기도 했어. 그러나 대세는 이미 냉전이 무너지는 쪽으로 기울고 있었단다. 마침내 1990년대가 됐어. 사회주의 진영의 큰형님인 소련이 해체됐어. 냉전 체제가 무너진 거야.

냉전이 사라지자 미국은 경쟁자가 없는 유일한 초강대국이 됐어. 그러나 1970년대 후반부터 새로운 적으로 부상한 세력이 있었어. 바로 중동의 이슬람근본주의자들이었단다. 미국과 그들의 싸움은 20세기를 넘어 21세기인 현재까지도 진행되고 있단다. 여기서는 1970년대부터 2000년대까지의 역사를 한꺼번에 살펴보도록 할게.

　미국이 닉슨독트린을 발표할 무렵, 소련과 중국은 국경 문제로 서로 다투고 있었어. 닉슨은 사회주의 진영의 큰 거물인 두 나라의 사이가 좋지 않은 점을 이용해 슬쩍 미끼를 던졌어. 그 미끼를 두 나라가 덥석 물었지.

　1972년 2월 닉슨은 미국 대통령으로는 처음으로 중국을 방문해 마우쩌둥毛澤東, 저우언라이周恩來 등 중국 지도부와 만났어. 전 세계가 깜짝 놀랐지. 두 국가는 당시 일본에서 열린 제31회 세계탁구선수권대회를 계기로 만났어. 그래서 이 외교 활동을 미국 언론은 '핑퐁 외교'라고 불렀단다. 닉슨은 중국 지도부와 만난 자리에서 타이완에 있는 미군을 언젠가는 철수시키겠다고 약속했어. 또한 타이완이 중국의 영토라는 점도 인정했지. 타이완을 지지할 때는 언제고 이제 와서 타이완을 배신하느냐고? 타이완보다 중국이 더 중요한 나라니 어쩔 수 없었겠지?

　3개월 후 닉슨은 중국에 이어 소련의 모스크바를 방문해 레오니트 브레즈네프 서기장을 만났어. 두 정상은 회담을 갖고 무기를 감축하기로 협정을 맺었어. 이 협정을 전략무기제한협정SALT이라고 부르는데, 사실은 1969년부터 시작된 논의였어. 오랜 시간 협상을 벌인 끝에 이제야 첫 결실을 본 셈이지. 두 나라는 훗날 소련이 해체될 때까지 무기 감축과 관련해 여러 차례 협상을 벌였단다.

닉슨과 브레즈네프의 협정 1973년 6월 브레즈네프 소련 공산당 서기장이 미국의 닉슨 대통령과 백악관에서 회담을 갖고 있다.

어쨌든 이 첫 합의에서 양국은 대륙 간 탄도미사일^{ICBM}의 개수를 줄이고, 미사일 기지도 2개소로 제한하기로 했어. 이 내용은 모스크바선언으로 전 세계에 선포됐어. 두 정상은 이념에 상관없이 평화롭게 공존하는 시대가 왔다고 선언했단다.

독일 문제도 해결되는 듯했어. 소련은 1970년 서독과 서로 침략하지 않기로 하는 불가침협정을 맺었어. 서독은 그 대가로 소련을 공식 국가로 인정하고, 공산주의 진영과도 교류를 늘리기로 했어. 이 정책을 동방 정책이라고 불렀지. 1972년 서독은 또한 동독과 불가침 기본 조약을 맺고, 이듬해 동시에 국제연합에 가입했단다.

이 모든 일이 1970년대 초반에 일어났단다. 평화로운 분위기가 느껴지지? 데탕트가 실현된 거야. 이처럼 세계가 평화로 나아가고 있을 때 한반도는 어수선했어.

1972년 10월 박정희 대통령은 헌법을 중지시키고 국회를 해산했어. 전국에는 비상계엄령을 선포했고, 모든 정당의 활동을 금지시켰지. 10월 유신헌법이 만들어졌고, 12월 박정희가 또다시 대통령에 선출됐어. 물론 많은 사람이 저항했지만 오히려 군사정부는 군대를 투입해 진압했단다. 지금도 많은 사람들이 이때를 대한민국의 가장 암울했던 시기로 규정한단다.

어둠의 대한민국 제4공화국이 끝나기 2년 전인 1979년, 소련이 아프가니스탄을 침공했어. 갑자기 분위기가 싸늘해졌고, 동서 진영은 다시 대립하기 시작했어. 냉전 시대로 돌아가는 것 같지? 이때를 신냉전 시대라고 부른단다. 다행히 신냉전 시대는 오래가지 않았어. 냉전 체제가 무너지기 시작한 이상, 시대의 흐름을 거스를 수는 없었기 때문이야.

1940년대 유고슬라비아를 시작으로 헝가리, 체코슬로바키아 등 동유럽 공산주의 국가들에서 자유와 민주주의를 요구하는 투쟁이 시작됐어. 1980년대에 이르러 이들 나라에는 대부분 민주주의 정부가 들어섰어. 동서 냉전의 상징이었던 독일의 베를린 장벽도 마침내 무너졌지. 그래, 냉전이 끝난 거야. 소련? 곧 살펴보겠지만 소련도 이 무렵 해체 수순을 밟고 있었단다.

미국과 이슬람 민족, 그리고 제3세계

베트남전쟁이 끝나기 직전인 1974년 8월, 닉슨이 백악관을 떠나고 부통령 제럴드 포드가 38대 미국 대통령에 취임했어. 포드는 닉슨의 정책을 그대로 따라 해 '작은 닉슨'이라고 불린단다. 국민의 실망이 컸겠지? 게다가 경제도 좀처럼 살아나지 않았어. 결국 포드는 1976년 대통령 선거에서 패했고, 민주당의 지미 카터가 39대 대통령에 선출됐단다.

카터는 경제를 살리려고 무진 애를 썼어. 그러나 무용지물이었어. 왜 그런지 아니? 바로 이 무렵부터 중동의 아랍 국가들이 석유를 무기로 슬슬 실력 행사를 했기 때문이야. 사실 아랍 민족과 미국의 갈등은 훨씬 오래전부터 시작됐어. 그러던 것이 몇 차례의 중동전쟁을 거치면서 급속하게 악화된 거란다.

아직 닉슨이 백악관의 주인으로 행세하던 1973년, 제4차 중동전쟁이 시작됐어. 아랍 국가들은 일제히 석유 생산을 줄이고 가격을 올렸어. 1년간 계속된 1차 유류파동오일쇼크으로 전 세계 경제가 휘청거렸어. 아랍 국가들은 1978년 또다시 2차 유류파동을 일으켰고, 이번에도 전 세계 경제가 출렁거렸지. 미국도 마찬가지였어. 석유 공급이 원활하지 않으니 경제 발전에 지장이 있었던 거야. 생각해봐. 연료가 있어야 공장도 가동하고, 자동차도 돌릴 거 아냐?

이슬람근본주의자 단체가 미국을 대상으로 하는 테러를 시작하기도 했어. 동유럽 국가들의 민주화 투쟁에 힘입어 냉전이 와르르 무너지고 있던 1979년 11월이

었어. 테러범들이 이란에
있는 미국 대사관을 점거했
어. 그들은 미국인 직원 50
여 명을 인질로 붙잡고 소
동을 벌였단다. 테러범들은
미국에게 이란의 팔레비 독
재정권에 대한 지원을 중단
하라고 요구했어. 이 사건
이 전 세계에 알려지면서
미국이 지나치게 제3세계

이란의 인질 사건 1979년 이란에서 미국 대사관 인질 사건이 발생하자 미국에 체류 중인 이란인들을 추방하라는 시위가 잇달았다. 인질 사건은 1981년 1월 끝났다.

를 간섭하는 것 아니냐는 비판이 쏟아졌어. 카터 대통령이 좀 괴로웠겠지?

　이때까지만 해도 중동의 이슬람근본주의자들이 앞으로 무서운 적이 될 거라는 사실을 미국인들은 깨닫지 못했어. 이란의 미국 대사관 인질 사건이 터진 해, 소련이 아프가니스탄을 침공했거든. 미국인들은 아직까지도 소련에 대한 적개심이 강했어. 그 때문에 중동의 정세를 읽지 못한 거지.

　미국은 소련에 대해 즉각 보복 조치를 단행했어. 전쟁을 일으켰냐고? 아니야. 1980년 소련의 모스크바에서 제22회 하계올림픽이 열렸는데, 자유 진영의 67개국이 대회에 참가하지 않았어. 원래 이 대회는 처음으로 공산 진영에서 열리는 것으로, 나름 의미가 있는 올림픽이었단다. 물론 영국과 프랑스는 참가했어. 그렇지만 미국이 빠지는 바람에 사실상 공산국가들만의 반쪽 올림픽이 되고 말았지. 더욱 웃긴 것은, 중국도 소련과 갈등을 벌이느라 참가하지 않았다는 거야. 또 공산진영이 항의 표시로 1984년 미국 로스앤젤레스에서 열린 제23회 하계올림픽에

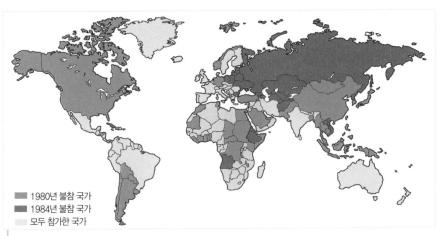

올림픽 보이콧 1980년 모스크바 올림픽과 1984년 LA올림픽은 자유주의 진영과 공산주의 진영이 차례로 보이콧하면서 반쪽 올림픽이 되고 말았다. 순수한 스포츠의 장이었던 올림픽도 이념의 선전장으로 이용됐다.

불참했다는 것도 웃긴 일이었어. 올림픽이 이념의 선전장이 돼버린 거지.

1980년 선거에서 카터가 패하고 공화당의 로널드 레이건이 40대 대통령에 당선됐어. 레이건 대통령의 목표는 가장 강한 미국을 만드는 거였어. 당시 미국 재정은 적자였지만 국방비만큼은 조금도 줄이지 않았지. 왜 그랬겠니? 그래, 소련과의 경쟁에서 밀리지 않으려는 거였어.

레이건은 세금을 줄였어. 세금을 줄이면 소비가 늘어날 것이고, 그렇게 되면 경제가 활발해질 것이라는 생각에서지. 이 경제 정책을 레이거노믹스라고 불렀단다. 성공했냐고? 글쎄, 경제학자들은 성과를 보기는 했지만 경제 침체를 극복하는 데 근본적인 해결책은 아니었다고 평가하고 있단다.

레이건의 외교 정책은 제국주의를 연상케 했어. 제3세계의 저항은 무시했고, 무력을 사용하는 것도 서슴지 않았지. 그 때문에 레이건 정부 때부터 이슬람 단체들의 테러도 늘어났어. 그런 와중에 레이건이 크게 창피를 당한 사건이 발생했단다.

미국은 이스라엘이 건국될 때부터 지원해왔어. 이스라엘이 이슬람 국가들과 싸울 때도 지원을 아끼지 않았지. 미국은 이스라엘에 각종 무기를 팔았어. 그런데 문제가 생겼어. 똑같은 무기가 이란의 테러 조직들에게도 팔리고 있었어. 어떻게 해서 이런 일이 일어난 것일까?

1980년대 중앙아메리카 니카라과에는 산디니스타 혁명정권에 대항하는 콘트라 반군이 게릴라전을 하고 있었단다. 산디니스타 정권은 미국에 적대적이었고, 콘트라 반군은 우호적이었지. 미국 중앙정보부는

역대 가장 많은 나이에 취임한 대통령 미국의 40대 대통령 레이건. 니카라과의 친미 독재정권을 지원하면서 이란의 테러 조직에게 무기를 판 사실이 폭로되어 곤욕을 겪었다.

콘트라 반군에게 몰래 군자금을 지원하려 했어. 그런데 돈이 없었어. 중앙정보부는 할 수 없이 이란의 테러 조직들에게 무기를 팔고, 그 돈으로 콘트라 반군을 지원하려 했지. 미국을 노리는 테러 조직에게 무기를 판 거야! 이 사건이 폭로되자 미국 정계에 폭풍이 불어닥쳤어. 레이건도 탄핵 직전까지 갔었단다.

1988년 대통령 선거에서 부통령이었던 조지 부시가 41대 대통령에 당선됐어. 부시는 레이건의 모든 정책을 따라 했어. 심지어 중동과의 갈등까지! 1990년에는 페르시아만전쟁¹이 터지기도 했단다.

부시 정부 시절, 동서 냉전이 끝났어. 역사에 길이 남을 미국 대통령이 된 거야. 그러나 미국인들은 그 점을 개의치 않았나봐. 그들은 새로운 대통령을 원했어. 1992년 대통령 선거에서 민주당의 빌 클린턴이 42대 대통령에 당선됐단다.

🔍 정치인이 된 영화배우들

레이건은 젊었을 때 37년간 50편의 영화에 출연했단다. 그래, 영화배우였어. 다만 주목받는 배우는 아니었어. 주연을 맡은 작품도 없었다는구나.

레이건은 1962년 공화당에 가입했고, 4년 후에는 캘리포니아 주지사에 당선됐어. 그는 적자였던 캘리포니아 재정을 흑자로 돌려놨고, 대통령으로 출마할 만큼 유명인사가 됐단다.

약 37년 후 비슷한 이력의 인물이 나타났어. 영화 〈터미네이터〉로 유명한 배우 아널드 슈워제네거야. 그도 공화당에 입당했고, 2003년 캘리포니아 주지사에 당선됐어. 그러나 그는 캘리포니아 재정을 엉망으로 만들었어. 인기가 떨어졌겠지? 그는

정치인이 된 배우들 영화배우 출신으로 미국 대통령이 된 레이건과 주지사가 된 슈워제네거. 1984년 레이건 대통령과 당시만 해도 영화배우였던 슈워제네거가 한 공식석상에서 만난 장면.

2011년 1월 임기를 끝냈어. 계속 정치를 할지 많은 사람들이 지켜보고 있단다.

소련의 해체, 맞수가 사라진 절대 강자 미국

냉전은 소련이 해체되면서 끝났어. 미국의 맞수였던 소련이 해체되는 과정을 살펴볼까?

레이건은 미국이 세계 평화를 주도하려면 강해져야 한다고 생각했던 인물이야. 제3세계가 까불면 단단히 혼을 내야 한다고 생각했지. 이 때문에 미국을 '깡패 국가'라며 반미 투쟁을 하는 나라도 많았어. 레이건은 개의치 않고 공산주의 분쇄를

위해 전 세계 어디든 달려갔어. 1983년, 우리나라의 민간 여객기^{대한항공 858편}가 소련 전투기에게 격추되는 사건이 발생했어. 이때도 레이건이 나서 소련을 제재했단다. 엘살바도르에서 민중을 억누르는 독재정권도 공산주의의 위협을 막는다는 이유로 지원했지.

1985년 3월 미하일 고르바초프가 소련 공산당 서기장으로 선출됐어. 고르바초프는 글라스노스트^{개방}와 페레스트로이카^{개혁}를 표방하며 소련을 변화시키기 시작했어. 소련 공산당이 너무 부패하고 관료화됐기 때문에 경제가 살아나지 않고 있다고 판단한 거야. 인민이 고통을 당하지 않고, 소련이 되살아나려면 우선 공산당의 권위주의부터 깨부숴야 한다고 생각했어.

고르바초프는 동유럽 국가들의 민주화 운동을 진압하지 않았어. 그 나라들이 소련으로부터 벗어나 독립하겠다는데도 고르바초프는 고개만 끄덕인 거야. 고르바초프는 곧 공산당 간부들의 저항에 부닥쳤어. 공산당 보수파들은 고르바초프를 신랄하게 비난했지. 그가 공산주의를 망치고 있다는 거였어.

고르바초프가 서기장에 선출된 바로 그해, 레이건은 두 번째 임기를 시작했어. 고르바초프가 평화의 손짓을 했고, 레이건은 강경 일변도의 기존 입장을 바꿔 즉각 화답했단다. 레이건과 고르바초프는 제네바에서 만나 군축 협상을 더 빨리 진행시키기로 했어. 이어 1987년에는 워싱턴에서 회담을 갖고, 중단거리 미사일을 없애기로 협정을 맺었어. 물론 두 나라의 핵무기가 모두 사라진 것은 아니지만 동시에 핵무기를 줄이겠다는 이 협정은 세계를 놀라게 했단다.

1988년 부시가 대통령이 됐어. 그는 이듬해 12월 지중해의 몰타에서 고르바초프를 만나 냉전 체제를 끝낸다는 선언을 했단다. 동서 진영의 군사기구인 북대서양조약기구와 바르샤바조약기구는 정치기구로 바꾸기로 했어. 어떤 지역에서 분

고르바초프와 부시의 협약 1990년 6월 미국의 조지 부시 대통령이 소련의 미하일 고르바초프 서기장과 워싱턴에서 만나 화학무기 생산을 중지하는 협약에 서명하고 있다.

쟁이 일어나면 싸울 게 아니라 정치적으로 해결하자는 원칙에도 합의했어. 이 몰타 선언으로 냉전 체제가 사실상 끝났다고 볼 수 있지.

그 후 소련은 민주주의를 향해 달려가기 시작했어. 고르바초프는 1990년 3월 다당제多黨制 선거를 실시했어. 원래 소련에서 정당은 공산당밖에 없었어. 소련에서 여러 정당이 참여하는 선거가 치러진 거야. 공산주의가 와르르 무너지는 소리가 들리니?

선거에서 승리한 고르바초프는 소련의 첫 민주 대통령이 됐어. 1991년 7월, 그는 마르크스레닌주의를 포기한다는 새 강령을 선포했단다. 이 말이 무슨 뜻이겠니? 그래, 소련은 더 이상 사회주의 국가가 아니라는 선언이었어!

공산당 보수파들이 즉각 반발했어. 8월 그들이 쿠데타를 일으켜 고르바초프를 몰아냈어. 이때 보리스 옐친이 등장했어. 그는 고르바초프가 발탁한 인물이었는데, 고르바초프보다 더 급진적인 개혁파였지. 옐친은 소련에 소속된 러시아공화국의 대통령이었지만, 러시아는 1990년 공산당을 탈퇴했단다. 옐친은 공산당 보수파의 쿠데타에 적극적으로 맞섰어. 그는 쿠데타를 진압했고, 공산당은 결국 해체됐어.

1991년 12월 21일, 옐친은 소련에 소속된 다른 11개 공화국과 함께 독립국가

연합^{CIS}을 만들었어. 각 공화국이 모두 독립국가라면 소련이란 나라는 더 이상 존재하지 않겠지? 결국 러시아공화국의 대통령인 옐친이 모든 권력을 장악했고 소련은 완전히 해체됐어.

그 후 옐친의 뒤를 이어 2000년 블라디미르 푸틴이 러시아의 대통령이 됐어. 러시아는 과거의 소련만큼 힘을 내지 못하고 있어. 냉전이 끝나고 소련이 해체되면서 맞수가 없어진 미국은 전 세계에서 단 하나뿐인 초강대국이 됐단다.

중남부 아메리카의 반미와 혁명

20세기 초반부터 많은 중남부 아메리카 국가들은 미국의 경제적, 정치적 지배를 받았어. 미국의 기업들은 큰돈을 벌었지만, 중남부 아메리카의 민중들은 가난한 삶을 살아야 했지. 민중의 반발이 심했지만, 지배층이 대부분 친미주의자였기 때문에 좀처럼 이런 상황은 바뀌지 않았어.

그러나 제2차 세계대전을 전후로 여러 나라에서 미국으로부터 벗어나려는 투쟁이 시작됐단다. 일부 나라에서는 혁명이 일어나기도 했어. 쿠바와 니카라과가 대표적이지. 그러나 많은 나라들이 여전히 이념 대립이나 기득권의 밥그릇 싸움으로 내전의 홍역을 치렀단다. 내전으로 수많은 사람들이 죽기도 했지.

여기서는 제2차 세계대전 이후부터 20세기 말까지의 중남부 아메리카의 역사를 살펴볼게.

쿠바 혁명, 중남부 아메리카에 퍼진 혁명의 기운

우선 중앙아메리카의 네 나라 역사를 살펴볼 거야. 먼저 민중 혁명으로 사회주의 정권을 세운 쿠바와 친미 정권을 몰아낸 니카라과를 볼 거야. 그다음에는 미국과 끝까지 갈등을 벌인 과테말라와 파나마를 보도록 할게. 우선 쿠바 혁명부터!

1950년대 초반까지만 해도 쿠바의 통치자는 미국에 우호적인 독재자 바티스타였어. 쿠바에 주둔해 있는 미군은 그 독재자를 보호하고 있었지. 쿠바 민중은 미국도 싫었고, 독재자도 싫었어.

한반도에서 6·25전쟁이 끝날 무렵인 1953년 7월 26일, 카스트로가 주도한 혁명이 일어났어. 혁명군은 산티아고에 있는 몬카타 요새를 공격했지만 이 공격은 실패로 끝났단다. 카스트로는 체포됐고, 즉각 투옥됐어.

그러나 독재정권은 카스트로를 오래 가둘 수 없었어. 민중들이 그의 석방을 간절히 원했기 때문이야. 1년 후 카스트로가 석방됐어. 그는 자유로운 혁명 운동을 위해 멕시코로 넘어갔어. 그곳에서 중남부 아메리카의 위대한 혁명가로 알려진 체 게바라를 만났지. 둘은 혁명군을 다시 조직했고, 1959년 1월 1일 마침내 독재자 바티스타를 몰아내는 데 성공했단다.

세계에서 가장 오래 집권한 지도자 카스트로 쿠바 혁명으로 정권을 잡은 피델 카스트로가 1960년 쿠바 대표 자격으로 국제연합회의장에 들어서고 있다.

쿠바 혁명의 성공으로 쿠바에는 사회주의 혁명정부가 들어섰어. 물론 정권은 카스트로가 장악했지. 이후 카스트로는 무려 49년간 집권하다 2008년 2월 공식적으로 정계에서 은퇴했단다. 현재는 그의 동생인 라울 카스트로가 권력을 이어받은 상태야. 쿠바가 어떤 변화의 모습을 보여줄지, 많은 사람들이 지켜보고 있단다.

쿠바 혁명의 성공은 중남부 아메리카 전체에 큰 영향을 줬어. 곳곳에서 혁명이 일어났지. 대표적인 나라가 바로 니카라과야.

1937년 이후 소모사 가문의 독재가 계속되고 있던 니카라과에서 1961년 위대한 혁명가인 아우구스토 세사르 산디노의 정신을 이어받자는 혁명 단체 산디니스타민족해방전선FSLN이 출범했어. 산디니스타민족해방전선은 국민의 전폭적인 지지를 받으며 혁명을 일으켰어. 바로 산디니스타 혁명이야.

1979년, 마침내 혁명이 성공했어. 독재자들은 처형당하거나 외국으로 도망갔어. 혁명정부는 토지 개혁을 단행해 소모사 가문과 부패한 공직자들의 땅을 몰수해 가난한 농민에게 나눠줬어. 공산주의와 자본주의, 어느 쪽으로도 쏠리지 않도록 미국, 소련, 유럽 등과 골고루 사귀는 비동맹 외교를 표방했지.

산디니스타 혁명정권 지도자 오르테가 산디니스타 혁명위원회 위원으로 1979년 정권을 장악해 1984년 11월부터 1990년 4월까지 니카라과 대통령을 지냈다.

그러나 혁명정부는 순탄대로를 걷지는 못했어. 산디니스타 정권을 반대하던 콘트라 반군이 봉기하는 바람에 다시 내전이 시작됐기 때문이야. 미국의 대통령 레이건 대통령이 콘트라 반군에 재정 지원한 사건 때문에 큰 곤욕을 치렀다는 사실은 앞에서 말했지?

1990년대 들어 내란은 사실상 끝났어. 그 와중에 국민들은 내전을 질질 끌고, 경제를 바닥까지 끌어내린 산디니스타 정권에 실망하기 시작했어. 이때다! 콘트라 반군은 무장을 해제하고 합법적인 선거를 통해 권력을 잡기로 전략을 바꿨어. 1990년 선거에서 그 전략이 성공했어. 후보로 내세운 비오레타 차모로가 산디니스타 정권을 이긴 거야! 정권을 잡은 이들은 다시 미국과 손을 잡았어.

그로부터 16년이 지난 2006년, 산디니스타민족해방전선[FSLN] 출신의 다니엘 오르테가가 대통령에 당선됐어. 또다시 미국과 갈등이 벌어졌느냐고? 그건 아니야. 이 무렵 쿠바의 카스트로도 미국과 친해지려고 노력하고 있었어. 소련이 무너진 후, 쿠바는 외국 자본을 받아들이고 미국과 관계 개선에 나섰어. 오르테가도 마찬가지였어. 그는 급격한 혁명은 혼란을 키울 거라고 생각했어. 그래, 온건한 개혁을 택했단다. 그렇다면 미국과 일부러 싸울 필요는 없겠지?

파나마로 가볼까?

제2차 세계대전 때 파시스트를 옹호한 반미주의자 대통령인 아르눌포 아리아스가 1949년 11월 다시 대통령에 당선됐어. 국민들이 친미파보다는 파시스트가 낫다고 생각했나보지? 어쨌든 아리아스는 자기 소신대로 즉각 미국과 국교를 단절했어.

그런데 문제가 생겼어. 미국 기업들이 파나마를 떠나자 경제가 곤두박질치고 실업자가 급격하게 늘어난 거야. 혼란이 다시 시작됐고, 그 틈을 타 1968년 오마르 토리호스 에레라라는 군인이 미국의 지지를 받고 쿠데타를 일으켰어. 토리호스 에레라는 곧 정권을 잡았지만 미국의 뜻대로 움직이지만은 않았단다. 그는 파나마 운하를 되돌려달라고 요구했고, 미국의 카터 대통령이 이 요구를 들어줬어. 두

포로로 붙잡힌 노리에가 토리호스 에레라에
이어 파나마의 권력을 잡은 군사령관 노리에가는
결국 부패로 인해 미국 법정에 섰다.

나라는 운하를 1999년 12월 31일 파나마로 돌려주는 신파나마 운하협정을 1977년 체결했단다.

1981년 토리호스 에레라가 비행기 사고로 목숨을 잃었어. 마약에도 손을 댈 만큼 부패한 군사령관 마누엘 노리에가가 권력을 잡았어. 미국과도 점점 멀어졌지. 1989년 미국은 파나마를 공격해 노리에가 정권을 몰아내고, 미국에 우호적인 기예르모 엔다라를 대통령으로 하는 정부를 세웠어. 노리에가는 미국 법정에서 종신형을 선고받았단다. 이 사건을 파나마 침공이라고 불러. 파나마의 정치가 부패하긴 했으나 미국이 나서서 한 나라의 대통령까지 몰아내는 것은 지나친 내정간섭이 아닐까?

독재자들만 있었던 과테말라에서 1951년 아르벤스 구스만이란 개혁주의자가 대통령이 됐어. 그는 미국으로부터 경제적으로 독립하기 위해 개혁에 착수했어. 가장 먼저 토지부터 손을 댔지. 그러자 미국 회사인 유나이티드프루트가 강하게 반발했어. 이 회사가 중남부 아메리카 곳곳에 바나나 생산을 위한 토지를 많이 갖고 있다고 했지? 그 땅을 내줘야 하니 불만이 클 수밖에 없겠지?

미국 정부가 움직이기 시작했어. 구스만 반대파가 미국의 지원을 받아 반란을 일으켰고, 구스만은 쫓겨났어. 그 후 과테말라는 친미파와 반미파, 혁명파와 보수파로 나뉘어 싸우기 시작했어. 지금도 과테말라에서는 싸움이 계속되고 있단다.

아르헨티나의 개혁 세력과 군부 세력

　　　　　　20세기 초반 아르헨티나 역시 격동의 시기를 보냈어. 제2차 세계대전이 일어났을 때는 독일과 이탈리아 등 파시즘 국가를 지지하는 사람들도 많았어. 만약 아르헨티나가 이때 정말로 파시즘 국가 편에서 싸웠다면 그 후의 역사는 어떻게 달라졌을지 몰라. 다행히 아르헨티나는 중립을 유지했단다.

　군인 출신으로 노동부 장관까지 지낸 후안 페론이란 인물이 1946년 대통령이 됐어. 페론은 공산주의와 유사한 국가사회주의를 표방했어. 모든 권력을 장악한 뒤 독재 체제를 구축했고, 나름대로 개혁을 추진했지. 우선 외국 기업을 몰아내고 중요한 산업은 모두 국유화했어. 기업주가 터무니없이 노동자를 착취할 수 없도록 여러 정책을 내놓았지.

　페론의 업적 가운데 두드러진 게 바로 빈민 사업이야. 그는 가난한 사람과 병자, 노인들을 위해 사회복지 정책을 크게 늘렸어. 이 빈민 사업은 그의 부인인 에바 페론이 담당했단다. 에바는 에비타란 애칭으로 더 많이 불렸어. 오늘날까지도 에비타는 아르헨티나에서 국민의 추앙을 받고 있어. 후안 페론도 그녀가 없었다면 대통령이 될 수도 없었을지도 몰라. 에비타는 아르헨티나의 현대사를 이야기할 때 절대로 빼서는 안 될 인물이란다.

　후안 페론과 에비타는 1944년에 6,000명 이상이 목숨을 잃은 아르헨티나 대지진으로 인한 이재민 돕기 성금 모금 운동을 하며 만났어. 당시 노동부 장관으로 성금을 어떤 식으로 모금할까 끙끙 머리를 싸매던 그의 앞에 에비타가 나타났어. 마침 페론은 부인을 잃고 혼자 살아가고 있었지. 둘은 금방 사랑에 빠졌고, 이듬해 결혼했단다.

　1946년 페론은 대통령 선거에 출마했어. 대중 스타인 에비타가 적극적으로 선

거운동에 나섰고, 아르헨티나 국민은 에비타를 연호했어. 스타 부인을 둔 덕과 노동자들의 지지로 페론은 대통령으로 당선됐어.

대통령이 된 페론은 대대적인 개혁을 추진했어. 에비타도 영부인이 된 후 적극적으로 빈민 운동을 펼쳤어. 나중에는 여성 페론당이란 정당을 만들고 대표에 오르기도 했단다. 그녀는 곧 자신의 이름을

후안 페론과 에바 페론 페론 부부의 정책은 아르헨티나의 국민들로부터 많은 지지를 받았다. 개혁과 빈민 사업 등을 펼친 그의 정치 이념은 그 이름을 본떠 페론주의라고 부른다. 에바는 부통령에 출마하려 했으나 반대파의 압박으로 물러나야 했다.

딴 에바페론재단이란 자선 재단을 만들었어. 이제 그녀는 외국에서도 모르는 사람이 없을 만큼 유명 인사가 됐단다.

페론과 에비타의 정책은 아르헨티나 국민들에게 큰 호응과 지지를 얻어냈어. 많은 사람들이 페론과 에비타를 따랐지. 이때부터 그의 정치 이념을 페로니즘 Peronism 이라 불렀단다. 당연히 상류층과 군부는 이 이념을 싫어했어. 에비타의 인기가 높다는 점이 특히 그들의 비위를 거슬렀어.

그들은 에비타를 그대로 놓아두면 더 많은 국민이 페론의 편에 설 거라고 생각했지. 결국 그들이 에비타의 앞길을 막기 시작했어. 에비타가 1951년 부통령 후보로 출마하자 노골적으로 반대한 거야. 그들의 압력에 밀려 에바는 부통령의 꿈을

접어야 했어. 페론은 에비타 없이 선거에 출마해 연임에 성공했어. 그러나 군부와 상류층이 기득권을 지키기 위해 1955년 쿠데타를 일으켰고, 페론은 대통령 직에서 물러날 수밖에 없었어.

아르헨티나는 그 후로도 군부와 페론주의자들의 권력 다툼이 이어졌어. 이 다툼은 오늘날까지도 계속되고 있단다.

격동의 브라질, 경제를 발전시키다

20세기 초반의 브라질 역사는 19세기 초반의 미국 역사와 닮은 점이 많아. 지방정부들의 권력이 지나치게 강한 탓에 중앙정부가 있지만 없는 듯한 존재가 돼버린 거야. 특히 상파울루와 미나스제라이스 주의 힘은 다른 모든 주를 압도할 만큼 강했단다. 다른 주들은 명함도 못 내밀었어. 이 때문에 브라질 제1공화국의 대통령은 상파울루와 미나스제라이스 주에서 번갈아가며 뽑았다는구나.

사실 다른 주들이 모두 정치적으로나 경제적으로나 터무니없이 약한 것은 아니었어. 엄밀히 말하면 그 주들은 중앙 정치에 관심이 없었던 거야. 왜 그런지 아니? 대부분의 주에서는 군대를 가진 군벌들이 모든 권력을 장악하고 있었어. 쉽게 말해 각 주가 군벌들만의 개인 왕국처럼 돌아가고 있었던 거야. 이런 군벌들은 때로는 중앙정부에 반란을 일으키기도 했어. 그러나 중앙정부를 무너뜨리지는 못했지.

지방정부가 중앙정부를 얕잡아 보는 상황이 바뀐 계기는 1930년부터 시작된 세계 대공황이었어. 공황의 여파가 브라질에도 미쳐, 커피 수출이 뚝 떨어졌지. 경제가 추락하고, 민중의 삶은 극도로 힘들어졌어. 혼란이 생기면 쿠데타가 어김없이 일어났지? 브라질에서도 마찬가지였어. 제툴리우 바르가스란 인물이 군부의

중앙집권화를 실현한 대통령 바르가스 브라질 근대화의 기틀을 다진 대통령으로 20여 년 장기 집권했다.

지원을 받아 쿠데타를 일으켰어.

바르가스는 곧 모든 권력을 장악했어. 그래, 독재자가 된 거야. 민중들의 반발이 컸겠지? 민중들은 봉기를 일으켰어. 각 주에 있는 군벌들도 독재자를 받아들이고 싶지 않았겠지? 그들도 반란을 일으켰어. 바르가스는 모든 반란을 진압했어. 그것도 모자라 1937년에는 또다시 쿠데타를 일으켜 전체주의적 헌법인 에스타두노부새로운 체제를 선포했단다. 의회와 정당은 모두 해산시켰어. 반대파를 확실히 제거했지. 명분? 물론 있었어. 브라질의 발전을 위해서는 낡은 체제는 완전히 뿌리 뽑아야 한다는 거였어!

이제 강력한 중앙정부가 들어섰지? 바르가스 정부는 개발독재를 펼쳤어. 그 결과 브라질은 농업 국가에서 단숨에 산업 국가로 발돋움했단다. 그러나 개발독재의 부작용이 여기서도 나타났어. 그래, 개발만 생각했지 민중의 삶이나 인권은 안중에도 없었던 거야. 부패한 권력자와 대지주가 여전히 떵떵거리며 살고 있었어. 바르가스는 그들을 처벌할 생각도 하지 않았어.

쿠데타와 혁명, 이념 대립…. 이런 현상은 다른 중남부 아메리카 국가들에서처럼 브라질에서도 똑같이 나타났어.

브라질에서도 제2차 세계대전이 끝난 후 좌우 이념 대립이 심했단다. 극우 세력이 쿠데타를 일으켜 정권을 장악한 것도 다른 중남부 아메리카 국가들과 비슷한 풍경이야. 다만 다른 점은, 바르가스가 1950년 선거를 통해 다시 정권을 잡았다는 거야. 그는 민족주의를 표방하고 있었어. 아마 국민도 그런 점 때문에 그를 지지했겠지? 그러나 이미 그의 운은 다했나봐. 경제는 더욱 나빠졌고 반대파의 저항도 더욱 거세졌단다. 1954년 바르가스는 반대파의 사퇴 요구가 커지자 스스로 목숨을 끊었어.

그 후 브라질의 역사는 혼돈과 발전, 평화와 폭력이 뒤엉긴 가운데 흘러갔어. 1964년 군부 쿠데타가 일어났어. 군인들이 정권을 잡으면 그 후의 모습은 비슷비슷해. 인권이 사라지고, 국가 주도로 강력한 경제 살리기 운동이 시작되지. 브라질도 그랬어. 그러다가 1985년 처음으로 군인이 아닌, 민간인이 대통령이 됐어. 군정이 끝나고, 민정이 시작된 거야. 우리나라의 1970~1990년대와 비슷하지 않니?

어쨌든 브라질은 최근 경제의 발전을 실감하고 있어. 신흥 경제대국이라고 하는 브릭스BRICS의 머리글자 B는 바로 브라질을 뜻하는 거란다. 그러나 아직도 브라질은 빈부 격차가 심한 후진국형 경제구조를 못 벗어나고 있어. 게다가 중산층이 점점 빈곤층으로 떨어지고 있다고 하니, 겉으로만 성장했다는 비판도 나오고 있지. 앞으로 어떻게 브라질이 변할지는 지켜봐야 할 것 같아.

중남부 아메리카의 고통과 희망

1934년, 아이티에 주둔했던 미군이 철수했어. 세계의 경찰 노릇을 하는 미군을 싫어하는 사람들은 두 손을 높이 들고 환영했겠지? 그러나 아이티의 상황이 좋아진 것은 아니야. 미군이 아이티를 점령하게 된 이유를 떠올려봐. 내전이 터졌기 때문이지? 미군이 있을 때는 그나마 휴전 상태가 지속됐어.

그러나 미군이 철수하자마자 내전이 다시 시작됐단다. 이 혼란은 20세기가 끝나고 21세기가 찾아와도 계속됐어. 급기야 2004년에는 국제연합 평화유지군이 투입됐단다. 게다가 2009년에는 지진으로 온 나라가 폐허가 되고 말았어. 아이티에 희망이 찾아오려면 조금 더 기다려야 할 것 같지?

아이티만 그럴까? 많은 학자들이 멕시코, 브라질, 아르헨티나 등 일부 국가를 제외한 나머지 중남부 아메리카 국가들의 미래를 밝게 전망하지 않아. 권력이 특정 세력에게 집중돼 있고, 독재정권이 사라지지 않고 있기 때문이야. 대부분의 지역에서 20세기까지는 크리올이 권력을 잡았어. 20세기 초반에는 친미 독재자가 권력을 잡았지. 제2차 세계대전이 끝나고 난 후에는 좌우 이념 대립까지 나타나 혁명 세력과 반혁명 세력이 싸웠어. 아직도 이런 갈등은 남아 있단다. 상황이 이 지경이니 미래가 장밋빛일 거라고 전망하는 사람이 많지 않은 거야.

물론 어느 정도 안정을 찾은 나라도 있어. 가령 1848년 독립한 코스타리카가 대표적이야. 코스타리카에서는 일찌감치 자유당, 보수당 등 양대 정당 체제가 구축됐어. 두 정당을 중심으로 정치가 이뤄졌기 때문에 혼란이 덜 했던 거지. 물론 그렇다고 해서 혼란이 전혀 없었던 것은 아니야. 1940년대 후반에는 대통령 선거 부정 사건이 계기가 돼 내란이 터지기도 했어. 그러나 1970년대부터는 민주주의가 어느 정도 정착됐단다. 1900년대 이후 중남부 아메리카 국가 가운데 코스타리카만큼 안정적인 나라도 드물 거야.

콜롬비아도 20세기 초반부터 제2차 세계대전이 끝날 때까지는 매우 안정적이었어. 보수당과 자유당이 때로는 싸우고 때로는 타협하면서 비교적 안정적으로 나라를 이끌었지. 그러나 코스타리카와 같은 미래로 이어지지는 않았어. 그래, 내전이 터진 거야. 한때 안정적이었던 중남부 아메리카 국가들도 대부분 콜롬비아처럼 불안정한 길로 흘러들었단다.

오늘날 콜롬비아는 코카인이란 마약을 세계에서 가장 많이 생산하는 나라로 알려져 있어. 이른바 '마약 재벌'은 따로 군대도 갖고 있어 정부도 어떻게 손을 대지 못하고 있지. 살인과 방화, 폭력이 일상적으로 일어나고 있는 나라가 오늘날 콜롬비아의 모습이란다.

혼란을 겪고 있는 나라는 더 있어. 엘살바도르의 예를 들어볼까?

엘살바도르는 공산주의자들이 한때 정권을 장악했어. 그러나 공산주의를 반대하는 군인 막시밀리아노 에르난데스 마르티네스가 1931년 쿠데타를 일으켜 정권을 빼앗았지. 공산주의를 반대하는 것까지는 좋았지만 마르티네스는 독재자였어. 국민들이 들고 일어나 독재 타도 투쟁을 벌였어. 어수선한 분위기가 계속됐고, 또 다른 쿠데타가 일어났어. 엎친 데 덮친 격이라고 할까? 1970년대 후반에는 공산주의자들의 게릴라 단체인 파라분도마르티해방전선FMLN 과 정부군이 내전을 벌였단다. 이 내전은 1990년대 중반이 돼서야 끝이 났어. 지금 엘살바도르는 새로운 미래를 준비하고 있지. 성공할까? 두고 봐야 할 일이야.

볼리비아에서도 1952년 혁명이 일어났어. 혁명정부는 산업의 국유화, 농지개혁 등 전면적인 개혁을

볼리비아의 체 게바라 에보 모랄레스 2005년 12월에 치러진 볼리비아 대통령 선거에서 사회주의운동당의 후보로 출마해 원주민으로서는 처음으로 대통령에 당선됐다.

했어. 그러나 개혁 과정에서 외국 자본이 빠져나갔고 경제는 추락했어. 쿠데타가 일어났지. 새 통치자는 독재자였고, 또 다른 쿠데타로 물러났어. 좌우 이념 대립은 극에 달했지. 이미 다른 나라에서도 많이 본 역사지? 그래도 요즘에는 많이 달라지고 있는 것 같아. 2006년에는 현지 원주민 출신인 사회주의당MAS 에보 모랄레스가 대통령으로 취임했단다. 모랄레스는 '볼리비아의 체 게바라'로 불리는 인물이니 변화를 기대해볼 수 있을 거야.

혁명가 볼리바르의 조국인 베네수엘라를 볼까? 베네수엘라는 20세기 초반 석유 수출로 부자 나라가 됐지만 민중은 가난했고, 대통령은 바뀌었지만 독재는 계속됐어. 1958년 국민들이 들고 일어났어. 이 혁명의 결과 민주 정부가 들어섰지만 1990년대 들어 또다시 군사 쿠데타가 일어났어. 휴, 복잡하지?

1999년 우고 차베스란 인물이 베네수엘라의 대통령이 됐어. 그는 혁명가 볼리바르의 정신을 계승하겠다며 사회를 통째로 개혁하는 운동을 추진하기 시작했지. 군부가 반발했고, 2002년 또다시 쿠데타가 일어났어. 이 쿠데타는 삼일천하로 끝났지만, 베네수엘라의 현주소를 다시 한 번 보여주는 사건이었지.

'볼리비아 혁명'을 이끈 차베스 베네수엘라의 65대 대통령으로 1999년 취임 후 과감한 혁명을 진행하고 있다. 반대파의 쿠데타와 총파업 등으로 어려움을 겪기도 하였으나 2006년 대통령 선거에서 63퍼센트의 지지를 얻어 연임하였다.

이후 차베스가 국민들로부터 높은 지지를 받으며 개혁에 박차를 가하고 있어. 베네수엘라에 진정한 민주주의가 실현될 것인지 궁금해하고 있단다.

페루에서도 쿠데타가 반복되다가 1990년 대통령 선거에서 변화가 나타났어. 일본 이민자의 후손인 알베르토 후지모리가 대통령에 당선된 거야. 그는 경제 살리기에 나섰고, 170년이나 싸워왔던 에콰도르와도 평화협정을 맺었어. 그러나 후지모리도 야당 국회의원을 매수

자리에 연연하다 말년이 아름답지 못했던 대통령 후지모리 페루 출생의 일본계 이민 2세로, 라틴아메리카 사상 동양계로는 최초로 페루 대통령에 당선됐다. 연임을 꾀하려다 각종 비리에 얽혀 집권 10년 만에 물러나 일본으로 도주했으나 2005년 칠레에서 체포됐다.

한 사실이 밝혀져 2000년 정계를 떠나야 했단다. 그 후 중도파 인물알레한드로 톨레도이 대통령에 당선돼 비교적 정치를 안정적으로 이끈다는 평가를 받았어. 페루의 미래를 밝게 전망해도 되는 것일까?

칠레는 어떨까? 칠레에서도 제1차 세계대전 이후 인민전선이란 좌익정권이 들어섰어. 그러나 노동운동이 지나치게 격해지자 이 정부는 노동운동을 불법으로 선포했어. 공산주의 이념에 어긋나지? 당연히 공산주의자들이 반발했어. 그러자 인민전선은 자기들도 좌익정권이면서 공산주의 활동까지 금지해버렸단다. 이념은 껍데기일 뿐, 실제로는 권력 다툼에 불과했던 거지. 혼란이 계속됐겠지? 1950년대 초반에는 쿠데타가 일어나 군부독재정권이 들어섰어.

독재자 피노체트 아우구스토 피노체트는 칠레의 정치가로, 1973년 쿠데타로 정권을 잡아 30여 년간 군사독재를 하다가 1990년 대통령 선거에서 패배함으로써 물러났다.

1970년, 한동안 물러서 있던 공산주의 정당이 선거에서 승리해 다시 권력을 잡았어. 살바도르 아옌데란 인물이 이 정당의 지도자였어. 아옌데는 미국 기업을 몰아내고, 산업을 국유화했어. 그러자 경제가 침체됐고 국민들은 아옌데 정부를 불신하기 시작했지. 이 역사도 이미 많이 본 듯 하지 않니?

1973년 9월 미국의 지원을 받은 아우구스토 피노체트가 쿠데타를 일으켰어. 아옌데는 누군가의 총탄에 목숨을 잃고 말았지. 이때부터 피노체트의 독재가 시작됐어. 1990년 피노체트는 30여 년 만에 대통령 자리에서 물러났어. 파란만장한 그의 삶은 2006년 끝났단다.

이런 부정적인 현실만 보면 중남부 아메리카의 미래가 아주 어두운 것처럼 여겨질 거야. 그러나 꼭 그런 것만은 아니란다. 이미 브라질, 멕시코 같은 국가들은 선진국의 문턱에 진입했다고 해도 과언이 아니야. 다른 국가들도 최근 경제 성장이 눈부실 정도지. 그래, 어쩌면 중남부 아메리카의 미래는 장밋빛일 수도 있어. 앞으로 우리가 중남부 아메리카를 눈여겨봐야 하는 이유란다.

진정한 혁명가, 체 게바라

카스트로와 함께 쿠바 혁명을 성공시킨 체 게바라는 '영원한 혁명가'로 불리는 인물이야. 원래 게바라는 아르헨티나에서 나고 자란 평범한 의대생이었어. 부에노스아이레스 의대를 다니던 1951년, 오토바이를 타고 남아메리카 전역을 여행하면서 민중의 삶을 목격했지. 바로 이때 혁명에 눈떴어.

혁명 하면 떠올리는 대명사 체 게바라 쿠바 혁명을 일으킨 혁명가로 남아메리카 혁명의 상징적 인물이다.

그의 눈에 후안 페론 대통령은 독재자에 불과했어. 게바라는 멕시코로 망명을 떠났고, 그곳에서 카스트로를 만난 거야. 쿠바 혁명이 성공한 후 그는 쿠바인이 됐고, '쿠바의 두뇌'라 불릴 만큼 핵심 인물이 됐어. 그러나 그는 혁명가야. 편안한 자리가 어울리지 않아.

그는 다시 혁명의 길로 들어섰고, 게릴라 부대를 조직해 라틴아메리카 전체의 혁명을 계획하던 중 1967년 볼리비아 정부군에 붙잡혀 총살당했단다. 그의 유해는 30년이 지난 1997년에야 볼리비아의 한 공동묘지에서 발견됐어. 평범한 삶은 아닌 것 같지?

북아메리카 미국의 미래

역사의 수레바퀴는 멈추는 법이 없어. 게다가 수레바퀴는 항상 격동적으로 움직여. 미국의 역사를 보면 그 점을 잘 알 수 있어.

미국은 역사가 불과 200여 년을 갓 넘어선 나라야. 그러나 오늘날 민주주의의 기본 골격은 신생국 미국에서 만들어졌어. 입법부, 행정부, 사법부의 삼부를 두고 서로가 서로를 견제하도록 짜여진 정부 조직은 민주주의를 표방하는 나라라면 모두 채택하고 있지.

미국인의 개척 정신도 높이 평가돼야 할 항목이야. 물론 인디언들과의 마찰이 있었고, 개척 과정에서 많은 인디언이 희생을 강요당하거나 학살됐지만 미지의 세계를 향한 백인들의 모험심 만큼은 후한 점수를 줘야겠지?

두 차례의 세계대전에서 전범국을 상대로 막강한 화력을 퍼부으며 연합국의 구세주 역할을 한 것도 미국이야. 공산 진영의 큰형님 소련에 맞서 자유 진영의 큰형님 노릇을 한 것도 미국이지. 냉전이 끝난 후에는 세계에서 유일한 초강대국으로 우뚝 선 것도 미국이야. 미국은 짧다면 짧은 200여 년간 이처럼 무수히 많은 역사를 새로 썼어.

미국, 새로운 맞수를 만나다

쉬지 않고 격동적으로 달려온 미국 역사의 수레바퀴는 20세기 후반 새로운 상대와 맞붙게 되었어. 그 상대는 21세기 들어 유일한 초강대국 미국을 맘껏 흔들고 있어. 이 새로운 상대는 중동 지역에 있는 이슬람근본주의자들이야. 그들과의 싸움은 20세기 전반의 독일, 20세기 후반의 소련만큼 미국에게 버거울 수도 있어.

미국과 이슬람 국가들은 왜 사이가 좋지 않은 것일까? 오늘날 미국과 그들의 갈등을 이해하려면 바로 이 점부터 확실하게 알고 넘어가야 해. 갈등은 팔레스타인에서 시작됐어.

팔레스타인 지역은 예로부터 아랍인과 유대인이 서로 자기 땅이라며 우겼던 곳이야. 제2차 세계대전이 끝난 후 이 문제는 국제연합으로 넘겨졌어. 영국, 프랑스 등 자유 진영의 국가들이 유대인을 지원했어. 특히 미국은 국제연합의 결정이 유대인에 유리하게 떨어지도록 전폭적으로 도왔단다. 그 결과 1948년 5월, 팔레스타인 지역에 이스라엘이 세워진 거야. 아랍 민족들이 오늘날 미국을 싫어하게 된 계기가 바로 이때 만들어진 거란다.

아랍인들은 당장 반발했어. 이틀 후 아랍 민족의 큰형님 격인 이집트가 중심이 돼 이스라엘과 전쟁을 시작했어. 이 전쟁이 제1차 중동전쟁인 아랍·이스라엘분쟁이야. 아랍·이스라엘 분쟁은 세계인의 주목을 끌지 못했어. 생각해봐. 막 동서 냉전이 시작됐는데, 자그마한 팔레스타인의 영토 분쟁에 누가 신경이나 썼겠니?

영국이 이스라엘을 도왔고, 이스라엘이 승리를 거뒀어. 팔레스타인의 80퍼센트가 이스라엘의 땅이 됐고, 많은 아랍인이 난민으로 전락했지.

1973년 10월 제4차 중동전쟁이 터졌어. 이 전쟁은 10월전쟁으로 불린단다. 미국의 대통령 닉슨이 중국과 소련을 방문하면서 냉전 체제가 무너질 기미가 보일 때였지. 그러나 중동 문제는 전혀 해결될 기미가 없었던 거야. 아니, 오히려 문제는 갈수록 심각해졌어. 10월전쟁은 비단 중동 지역에만 국한된 게 아니라 전 세계에 큰 파문을 불러 일으켰단다. 중동의 아랍 국가들이 석유를 무기로 삼기 시작했거든. 아랍석유수출국기구OAPEC와 석유수출국기구OPEC는 석유를 덜 생산했고, 석유 가격도 크게 올려버렸어. 전 세계는 일제히 유류파동을 겪을 수밖에 없었단다. 미국에서도 기름을 넣으려는 자동차들이 주유소에 길게 줄을 섰었어.

10월전쟁은 좀처럼 끝이 날 것 같지 않았어. 그러나 1979년 미국 대통령 카터의 중재로 이스라엘과 이집트가 화해함으로써 극적으로 종결됐단다. 혼란도 사라졌을까? 아니야. 오히려 이때부터 중동 정세가 아주 복잡해졌어. 아랍 국가들은 아랍민족주의를 강조하는 국가들과, 이집트처럼 새로이 미국 등 서방 세계와 친해진 국가들로 분열됐어. 과격파들은 이집트를 배신자라고 비난했어. 오죽하면 이집트 대통령이 같은 아랍인에게 암살당했겠니?

미국의 중동 지역 간섭과 테러

1979년은 중동에서 많은 사건이 일어난 해야. 바로 이해, 이란에서는 혁명이 일어나 팔레비 왕조가 쫓겨났어. 팔레비 왕조는 미국의 지원을 받고 있었단다. 팔레비 왕조를 몰아내고 새로이 권력을 잡은 인물은 시아파의 지도자 호메이니였어. 이란혁명이 터지기 직전, 이란의 미국 대사관이 테러범들에게 점거됐던 사건은 이미 살펴봤지? 그 사건이 일어난 직후 이란혁명이 일어난 거란다. 당연히 미국이 이란에서 물러났겠지?

역시 같은 해였어. 소련이 아프가니스탄을 침공했어. 아프가니스탄 민중은 소련에 저항하기 위해 무자헤딘이란 단체를 만들었어. 무자헤딘은 소련과 싸웠기에 미국으로부터 지원을 받을 수 있었어.

역시 같은 해, 사담 후세인이 이라크의 대통령에 취임했어. 오늘날 중동과 미국의 갈등을 이해하려면 꼭 알아둬야 할 인물 중 한 명이 후세인이야.

후세인은 1980년 이란을 공격했어. 물론 호메이니를 치는 전쟁이었으니 미국의 지원을 듬뿍 받았지. 이때까지만 해도 후세인은 미국과 아주 사이가 좋았거든. 그러나 전쟁은 생각보다 길어졌고, 미국이 언제까지고 후세인을 지원할 수는 없었어. 이란과 이라크는 무려 10년간 전쟁을 벌였단다.

전쟁이 끝날 때쯤 되자 후세인이 계산을 해봤어. 이럴 수가! 그사이 이라크는 무려 700만 달러의 빚을 졌어. 미국이 지원한 것 아니냐고? 아니야. 미국은 이라크가 군사적으로 강대국이 돼가고 있다고 판단했어. 그대로 두면 중동 지역의 강대국이 될지도 모른다며 우려할 정도였지. 당연히 지원을 끊었겠지?

이제 빚을 갚으려면 특단의 조치가 필요한 상황이 돼버렸어. 후세인은 1990년 8월 쿠웨이트를 침략했어. 쿠웨이트의 유전을 모두 차지하면 부자가 될 수 있기 때문이지. 그러나 이번에는 미국이 확실하게 돌아섰어. 이라크를 그대로 두면 중동 지역의 석유를 전부 빼앗길 수도 있잖아? 미국은 국제연합을 움직여 이라크에 다국적군을 파병하도록 했어. 1991년, 이렇게 해서 시작된 게 걸프전쟁이란다. 미국은 단숨에 이라크를 제압했어. 그러나 부작용도 있었지. 아랍인들의 자존심까지 묵사발로 만들어버린 거야.

걸프전쟁이 터진 다음 해, 아프가니스탄에서는 미국의 지원을 받는 이슬람 단체 무자헤딘이 정권을 잡았어. 그러자 이번에는 이슬람근본주의 단체인 탈레반이 무자헤딘과 싸우기 시작했어. 1996년 탈레반은 무자헤딘을 내쫓고 정권을 잡았어. 그러자 무자헤딘은 탈레반을 다시 몰아내기 위해 반ˣ탈레반 동맹을 맺었어. 미국은 이 동맹을 지원했지.

이라크, 사우디아라비아, 이란, 쿠웨이트…. 중동 지역에 대한 미국의 간섭이 많아지자 아랍인들은 더 이상 미국을 우방으로 보지 않았어. 그래, 이 무렵부터 서방, 특히 미국을 대상으로 한 테러가 시작됐단다.

세계를 가장 경악케 한 테러는 2001년 9월 11일 터졌어. 미국 뉴욕의 무역센터 빌딩이 비행기 자폭 테러에 의해 완전히 파괴된 사건이었지. 이 테러는 알 카에다의 오사마 빈 라덴이 지휘했어. 미국은 아프가니스탄의 탈레반 정권이 빈 라덴을 보호하고 있다며 반탈레반 동맹을 더 적극적으로 지원했어. 결국 반탈레반 동맹이 정권을 잡았지. 그러나 아직도 내전은 계속되고 있고, 미국을 상대로 한 테러도 계속되고 있단다.

테러에 놀란 부시 대통령은 이라크도 테러 단체를 보호하고 있다며 공격의 대상으로 삼았어. 2003년 3월 이라크 바그다드를 집중 폭격했고 후세인을 생포했어. 후세인은 결국 처형됐고, 이라크에도 아프가니스탄처럼 새로운 정권이 들어섰어. 그러나 이라크에서는 테러가 빈발하고 있어. 평화는 아직 멀리 있는 느낌이야.

미국의 위기와 새 역사

　　2008년 미국 대통령 선거에서 또 하나의 기록이 만들어졌어. 미국 역사상 처음으로 흑인 대통령이 탄생한 거야. 그가 바로 버락 오바마야. 오바마는 이듬해 44대 대통령에 취임했어. 그는 중동 지역의 평화를 위해 나름대로 노력하는 모습을 보였어. 그러나 아직 뚜렷한 성과는 나타나지 않고 있지.

　　이 테러와의 전쟁이 당분간 미국 앞에 놓인 미래라면, 경제 분야에서도 쉽지 않은 미래가 놓여 있다고 할 수 있어.

　　오바마가 대통령에 당선되기 1년 전, 세계 주식 시장이 일제히 급락하는 사태가 발생했어. 미국의 금융회사인 리먼브러더스 사가 파산하면서 그 파장이 세계로 확산된 거야. 금융가들은 또다시 대공황이 올까봐 전전긍긍했어.

　　한국도 1990년대 후반 금융 위기를 맞으면서 부실한 경제 체제가 그대로 드러났지? 미국도 마찬가지였어. 이때 드러난 미국의 자본주의 체제는 말 그대로 부실덩어리였어. 한국이 다행히 위기를 넘겼듯이 미국도 위기를 잘 넘기고 있어.

　　앞으로 미국은 어떤 역사를 쓸까? 그에 따라 세계 역사는 어떻게 바뀔까? 혹시 제2, 제3의 미국이 등장하지는 않을까? 아메리카 역사 여행을 끝내는 이 시점에서 한번 정도는 생각해봐야 할 주제야.

버락 오바마 미국의 44대 대통령. 최초의 흑인 대통령으로 2009년 취임했다.

외우지 않고 통으로 이해하는
통아메리카사

초판 1쇄 인쇄 2011년 8월 24일
초판 3쇄 발행 2022년 4월 1일

지은이 김상훈
펴낸이 김선식

경영총괄 김은영
콘텐츠사업8팀장 김상영 **콘텐츠사업8팀** 최형욱, 강대건
마케팅본부장 권장규 **마케팅4팀** 박태준, 문서희
미디어홍보본부장 정명찬
홍보팀 안지혜, 김민정, 이소영, 김은지, 박재연, 오수미
뉴미디어팀 허지호, 박지수, 임유나, 송희진, 홍수경
저작권팀 한승빈, 김재원 **편집관리팀** 조세현, 백설희
경영관리본부 하미선, 박상민, 김민아, 윤이경, 이소희. 이우철, 김혜진, 김재경, 최완규, 이지우

펴낸곳 (주)다산북스 **출판등록** 2005년 12월 23일 제313-2005-00277호
주소 경기도 파주시 회동길 490
전화 02-702-1724 **팩스** 02-703-2219
이메일 dasanbooks@hanmail.net
홈페이지 www.dasanbooks.com

필름 출력 스크린그래픽센타 **종이** 월드페이퍼(주) **인쇄·제본** 영신사

ISBN 978-89-6370-645-0 04900
      978-89-6370-648-1 (세트)

다산북스(DASANBOOKS)는 독자 여러분의 책에 관한 아이디어와 원고 투고를 기쁜 마음으로 기다리고 있습니다.
책 출간을 원하는 아이디어가 있으신 분은 다산북스 홈페이지 '투고원고'란으로 간단한 개요와 취지, 연락처 등을 보내주세요.
머뭇거리지 말고 문을 두드리세요.